当代经济学系列丛书
Contemporary Economics Series
主编 陈昕

经济学中的主体基建模

[英] 琳恩·哈米尔　奈杰尔·吉尔伯特　著

董志强　李伟成　译

当代经济学
教学参考书系

格致出版社
上海三联书店
上海人民出版社

主编的话

上世纪 80 年代,为了全面地、系统地反映当代经济学的全貌及其进程,总结与挖掘当代经济学已有的和潜在的成果,展示当代经济学新的发展方向,我们决定出版"当代经济学系列丛书"。

"当代经济学系列丛书"是大型的、高层次的、综合性的经济学术理论丛书。它包括三个子系列:(1)当代经济学文库;(2)当代经济学译库;(3)当代经济学教学参考书系。本丛书在学科领域方面,不仅着眼于各传统经济学科的新成果,更注重经济学前沿学科、边缘学科和综合学科的新成就;在选题的采择上,广泛联系海内外学者,努力开掘学术功力深厚、思想新颖独到、作品水平拔尖的著作。"文库"力求达到中国经济学界当前的最高水平;"译库"翻译当代经济学的名人名著;"教学参考书系"主要出版国内外著名高等院校最新的经济学通用教材。

20 多年过去了,本丛书先后出版了 200 多种著作,在很大程度上推动了中国经济学的现代化和国际标准化。这主要体现在两个方面:一是从研究范围、研究内容、研究方法、分析技术等方面完成了中国经济学从传统向现代的转轨;二是培养了整整一代青年经济学人,如今他们大都成长为中国第一线的经济学家,活跃在国内外的学术舞台上。

为了进一步推动中国经济学的发展,我们将继续引进翻译出版国际上经济学的最新研究成果,加强中国经济学家与世界各国经济学家之间的交流;同时,我们更鼓励中国经济学家创建自己的理论体系,在自主的理论框架内消化和吸收世界上最优秀的理论成果,并把它放到中国经济改革发展的实践中进行筛选和检验,进而寻找属于中国的又面向未来世界的经济制度和经济理论,使中国经济学真正立足于世界经济学之林。

我们渴望经济学家支持我们的追求;我们和经济学家一起瞻望中国经济学的未来。

2014 年 1 月 1 日

前　言

本书介绍主体基建模（agent-based modeling，ABM）在经济学中的应用威力。ABM 有时也叫多主体建模（multi-agent modeling），在经济学语境下则是 ACE，即主体基计算经济学（agent-based computational economics）。

本书所涉议题，常见于经济学本科教材。它们将展示 ABM 如何弥补传统的经济建模方法，以及如何更好地将微观和宏观连接在一起。

本书受众包括：

● 希望进入 ABM 领域的经济学家；

● 拟将 ABM 应用于研究的硕士生、博士生，及研究人员；

● 在读本科三年级学生，本书可作为内容完备的仿真方法入门读物，亦可作为本科学位论文的起点。

我们希望本书的大多数读者已掌握一般的经济学基础知识，至少有二年级本科生的水平。不过，自始至终，我们都会提示大家，可以在哪里获取更多背景知识。

衷心感谢社会仿真研究中心（CRESS）的同事们：Jen Badham、Tina Balke 和 Peter Johnson，以及 Paul Levine 和 Creighton Redman。

版权申明

本书所用数据，来自英国国家统计局，已在《政务公开许可 v.3.0》（Open Government Licence v.3.0）下被获准使用。

第 4 章展示的某些关于社交圈的素材，曾发表于凝聚态和涌现研究所主办的《涌现：复杂性与涌现》（*Emergence：Complexity and Emergence*）杂志，版权仍归其所有。

目 录

▶ 1

主体基建模何以对经济学家有用

1.1 引言

本书介绍主体基建模（ABM）在经济学中的应用威力。[ABM 有时也叫多主体建模，在经济学语境下则是主体基计算经济学（ACE）。]本书所涉议题，常见于经济学本科教材。它们将展示 ABM 如何弥补传统的经济建模方法，以及如何更好地通宏洞微。

本章先简要回顾经济建模史，将其作为本书的背景。接下来概述 ABM 的工作原理和优势。最后，概述本书其余部分的内容安排。

1.2 经济建模简史

> 我所用的方法，还不太常见；与只使用比较级和最高级词汇以及思辨性论证相反，我尽量（像我长期关注的政治算术例子那样）用度、量、衡的术语来表达自己；我也只运用理解性论证，只考虑此类理由，因为这在自然界有其可见的基础。
>
> ——威廉·配第爵士（Sir William Petty，1690）

威廉·配第爵士是否为经济建模第一人，尚有争议。魁奈（Quesnay）1767 年的《经济表》是否为最早的宏观经济模型，或者，李嘉图（Ricardo）1821 年的农场模型是否为最早的微观经济模型，也都存疑[若有人对这些早期模型深感兴趣，则可以读一读 Morgan（2012，pp.3—8）]。诚然，诸如斯密（Smith）《国富论》（1776）或马歇尔（Marshall）《经济学原理》（1920）之类的政治经济学著作中并无建模或数学。凯恩斯（Keynes）的《就业，利息和货币通论》（1936）一书中，也几乎没有建模。

1.2.1 传统的宏观经济模型

考虑到本书的目的，我们不妨从 20 世纪 30 年代弗里希（Frisch）和丁伯根（Tinbergen）建立的宏观经济模型（Morgan，2012，p.10）出发。这些模型由一系列公式构成，这些公式依存于国民账户所生成的时间序列之间的相关性。这些宏观经济模型和微观经济分析之间，没有确定的联系，尽管传统观点认为"总体规律理所当然地取决于个体所适用的规律"（Jevons，1888，Chapter 3，para 20），但也并非所有的人都将这些新模型视为有益。比

如,哈耶克(Hayek,1931,p.5)写道:

　　……无论是总量之间,还是平均量之间,都没有相互作用,故我们永不可能在它们之间建立起必要的因果联系,而在个体现象、个体价格等之间,我们却可以建立起因果联系。我甚至敢断言,从经济理论的本质来看,平均量之间永不可能在经济理论推理中形成联系。

尽管如此,随着萨缪尔森(Samuelson)的《经济学》在1948年问世,宏观经济学终成正果,与微观经济学分道扬镳(Colander,2006,p.52)。

1.2.2　动态随机一般均衡模型

宏观经济学和微观经济学的分离,一直持续到20世纪70年代中期的经济危机,这场危机催生了卢卡斯批判。卢卡斯(Lucas,1976)指出,本质上,政策变革会改变人们的行为方式,从而改变建模结构,这意味着已有的模型将无法用于政策评估。结果,动态随机一般均衡(DSGE)模型就出现了,它试图"通过为宏观经济学提供微观经济基础,将宏观经济学与微观经济学融为一体"(Wickens,2008,p.13)。这种整合,是通过纳入"生产物品的单独个体"来实现的,个体所产物品既可用于消费,也可用于投资以增加未来产出和消费(Wickens,2008,p.2)。这就是众所周知的拉姆齐(Ramsey,1928 and 1927)模型,或代表性主体模型。实际上,代表性主体表征的就是一个平均人(average person),这个平均人基于最优化进行决策。对于使用代表性主体的局限,人们其实早有认知(例如 Kirman,1992),但由于它们可以让分析更易于处理(Wickens,2008,p.10),故而仍被长期沿用。不过,这种情况正在改变。威肯斯(Wickens)在2008年指出(2008,p.10),"更高级的宏观经济问题处理方法,通常会允许异质性(heterogeneity)",在DSGE模型中使用异质性主体的技术性问题,现如今(2014年)已在一些前沿研究项目中被探讨。

1.2.3　复杂性经济学

并非所有的经济学家都认为DSGE模型乃前行之正途。例如,在2006年,科兰德(Colander)出版了《后瓦尔拉斯主义宏观经济学:超越动态随机一般均衡模型》,这是一本论文集,列出了宏观经济学另一种方法的议程,该方法没有DSGE模型中常见的限制性假设,尤其是不假设人们是在信息充分的环境中活动。

DSGE方法假设,经济能够达到且保持均衡,尽管人们对如何定义均衡仍有着颇多争议。另一些人则认为,经济是一种非线性的、复杂的动态系统,就算有均衡,也很难达到(见 Arthur,2014)。在线性系统中,宏观层面的活动相当于微观行动的简单加总,而在非线性系统中,则可能会涌现新情况。对此,Arthur(1999)总结道:

　　经济学家对均衡——无需进一步调整行为的静态模式——进行了长达两个世纪的研究之后,开始关注研究经济中一般性的结构涌现和模式延展。从非均衡形态看,经济模式有时会简化为标准经济学的简单静态均衡。但更多时候,经济模式时时刻刻都在变化,表现出无尽的新奇行为和意外现象。

此外，"截至目前，充满非线性和凌乱时滞的复杂动态系统已经超越了艺术范畴"，而"主体基仿真，使得深究马歇尔和凯恩斯只能'浅谈'的那些问题成为可能"(Leijonhufvud，2006)。最近，Stiglitz 和 Gallegati(2011)指出，使用代表性主体"排除了分析复杂互动的可能性"；他们"提倡采用自下而上的方法，其中，以低层(微观经济)系统为基础的高层(宏观经济)系统可能拥有全新的，迥异于低层系统的性质"。有人认为，ABM 指明了前进方向。

1.2.4　2008 年经济危机的影响

经济危机又一次引发对经济建模的再评估。事实上，2008 年经济危机导致了经济学这门学科的危机。现在人们普遍认识到需要新的方向，而 ABM 可以提供这一方向。Farmer 和 Foley(2009)在《自然》杂志上写道，"ABM 提供了颇有潜力的方法，它将金融经济当作复杂系统来建模，如凯恩斯试图做的和卢卡斯所倡导的那样，将人类的适应和学习行为纳入考量之中。"一年之后，《经济学人》(2010)追问：ABM 能否比"传统"模型表现得更好？欧洲央行行长 Jean-Claude Trichet(2010)明确指出了何为所需：

> 首先，我们必须思考如何刻画经济人，它在任何模型中都是核心。现有模型中原子式的最优化主体，的确没有捕捉到危机期间的行为。我们需要更好地处理主体间异质性和异质主体之间的互动。我们需要考虑经济选择的其他动机。行为经济学借鉴了心理学来解释危机环境下的决策制定。ABM 省去了最优化假设，且允许主体之间有更为复杂的互动。这些方法值得关注。

被提交给英国央行的《货币政策委员会预测能力评价》(*The Review of the Monetary Policy Committee's Forecasting Capability*)总结道："金融危机暴露出，几乎所有重要的宏观模型，在理解此类事件的严重后果方面无能为力"(Stockton，2012，p.6)。2014 年初，英国经济与社会研究委员会(ESRC)将新方法的践行者、主流的学院派经济学家以及政策制定者汇聚一堂，赞助举办了一次关于"宏观经济学中的多样性"的会议，副标题是"来自主体基计算、复杂性和行为经济学的新视角"(Markose，2014)。

此外，到了 2013 年，变革的呼声蔓延到经济学教学领域(*Economist*，2013)；2014 年，"经济学课程可公开获取资源"(CORE)上线，为一流的经济学课程提供了交互式在线资源。主体基仿真亦被计划纳入这一崭新的经济学教学方式之中(CORE，2014；Royal Economic Society，2014)。

那么，究竟什么是 ABM？我们将在下一节对此进行概述。

1.3　什么是 ABM?

计算社会仿真建模发轫于 20 世纪 60 年代早期的微观仿真(Gilbert and Troitzsch，2005，p.6；Morgan，2012，pp.301—315)。微观仿真采用一系列与群体——人口、家庭和公司——有关的数据，并且运用规则来反映变化，使得建模者可以观察到整体影响(Gilbert and Troitzsch，2005，p.8)。这种方法对政策变革建模尤其有用，比如，可以观察税收变化让谁过得更好或更糟。然而，尽管微观仿真容许异质性，却并未考虑互动作用。

只有 ABM 问世后,对主体之间互动作用的建模才成为可能。

ABM 源于非线性动力学和人工智能研究,因 20 世纪 80 年代和 90 年代初期个人计算机的普及而得到促进。ABM 乃是一种计算机程序,它创建了异质主体的人工世界,也可以探究主体之间以及主体和其他因素(如时间和空间)之间的相互作用,探究它们如何汇总形成那些在现实世界中出现的模式。这种程序创建的主体承载了不同特征,并且它们被程序告知在不同环境下可以做什么。早期的作品,如 Epstein 和 Axtell(1996)的"糖域"(sugerscape)模型,展示了这种方法的潜在威力;Squazzoni(2010)刻画了自 20 世纪 90 年代中期以来所取得的成就。

通常,一个主体(agent)代表一个人,但如我们即将说明的,它也可以代表一个家庭、一间公司,甚至一个国家。主体的异质性是一个关键的特征:每个主体都可以拥有一套独有的特征和行为规则(Epstein,2006,p.51)。主体分布在建模者设想的空间中,这空间可以是具体景观环境,也可以是社会网络,或者是更为抽象的"空间"(Epstein,2006,p.52)。主体可以随机分布在整个空间,也可根据其他原则分布。空间通常是二维的,可以有边界,也可以连续。

行为规则规定了主体如何与其邻居或其局部场景展开互动。建模者可以利用各种信息来源,从国家统计数据到小型的人类学研究信息,来探索潜在的机制。虽然他们可以借鉴标准的经济理论,但也可以使用其他理论,比如那些基于行为经济学的理论。然后,计算机模型可被用来生成潜在的未来情景,以便研究经济政策的影响。ABM 可以检验从不同来源提炼的假设的有效性,以确定它们能否生成所观察到的模式。

ABM 可以是简单的抽象模型,也可以是非常复杂的真实世界的案例研究。它们可以只有两个主体,也可以有上百万个主体。在模型中,主体可以代表不同种类的实体:人类、家庭、公司、政府、国家,甚至动物。

主体的特征,可被归结为四个可行的要点:

- 感知:主体可以看到附近的其他主体及其环境。
- 行为:主体可以行动,比如移动和交流。
- 记忆:主体可以回想他们过去的状态和行动。
- 政策:主体可以根据规则来决定他们接下来做什么。

第 2 章对 ABM 的设计进行介绍。更多的背景知识可参阅 Gilbert 和 Troitzsch(2005)以及 Gilbert(2007)。

1.4　本书的三个主题

Howitt(2012)认为,主体基经济学模型是"DSGE 的极端对立"。DSGE 模型实际上假设"人们拥有极其老练的能力,可以在极其简单的环境中解决计算上颇具挑战的跨期规划问题",而 ABM 假设"人们只有非常简单的行为规则,来应对复杂得无人能参透的环境"。简而言之,霍依特(Howitt)认为,主体基经济模型可以描绘出这样一个经济系统:由于异质主体相互作用,有序行为可以涌现,但这些主体并不了解整个系统的运作方式。

在 ABM 中，主体根据规则不断作出反应和进行互动。它们可能善于优化，但局限于主体可感知的约束范围内，它们可能并没有完整的信息。相比之下，新古典经济学假设人们可以利用完整信息进行优化（见，如 Axtell，2007）。尤其是在 ABM 中，主体无法预见未来，因为未来由随机过程决定。犯错之后，他们可以纠正或不纠正自己的行为，这取决于所用的学习算法。而 DSGE 模型则假设，人们不会重复犯错。

本书关注 ABM 的应用，以便探讨：

- 对异质性进行建模的可行性；
- 分析动态（dynamics）的简单方法；
- 对人与人之间、人与环境之间的互动进行建模的机会。

现在，我们对此逐一简要介绍。

1.4.1　异质性

长期以来，人们一直批评传统的经济学方法将太多东西混为一谈。比如，考虑柯布—道格拉斯生产函数，其中劳动和资本两个变量被结合在一起形成产出。显然，劳动和资本各有不同类型，一种类型不可能在一夜之间取代另一种：泥瓦匠不可能恰好成为软件工程师，汽车生产工厂难以生产电脑芯片，反之亦然。所有消费者也并非一模一样：富裕家庭和贫困家庭的消费模式截然不同。必须有人储蓄，才能有人借钱。实际上，若没有异质性，就不存在交易空间。ABM 允许明确地表达这种异质性，且并不会因此导致难以克服的复杂性。

1.4.2　动态

动态指的是适应性过程（adaptive processes），Leijonhufvud（2016）最早在经济学中使用上述含义。大部分经济学教材只使用比较静态，即对均衡情形作出比较。然而，早在 1941 年，萨缪尔森就指出，比较静态并不足以分析广泛的经济问题（Samuelson，1941）。不过，翻开任何一本经济学基础教材，比较静态仍然主导着教学，从不涉及经济如何从一个均衡转向另一个均衡。直到目前，在 CORE 的支持下，情况才有所改变，动态得到了强调（CORE，2014）。然而，利用传统方法对动态进行建模是很困难的，因为这在数学上很快就会变得难以处理。若采用 ABM，则可以应用简单规则，并通过模拟加以检验。

1.4.3　互动

人们的行为会相互影响。群聚行为（herd behaviour）在经济学中很常见；人们追随大流，市场高歌猛进。的确，市场以互动为基础：多空双方买来卖去。传统的经济学模型根本不允许这种互动，但利用主体进行建模很容易。ABM 也可以用很简单的方式，对人与环境如何互动（比如使用稀缺资源）进行建模。

1.5　章节详情

显然，本书不可能囊括标准经济学教材的所有内容，那些教材通常都厚达数百页[比如英国贝格等人的《经济学》(Begg et al.，2011)和美国范里安的《中级经济学》(Varian，2010)]。因此，我们选取了似乎特别适合 ABM 的议题，即那些异质性、互动和动态在其中非常重要的议题。

市场是本书的关键议题。我们从第 3 章的消费者选择行为开始，并在第 4 章纳入时尚潮流的动态，随后第 5 章通过换货交易引入市场，第 6 章进一步完善市场模型。然后，第 7 章和第 8 章分别涵盖劳动力市场和国际贸易。我们有意回避对金融市场的讨论，因为 LeBaron(2006)和其他学者在此领域已很好地证实了 ABM 的作用。但第 9 章将展示部分准备金制度潜在的极易崩溃的动态。第 10 章展示如何利用 ABM 来模拟经济主体之间的相互作用，以及主体与所处自然环境之间的相互作用。

1.5.1　第 2 章　主体基建模起步

第 2 章介绍如何创建简单的 ABM，并介绍本书其余章节模型所运用的编程环境 NetLogo。该模型模拟消费者在农产品市场上购买水果和蔬菜。消费主体被编程为先是从市场中随机选择摊位进行购买，然后逐步改善，他们记录下购买成本以防止重返曾光顾过的摊位，并试图找到最便宜的摊位进行购买。NetLogo 编程的很多基本构建模块，亦在本章予以说明。

1.5.2　第 3 章　异质的需求

第 3 章通过展示 ABM 可以如何被用于创建异质主体，来介绍 ABM。异质主体的特征和行为，可以被汇总形成观察到的宏观模式。本章提出三个模型，其中主体表示的是家庭。第一个模型生成预算分布，来复制在英国所观察到的收入分布。第二个模型加入柯布—道格拉斯效用函数，来绘制个体和加总的需求曲线，并展示如何可以从消费者偏好到其对加总需求的贡献中追踪他们的选择。第三个模型将提供检验价格变化影响需求的实用方法。最后，本章将这些运用异质主体的简单模型结果，与来自"代表性主体"模型分析的结果进行对比。

1.5.3　第 4 章　社交需求

第 4 章将增加主体之间的互动和动态。此时，消费者行为不仅受价格和收入影响，也受其他人，特别是家人和朋友的行为影响。ABM 非常适合此类社会网络建模，本章第一个模型使用很简单的社交圈概念，来展示这一点。接下来，我们引入阈值模型，展示如何将这些模型与社会网络模型相结合，以考察采用新产品的可能模式。然后，本章将回顾英国家庭采用新技术的情况,最后将介绍从 1951 年到 2001 年英国固定电话使用情况的案例研究。

1.5.4 第 5 章 换货交易的好处

第 5 章展示 ABM 如何帮助我们探究通过交易互动的异质主体的动态。利用经济学教材颇为钟爱的两物品经济(two-good economy)假设——主体之间进行换货交易,我们建立一个交换经济模型,它大体上根据对战俘营交易的描述而建立。我们先创建一个模型来重现埃奇沃斯盒(Edgeworth Box),以厘清二人之间换货交易过程的基本要素。从理论上的瓦尔拉斯拍卖者开始,我们将探讨不同定价机制在市场出清和实现帕累托最优等方面的有效性。然后,我们扩展这一模型,允许 200 个主体进行交易。我们证明,简单的随机配对交易机制可以大大增进福利,虽然总效用并没有实现最大化。

1.5.5 第 6 章 市场

第 6 章侧重企业决策,展示 ABM 可以如何轻易地将市场的动态和互动性质纳入考虑。本章提出三个模型:第一个基于经典的古诺双寡头模型及其纳什均衡,但是引入了潜在的不确定信息;第二个模型基于真实世界中的小商店,这些商店缺乏完美预测的优势,而这种优势正是完全竞争下的企业皆俱备的,该模型也将揭示小商店的生存动态;最后一个模型,反映的是数字世界中的企业,其产能不受限制。

1.5.6 第 7 章 劳动市场

异质性和动态是第 7 章的核心议题。英国劳动市场的特点是参与者高流动、多元化。本章先用一个模型生成工资分布。然后,在该模型中加入雇主和雇员的相互作用,雇主想填补空岗而雇员要寻求工作,这触及极为有偏的企业规模分布。最后,雇员在雇主之间的各种流动,以及劳动力的进进出出,都被纳入模型中,生成一个简单有趣的小城镇劳动市场模型。这也展示了可以如何将微观方面和宏观方面综合到一个模型中。

1.5.7 第 8 章 国际贸易

第 8 章提出某个国家与世界其他国家之间进行贸易的简单模型,重点考察汇率决定。本章以五个国家为例,其中两个采用浮动汇率,三个位于欧元区。考察四种情况:通货膨胀、贬值、出口需求的外生变化,以及财政政策变化的影响。该模型侧重于对动态的讨论。即便该模型如此简单,也能凸显出对国际贸易动态进行建模的困难。它也清楚地表明了欧元区运作的制约因素。

1.5.8 第 9 章 银行业

第 9 章利用一个简单的 ABM,探讨部分准备金制度的基本特征,并说明监管当局强加的准备金和资本充足率如何抑制脆弱的系统。它将揭示 ABM 如何容许主体的异质性，即主体既可以表示储户，也可以表示贷款人；如何将微观和宏观两方面综合在同一个模型中——这一点与传统教材对银行业的处理是迥异的；以及对银行体制进行建模时充分考虑动态过程的重要性。

1.5.9　第 10 章　公地悲剧

第 10 章讨论共享资源的过度使用问题，通过这个例子展示 ABM 如何处理主体与其环境的相互作用，以及主体之间的相互作用。在"公地悲剧"中，追逐私利会导致滥用公共资源，从而损及全体。受英国公地制度启发，我们建立一个两阶段模型。首先，建立牧场并设定其承载能力。然后，引入公地牧民（commoners）。若不限制牧场上牧牛数量，就会导致过度放牧，"悲剧"随之而来。但是，按照在英国和瑞士观察到的实际做法，限制每个公地牧民的放牧数量，则悲剧将可以被避免。该模型可以很容易地被应用到其他情形。

1.5.10　第 11 章　总结和结论

最后一章总结各模型，以展示 ABM 如何克服第 1.2 节所指出的现有方法之缺陷，包括允许异质性，使得动态更易于处理，以及对人及其环境之间的相互作用进行建模，从而改善微观经济学和宏观经济学之间的联系。本章也将列出一些需要被讨论的问题，以便充分释放 ABM 对经济学产生贡献的潜力。

1.5.11　模型

在第 3—10 章，我们共介绍 19 个模型，范围从较大模型中使用的模块到现实世界的模型。在每种情况下，我们都遵循 Müller 等人（2014）的主张。他们提出，"结构化的自然语言描述加上提供源代码"会"特别适合学术目的"。我们在各章中均用自然语言描述模型，附录则基于 ODD（概述，设计概念和细节）协议（Grimm et al.，2010）提供更多的细节信息，并且包括伪代码（pseudocode）。源代码本身则在 http://cress.soc.surrey.ac.uk/网站上提供。

参考文献

Arthur，W.B.（1999）Complexity and the Economy. *Science*，284 pp.107—109.

Arthur，W.B.（2014）*Complexity and the Economy*. Oxford：Oxford University Press.

Axtell，R.L.（2007）What Economic Agents do：How Cognition and Interaction Lead to Emergence and Complexity. *Review of Austrian Economics*，20，pp.105—122.

Begg, D., Vernasca, G., Fischer, S. & Dornbusch, R.(2011) *Economics*. Tenth Edition. London: McGraw-Hill Higher Education.

Colander, D.(2006) *Post Walrasian Macroeconomics: Beyond the Dynamic Stochastic General Equilibrium Model*. Cambridge: Cambridge University Press.

CORE(2014) *The CORE project*[Online]. Available at: http://core-econ.org/[Accessed 31 January 2015].

Economist(2010) *Agents of Change: Conventional Economic Models Failed to Foresee the Financial Crisis*. Could Agent-based Modeling do Better? 22nd July[Online]. Available at: http://www.economist.com/node/16636121[Accessed 31 January 2015].

Economist(2013) *Keynes's New Heirs: Britain Leads a Global Push to Rethink the Way Economics is Taught*[Online]. Available at: http://www.economist.com/news/britain/21590555-britain-leads-global-push-rethink-way-economics-taught-keyness-new-heirs[Accessed 31 January 2015].

Epstein, J.M.(2006) *Generative Social Science*. Princeton: Princeton University Press.

Epstein, J.M. & Axtell, R.(1996) *Growing Artificial Societies. Social Science from the Bottom Up*. Cambridge, MA: The MIT Press.

Farmer, J.D. & Foley, D.(2009) The Economy Needs Agent-based Modeling. *Nature*, 460, pp.685—686.

Gilbert, N.(2007) *Agent-based Models*. London: Sage.

Gilbert, N. & Troitzsch, K.(2005) *Simulation for the Social Scientist*. Oxford: Oxford University Press.

Grimm, V., Berger, U., DeAngelis, D.L., Polhill, J.G., Giske, J., & Railsback, S.F.(2010) The ODD Protocol: A Review and First Update. *Ecological Modeling*, 221, pp.2760—2768.

Hayek, F.(1931) *Prices and Production*. London: George Routledge & Sons Ltd.

Howitt, P.(2012) What Have Central Bankers Learned from Modern Macroeconomic Theory? *Journal of Macroeconomics*, 34, pp.11—22.

Jevons, W.S.(1888) *The Theory of Political Economy*. Third Edition. London: Macmillan & Co.[Online]. Available at: http://www.econlib.org/library/YPDBooks/Jevons/jvnPECover.html[Accessed 31 January 2015].

Keynes, J.M.(1936/1970) *General Theory of Employment, Interest and Money*. London: Macmillan.

Kirman, A.P.(1992) Whom or What does the Representative Individual Represent? *Journal of Economic Perspectives*, 6(2), pp.117—136.

LeBaron, B.(2006) Agent-Based Computational Finance. In Tesfatsion, L. & Judd, K.L., eds, *Handbook of Computational Economics*. Elsevier: Amsterdam, pp.1187—1233.

Leijonhufvud, A.(2006) Episodes in a Century of Macroeconomics. In Collander,

D., ed, *Post Walrasian Macroeconomics*. Cambridge: Cambridge University Press, pp. 27—45.

Lucas, R.(1976) Econometric Policy Evaluation: A Critique. In Brunner, K. & Meltzer, A., eds, *The Phillips Curve and Labor Markets*. Carnegie-Rochester Conference Series on Public Policy, 1. Amsterdam: North Holland, pp.19—46.

Markose, S.(2014) *Report on ESRC Conference on Diversity in Macroeconomics New Perspectives from Agent-based Computational*, *Complexity and Behavioural Economics*: 24—25 February 2014[Online]. Available at: http://essex.ac.uk/economics/documents/conference-report.pdf. For papers and slides: http://www.acefinmod.com/esrc2014.html[Accessed 31 January 2015].

Marshall, A.(1920/1961) *Principles of Economics*. London: Macmillan.

Morgan, M.S.(2012) *The World in the Model*. Cambridge: Cambridge University Press.

Müller, B., Balbi, S., Buchmann C.M., de Sousa, L., Dressler, G., Groeneveld, J., Klassert, C.J., Le, Q.B., Millington, J.D.A., Nolzen, H., Parker, D.C., Polhill, J.G., Schlüter, M., Schulze, J., Schwarz, N., Sun, Z., Taillandier, P., Weise, H. (2014) Standardised and Transparent Model Descriptions for Agent-based Models: Current Status and Prospects. *Environmental Modeling & Software*, 55, pp.156—163.

Petty, W.(1690) *Political Arithmetick*. Robert Clavel at the Peacock, and Hen, Mortlock at the Phoenix in St. Paul's Church-yard[Online]. Available at: http://socserv2.socsci.mcmaster.ca/~econ/ugcm/3113/petty/poliarith.html[Accessed 31 January 2015].

Ramsey, F.P.(1927) A Contribution to the Theory of Taxation. *Economic Journal*, 37, pp.47—61.

Ramsey, F.P.(1928) A Mathematical Theory of Saving. *Economic Journal*, 37, pp. 543—559.

Royal Economic Society(2014) *New Teaching for Economics: The INET-CORE Project*[Online]. Available at: http://www.res.org.uk/view/art3Jul14Features.html [Accessed 31 January 2015].

Samuelson, P.(1941) The Stability of Equilibrium: Comparative Statics and Dynamics. *Econometrica*, 9(2), pp.97—120.

Samuelson, P.(1948) *Economics*. New York: McGraw Hill.

Smith, A.(1776/1861) *Wealth of Nations*. Edinburgh: Adam Charles & Black.

Squazzoni, F.(2010) The Impact of Agent-based Models in the Social Sciences After 15 Years of Incursions. *History of Economic Ideas*, xviii, pp.197—233.

Stiglitz, J.E. & Gallegati, M.(2011) Heterogeneous Interacting Agent Models for Understanding Monetary Economies. *Eastern Economic Journal*, 37(1), pp.6—12.

Stockton, D.(2012) *The Review of the Monetary Policy Committee's Forecasting*

Capability. Presented to the Court of the Bank of England[Online]. Available at http://www.bankofengland.co.uk/publications/Documents/news/2012/cr3stockton.pdf[Accessed 31 January 2015].

Trichet，J-C.(2010) *Reflections on the Nature of Monetary Policy Non-standard Measures and Finance Theory*. Speech by President of the ECB，Opening address at the ECB Central Banking Conference Frankfurt，18 November 2010. Available at https://www.ecb.europa.eu/press/key/date/2010/html/sp101118.en.html[Accessed 24 May 2015].

Varian，H.(2010) *Intermediate Microeconomics*. Princeton：Princeton University Press.

Wickens，M.(2008) *Macroeconomic Theory：A Dynamic General Equilibrium Approach*. Princeton：Princeton University Press.

▶ 2

主体基建模起步

2.1 引言

尽管有时候我们可以运用他人业已建好的 ABM，但瞧瞧"盖头下面"是怎么回事既有益也有趣，因为这样就可以弄清楚那些使模型得以运行的程序代码。学习如何编程，本身也是一项颇有价值的训练，它可帮助你修改现有程序，例如，探索不同设置和不同假设的后果，并最终构建自己的程序。编程曾经是专业人士的事，需要后者经过经年累月的学习或者拿到计算机科学学位。幸运的是，由于编程语言和界面的进步，编程对于非专业人士来说也已是轻而易举。在本书中，我们将使用一个名叫 NetLogo 的编程系统（Wilensky，1999），它原本是为中学（高中）生设计的，现在也作为仿真手段被用于科学课的教学之中，在美国尤其如此。NetLogo 的源起，意味着开发者花费了大量精力，致力于让 NetLogo 更加易用和易于理解。在本书中，我们将利用这一优势，我们也会因为 NetLogo 特别擅长开发 ABM 这一事实而大获裨益。我们将此描述为"多主体可编程建模环境"。

NetLogo 由三部分构成：

* 代码编辑器，用于编写程序；
* 界面，用于显示操作程序的控件以及一系列图像、地图和其他输出，以显示程序正在执行的操作；
* 文档编辑器，用于描述程序以及其目的。

上述三部分彼此独立，比如，当你运行他人编写的程序时，可以观察它正在干什么，而无需查看代码。NetLogo 拥有大型预置样本模型库，涵盖物理、化学、地理等学科，也包括经济学，亲手倒腾这些模型是逐渐熟悉它的好方法。

NetLogo 可以从 http://ccl.northwestern.edu/netlogo/下载。它是开源且免费的，在 Windows、Mac OS 和 Unix 系统上运行无甚差别。你可以现在就把它下载到电脑上，并在学习本章时照猫画虎。当然也有一些其他 ABM 环境（例如 Mason 和 RePast，它们都是开源的，但 Java 是它们的基础编程语言，故要想使用它们，则需要关于 Java 的预备知识；还有 AnyLogic，这是一个商业系统），不过 NetLogo 最适合新手入门。

本章介绍了 NetLogo 的某些方面，关于更全面的内容，请参阅其主要开发人员编写的教材（Wilensky and Rand, 2015）。其他有关 ABM 的书籍中也包含入门介绍，如 Railsback 和 Grimm（2011），以及 Gilbert（2007）。NetLogo 系统本身包含了一份很好的教程，其模型库中也有很多代码范例。在 https：//groups.yahoo.com/neo/groups/netlogo-users/info 有一个 NetLogo 用户组电子邮件列表，在 http：//stackoverflow.com/questions/tagged/ netlogo 有一个 StackOverflow 社区，大家可以在那里咨询问题。

为阐明如何使用 NetLogo，我们将提出一个简单模型，并逐一解释程序代码。首先，让我们来看一看模型的实际运用吧（代码可以从网站下载：Chapter 2）。

2.2　简单市场：基本模型

本书内容大多与各类市场建模有关。农贸市场，比如在城市或乡镇常见的果蔬市场，是最简单的市场之一。此类模型中有大量的顾客，他们手持购物清单；市场中还有很多摊位，每个摊位出售各种水果和蔬菜。顾客想购买其清单上的农产品，虽然大家的清单各不相同，但都希望最小化自己的购物成本。摊贩根据自己对顾客支付意愿的判断、从批发商处进货的价格以及其他因素，以不同价格销售其农产品。并非所有的摊位都销售全部种类的水果和蔬菜。

ABM 几乎总是遵循一套标准模式：它们通过定义初始情形的参数来初始化，然后运行模型，来模拟时间的推移。每一步，代表一个短的时期（比如一天），其中的每个主体根据其行为规则执行某些行动（或什么事也不做）。主体的行动内容包括：跟其他主体沟通、改变环境、在环境中移动，以及做许多其他的工作。程序一步一步持续运行，直到满足某个停止条件或用户手动停止。程序运行时，发生在主体上的事情皆可在图形或监视器中

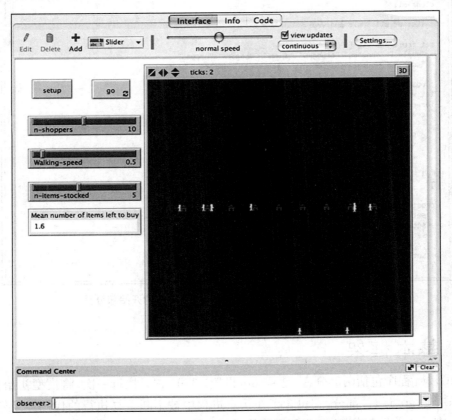

图 2.1　NetLogo 界面窗口（运行两步之后的市场模型）

被呈现出来。学完这个例子，大家就会更清楚了。

图 2.1 展示了模型在仿真进行途中某个时点的界面。房子代表市场摊位，人就是顾客。若要运行模型，先按下左上角的 setup(设置)按钮，将模型初始化，然后按下 go(运行)按钮即可运行模型。在仿真实验开始前，可用顶部滑块调整顾客数量。下方 walking speed(行走速度)的滑块，可以调整顾客从一个摊位走到另一个摊位的速度。在仿真实验过程中调整该滑块，可以使顾客移动速度变快或变慢。第三个滑块设定摊贩在摊位上出售农产品的品类数量。在模型运行之前或运行期间，用户都可以用这三个滑块调整模型的参数。

底部的对象是一个监视器(monitor)，它不断更新顾客尚未购买的清单上的物品数量的均值(mean)。图 2.1 展示了程序界面；点击顶部标签为 Code(代码)的选项卡，就可以转到程序代码本身(见图 2.2)。

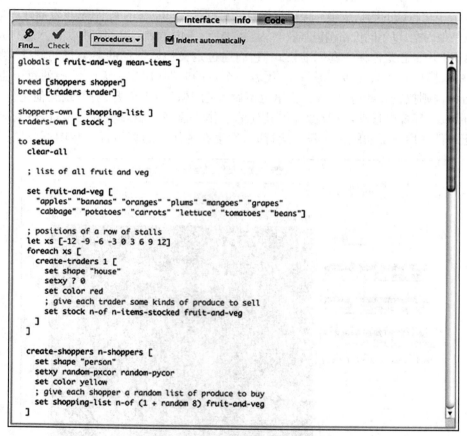

图 2.2　NetLogo 代码窗口(市场模型代码的开始部分)

2.3　基本框架

NetLogo 程序包括两部分：一是 setup(设置)部分，它只执行一次，将模型初始化到起始状态；二是 go(运行)部分，它包含了在仿真进程中被不断重复执行的代码。另外，在程序开端，有一个前置部分，它规定了程序将调用的变量和主体的类型。

　　示例程序前置部分(见专栏 2.1)一开始就预留了两个 global(全局)变量：fruit-and-veg 和 mean-items(第 1 行)。前者用于保存各位摊贩可出售的果蔬的类别清单。后者用于保存一定时期内顾客购物清单上待购物品数量的均值。若该均值达到零，则每个人皆完成购物。这些被称作全局变量，因为它们可以在整个程序中随时随地被访问。

专栏 2.1　市场仿真的头部代码区

```
1    globals [fruit-and-veg mean-items]
2    breed [shoppers shopper]
3    breed [traders trader]
4    shoppers-own [shopping-list]
5    traders-own [stock]
```
注：每行前面添加了行号；行号并非程序代码的一部分。

　　模型中有两类主体：顾客和摊贩。NetLogo 允许以 breeds(品种)来命名主体的类型(类似于用狗的品种表示狗的不同类型)。上一章曾强调，经济模型应考虑到"人皆不同"这一事实，即能够处理异质性。在这个简单市场模型中，顾客有各不相同的购物清单，摊贩有不同种类的果蔬存量。每位顾客皆被赋以变量 shopping-list 来存储其购物清单。同样，每位摊贩则以变量 stock(存货)存储其待售物品列表。

　　至此，程序代码仅仅定义了一些变量和主体的名称。接下来是 setup 部分的代码(见专栏 2.2)，当用户按下图 2.1 所示界面上的 setup 按钮，即可执行该代码，启动仿真程序。setup 部分所包含的代码，将对前置部分已被定义好的变量进行初始化(见专栏 2.1)，并创建出将填充模型的主体。

专栏 2.2　setup 部分

```
6    to setup
7      clear-all
8      ; list of all fruit and veg
9      set fruit-and-veg [
10         "apples" "bananas" "oranges" "plums" "mangoes" "grapes"
11         "cabbage" "potatoes" "carrots" "lettuce" "tomatoes" "beans"]
12     ; positions of a row of stalls
13     let xs [-12 -9 -6 -3 0 3 6 9 12]
14     foreach xs [
15       create-traders 1 [
16         set shape "house"
17         setxy ? 0
18         set color red
```

```
19          ; give each trader some kinds of produce to sell
20          set stock n-of n-items-stocked fruit-and-veg
21       ]
22     ]
23   create-shoppers n-shoppers [
24     set shape "person"
25     setxy random-pxcor random-pycor
26     set color yellow
27     ; give each shopper a random list of produce to buy
28     set shopping-list n-of (1 + random 8) fruit-and-veg
29   ]
30   set mean-items mean [length shopping-list] of shoppers
31   reset-ticks
32 end
```

    setup 部分以 to setup 标记开始(第 6 行)以 end 标记结束(第 32 行)。位于 to setup 和 end 之间的所有代码,将自上而下依次被执行一次。首先(第 7 行),NetLogo 得到指令,清除一切事物(包括主体),这些事物有可能是在以前的程序运行中被遗留下来的。然后,初始化果蔬列表变量 fruit-and-veg。所有以分号开头的行,都是面向人类读者的注释语句,NetLogo 将忽略这些注释。因此,第 8 行仅供读者知悉。下一行,即第 9 行,NetLogo 才执行该代码。此处的方括号"[]"之间表示一个列表中的元素。set 是为变量赋值的命令(其他编程语言通常用"="来表示相同的命令)。故第 9 行之后,变量 fruit-and-veg 的值就是一长串果蔬名称。

    现在,我们来刻画市场摊贩(见图 2.1 中的房屋形状)。首先,创建另一个列表,此次创建的列表由 NetLogo 网格上各摊贩的位置组成。这个网格由坐标系中的网格[在 NetLogo 中被称为 patches(嵌块)]所构成。在本例中,坐标从左到右是 −16 到 +16,从下到上是 −16 到 +16。第 13 行设置变量 xs,保存每个摊贩在网格中的 x 坐标,以备实际创建摊贩主体。使用 let 而不是 set,是因为 let 要完成两项任务:创建一个变量,并对变量赋以初始值。foreach(第 14 行)顺着 xs 的坐标列表运行,对每一个坐标执行第 14 行到第 22 行之间方括号中的命令。首先,创建最左边的摊贩(x 坐标为 −12),然后在 x 坐标 −9 处创建下一个摊贩,依此类推,直至在 x 坐标 12 处创建最后一个摊贩。在第 15 行,使用命令 create-traders 1 生成一个新的摊贩主体,用第 16 行到第 20 行的命令对该主体初始化。主体的形状被设为房屋图标(第 16 行),房屋位于当前的 x 坐标上(第一位在 −12 的 x 坐标上),用问号占位符?表示 xs 列表中当前的元素,y 坐标为 0(即在水平中心线上),且房屋的颜色被设为红色。

    在第 20 行,刚创建好的摊贩被赋以存货以供出售。农产品类目数量被设为一个参数,用户可以通过界面上的 n-items-stocked 滑块来调整。这个数字将被 n-of 调用,从果蔬列表 fruit-and-veg 中随机选择该产品类目的数量。从第 14 行开始的循环,至此就算完整地被执行了一遍。每次运行第 14 行到第 22 行,都会生成新的主体,坐落在从 xs 坐标列表中抽取的连续 x 坐标上。

这部分代码展示了 NetLogo 编程的一些基本构建模块:

- 可以用 set 命令为变量赋值。
- 可以在方括号中放置列表;该列表可以包含任何内容,比如数值或"苹果"之类的字符。
- 可以用命令 create-breed 来生成主体。作为主体创建程序的一部分,create-breed 命令后的方括号中所包含的命令,可执行对主体的初始化(例如设定其形状、位置和颜色)。
- 可以利用 foreach 命令重复访问一个列表,每次访问其中一个元素。

本书随后的许多程序中都会用到这些构建模块。

setup 代码的下一部分(第 23 行到第 29 行)与创建顾客有关。这部分沿袭了创建摊贩的模式。顾客数量由滑块 n-shoppers 来设定(见图 2.1)。一旦被创建,每个主体的形状都被设为 person(人),且被随机置放于某一网格位置(第 31 行)。Random-pxcor 在网格的某个位置选择一个随机的 x 坐标值,而 random-pycor 同样在 y 方向上选一个随机的坐标值。主体的颜色被设为黄色,最后,fruit-and-veg 抽取出一份购物清单赋予客户。购物清单上的类目数量乃一随机数字。它由 NetLogo 的报告器(reporter)来获得,报告器是返回某些值的代码。报告器 random 返回的是 0 到给定数字之间的某个随机整数:在本例中,上限是(但不包含)8。加上 1 是为了确保每个顾客的清单中至少有 1 个物品项目。

所有主体,包括摊贩和顾客,现在都已经被创建完毕并置于网格上。最后一个步骤,在第 30 行计算出购物清单上物品数量的均值。第 30 行进一步引入了 NetLogo 构建语句。回想一下,每个顾客都有其购物清单,购物清单的长度是通过使用报告器 length 获得的,该报告器提供了购物清单中的类目数量。

shoppers 指的是 NetLogo 中一个所谓的 agentset(主体集)。毫不意外的是,主体集就是主体的集合,在本例中就是先前已创建的所有顾客之集合。主体集在 NetLogo 中非常有用,因为它是指代主体群组的简单方法。of 和主体集一起作用,返回一个列表,该列表由先前的报告器(即 [length shopping-list])所返回的元素组成。从而,构建语句 [length shopping-list] of shoppers 可生成一份全部顾客购物清单长度的列表。这个列表被反馈给报告器 mean,后者能够找出一个数字列表的均值。因此,在整个命令中,mean-items 被设为顾客购物清单长度均值。

最后,在第 31 行,NetLogo 时钟被清零。时钟的作用是记录步数或 ticks。整个 setup 至此就算完成。(使用 NetLogo 的 tick 命令是最简单的方法,但你也可以轻易设计出自己的计时器,这会更加灵活。)

程序的最后一部分是重复执行部分,每一时步(time step)只执行一次(见专栏 2.3)。它以 to go(第 33 行)和 end(第 59 行)为界。这是一个例程(procedure)的范本;setup 部分也包含一个例程。例程以 to 和其名称开始,并以 end 结束。你可以用任何你想要的名字命名例程,但按照惯例,初始化都是由例程 setup 来执行的,而执行仿真的主要部分则被叫做例程 go。当用户按下界面(见图 2.1)上的 go 按钮时,例程 go 就开始执行。

专栏2.3　go 部分

```
33  to go
34    ; for each   shopper in turn that still has something to buy
35    ask shoppers with [not empty? shopping-list] [
36      ; choose a stall
37      let stall one-of traders
38      ; go to that stall
39      face stall
40      while [patch-here ! = [patch-here] of stall]
41         [forward 0.005 * walking-speed]
42      ; buy everything on my shopping-list that is for sale
43      ; at this stall
44        let purchases filter [member?? [stock] of stall] shopping-list
45      foreach purchases [
46        ; delete the items bought from the shopping list
47        set shopping-list remove? shopping-list
48      ]
49      ; when shopping is done, go home
50      ;(move to the edge of the grid)
51      if empty? shopping-list [set ycor − 16]
52    ]
53    ; calculate the average number of items on the shopping lists
54    set mean-items mean [length shopping-list] of shoppers
55    ; if no one has anything left to buy, stop
56    if mean-items = 0  [stop]
57    ; count the iterations
58    tick
59  end
```

大部分例程 go 都包含 ask 命令：每个仍然要买东西的顾客，会被要求执行某些命令。当执行 ask 命令时，该命令后的每个主体，在本例中指在购物清单中还有东西需要买的所有顾客，都被赋予方括号中的一系列命令（第36行到第51行）。ask 相当于在纸上写出的指令，有多少主体，指令就重复多少次，并要求每个主体独立执行这些指令。原则上，主体应同时执行指令，但这难以单机实现，所以它们将一个接一个地行动，不过主体行动的顺序是被随机分配的（每次 ask 的顺序都不一样）。

首先，每个顾客使用 one-of 来选择某个摊贩，one-of 从主体集（所有摊贩）中选择一个主体（摊贩）。然后，顾客改变自己在网格上的朝向，直至面向选定的摊贩的摊位，并朝该方向移动。forward 命令（第 41 行）主体朝正前方移动。while 则要求，若顾客置身的嵌块和走过的嵌块与摊贩所在的嵌块不同，则顾客就继续前移。移动速度由界面上的 walking-speed 滑块控制：较高的 walking-speed 意味着主体每次在 while 循环中移动得更远。（设置常数 0.005 可以使主体行走足够慢，使其运动可见。读者可调整步速以适应自己的计算机速度。）

最终，顾客到达摊位，并在该摊位货物中购买自己购物清单上的任何物品。（回想一下，摊位不一定有主体购物清单上的全部物品的库存）。假设主体是从摊贩那里购买所需的一切，即第 45 行的目标。filter 根据列表逐一过滤其中的元素，并生成一个新的列表 purchases，对于仍在购买清单上的物品，报告器（在本例中为 [member? ? [stock] of stall]）将反馈为真。正在考虑中的物品由占位符 ? 表示。于是，报告器询问该物品（?）是否在摊位产品列表上，若在，则正中下怀。摊贩不会缺货，总是能够满足顾客的需求。

可能顾客在当前摊位买不到某些物品，因为这些物品不在当前摊位的存货中。为了找出尚未购买哪些物品，顾客便拿出购买清单逐项查验，从购物清单中删除已经购买的物品（第 45 行至第 48 行）。顾客已从当前摊贩处买下所有自己想买且能够买到的东西，此时正好检查一下是否还需要购买更多物品。若购物清单已空，则顾客就移至网格边缘离开市场。

这是一个针对主体的过程。ask 命令将要求所有主体都经历一次上述过程。然后，计算顾客清单上的平均待购物品数。若人人皆已完成购物（清单上平均待购物品数为零），则仿真程序就停止。若尚未停止，则仿真程序时钟就前进 1 步。这就完成了仿真程序的一步，如此循环往复。在第二次的时候，那些有更多购物任务的主体将再次选择某个摊贩的摊位，并购买摊贩的库存品。最终，所有采购都会完成，所有的顾客都会回家，然后仿真程序就会停止。

例程 go 展示了 NetLogo 例程的某些共同特征。大部分例程都包含 ask 命令，这个命令中有一系列需要主体执行的行为规则。这些行动可以包括在由网格表征的环境中移动、操控主体状态（这里指购物清单），以及计算 mean-items 之类的变量。

2.4 增强的基本模型：加入价格

迄今为止，模型描述都刻意保持简单，以便更容易阐述 ABM 的一般结构。读者可能已经注意到，模型尚未纳入任何经济变量。不过，只要基本模型管用，就可以被修改并通过增加更多细节被加强，这通常也是开发模型的最佳方式：分步构建。确实，检查模型是否在做你想要它做的事情非常重要，这正是所谓的验证过程；等到模型变得庞大而复杂的时候再来验证就几乎不可能了。NetLogo 的分布构建方法使得开发工作变得非常容易，因为你很容易改编程序并看到效果变化。

我们的第一个改善，是在模型中加入价格，使得每种果蔬都将有由市场摊贩设定的价格。

必要的内容更改和增加如下：

```
1  globals [fruit-and-veg fruit-and-veg-prices mean-items]
```

...

```
4  shoppers-own [shopping-list spent]
5  traders-own [stock prices]
```

除了用一个全局变量来表示各类果蔬之外，还引入了一个变量来表示每种果蔬的价格表（例如批发价格）。这些价格与 fruit-and-veg 中的产品一样，按照相同顺序排列。例如，若橘子是 fruit-and-veg 的第三个元素，则橘子的价格将是 fruit-and-veg-prices 中的第三个元素。顾客和摊贩都需要增加自己的变量：顾客在 spent 变量中记录他们花在果蔬上的钱；而摊贩有一个价格表，其中包含各类库存品的价格。

摊贩在批发价格上进行价格加成，并形成最终定价。不同摊贩的价格加成各不相同，是一个 1%—30% 之间的随机百分比。下面几行代码将计算价格加成，并生成一份包含价格加成的价格表，价格排序与摊贩 stock 列表中的物品排序相同：

```
let mark-up (1 + random 30) / 100
foreach stock [
    set prices lput ((1 + mark-up) *
        (item (position ? fruit-and-veg) fruit-and-veg-prices))
         prices
    ]
```

foreach 依次访问库存清单中的物品。对于每一个物品，它都用 lput 将物品价格放在价格表的末尾。通过查找物品在果蔬列表中的位置（position ? fruit-and-veg），摊贩提取批发价格列表中该位置的价格并加成，从而决定物品的价格：

```
45  foreach purchases [
        set spent spent +
                item (position? [stock] of stall) [prices]
                of stall
46   ; delete the items that have been bought from the shopping list
47   set shopping-list remove ? shopping-list
48  ]
```

上述代码将被插入例程 go 的第 45 行后面。每次采购果蔬（"橘子""香蕉"或其他东西）时，上述货品的价格都在摊贩的价格表中被找到，并被计入顾客的总开销。假设顾客对每个类目的物品只购买一单位。查找由两部分完成：首先，在摊贩的库存清单中找到该类物品的位置。例如，若库存清单是["apples" "bananas" "oranges" "plums" "carrots" "lettuce" "tomatoes"]，而顾客已经买了胡萝卜，(position ? [stock] of stall) 将返回 4（因为列表中第一个位置是 0）。然后，报告器 item 将返回在摊贩价格列表中对应位置的价格（例如在位置 4 的价格）。

最后，观察到顾客在购物时的开销金额对我们大有裨益。这可以通过绘制各时间点上的平均开销金额来完成，时点以计时器来衡量。结果如图 2.3 所示。

这里，对基本模型的第一次改善展示了，如何通过追加几行代码来扩充模型（在本例中，追加的代码用于计算顾客开销金额），如何通过增加一张绘图来展示主体行为随着时

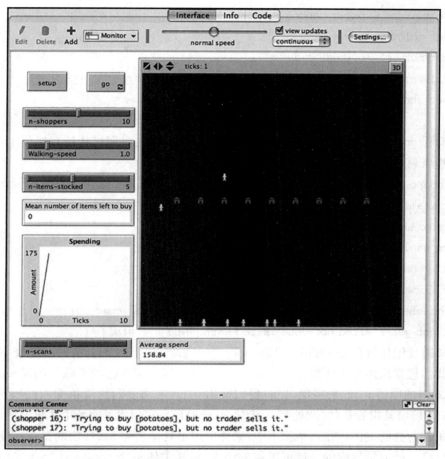

图 2.3　增强版模型的界面(增加了平均开销金额的绘图)

间的变化。我们也见识了其他的列表处理命令,它们可用于过滤列表或删除列表项目。
此类命令还有很多,它们已由 NetLogo 词典予以描述。

2.5　增强的模型:选择摊贩

在基本模型版本中,顾客随意选择他们要去的摊位,若尚未完成购物,则随机选择另
一个摊位。问题是,顾客有可能会两次选到同样的摊位,这看上去有点傻。避免这一问题
的方法是,赋予顾客记忆,来记录他们曾去过的位置,这样他们就可以从尚未光顾过的摊
位中选定下一个。

模型的第三个版本正是这样做的。例程 setup 为所有顾客主体追加了一个新的变量,
它记下了每个顾客尚未光顾的摊位:

```
4   shoppers-own [shopping-list not-yet-visited spent]
...

23  create-shoppers n-shoppers [
24    set shape "person"
```

```
25    setxy random-pxcor random-pycor
26    set color yellow
      set not-yet-visited traders
27    ; give each shopper a random list of produce to buy
28    set shopping-list n-of (1 + random 8) fruit-and-veg
29  ]
```

在例程 go 中,顾客主体选择前往某个摊位时,不再像之前那样从所有摊位中选择,而是从那些尚未光顾的摊位主体集合中选择(第 37 行):

```
36  ; choose a stall
37  let stall one-of not-yet-visited
38  ; go to that stall
39  face stall
40  while [patch-here != [patch-here] of stall]
41      [forward 0.005 * walking-speed]
    ; remember that I have been to this stall, so I don't come again
    set not-yet-visited not-yet-visited with [self != stall]
```

主体需要记住自己去过哪里,故第 41 行之后追加了一行代码。有必要解释一下这行代码。我们想要从摊贩主体集合 not-yet-visited 中删除顾客已经光顾过的摊贩,可以通过 NetLogo 的原语 with 来实现,先前我们曾用 with 来选出购物清单非空的顾客(第 35 行)。with 后面紧跟着条件(此处为[self != stall]):它创建了原始主体集合的副本,但只包括条件为真的主体。在这个例子中,条件中用了具体名称 self,指的是正在测试条件的主体自己。故方括号内的条件可以被翻译为"只从主体集合 not-yet-visited 中选择那些与当前市场摊位不同的摊位"。虽然刚开始时这有点难以理解,但这却是筛选主体集合的非常简洁有力的方法。

看上去,允许主体记住自己去过哪里,避免重返同一摊位,这样做似乎就够了。然而,在某些情形下,代码会出错(见图 2.4)。

这样的错误在编程中几乎不可避免。要想找到问题的原因,需要对编程命令逐条推敲。这是全部重要验证过程的一部分,前面也曾提及。添加展示中间值的命令通常是有用的,例如 show 命令[这个命令可使得界面底部的 Command Center(命令中心)显示出数值;见图 2.1]。

本例中,出现错误是因为主体已经光顾过市场上的所有摊位,但购物清单上仍有待购物品。对于这样的主体,主体集合 not-yet-visited 为空——按照 NetLogo 的说法,它包含了 nobody(没有人)。这必定是因为主体未能买到的物品实际上所有摊位都不出售(请记住,每个摊贩销售的都是他们随机选择的物品,有时候 fruit-and-veg 中的某类果蔬没有被任何摊贩选中)。所以变量 stall(摊位)的值是 nobody,当顾客主体试图面朝 nobody 的方向时,NetLogo 就会报错并中断程序。

我们可以做什么? 一种可能的做法是,作出安排,使得全部物品种类都至少被一个摊贩出售。另一种做法是,允许尚有待购物品却找不到售卖摊位的顾客放弃购买。后者似

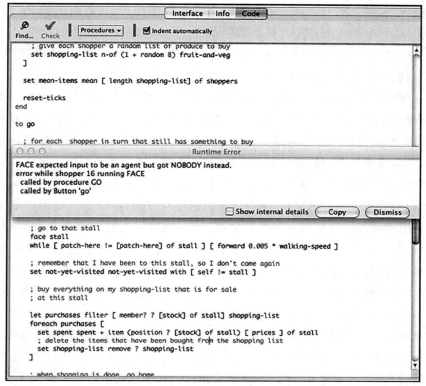

图 2.4　NetLogo 运行中的错误

乎更有用,故第 43 行之后又加了如下代码:

```
42   ; choose a stall
43   let stall one-of not-yet-visited
     if stall = nobody [
       show (word "No one sells " shopping-list)
       set shopping-list []
       stop
     ]
```

请注意这里的命令 show 和报告器 word 的使用,word 可以将两个或多个对象连在一起形成一个字符串。Command Center 可以显示出一些诸如(shopper 12):"No one sells [lettuce]"(无人出售生菜)的信息。

在模型的第三个版本中,我们将展示如何使用 with 关键字精准创建主体集合,以及如何处理程序运行中的错误。在最终加强版中,我们将对 NetLogo 中的例程作更多解释。

2.6　最终增强版:更具经济理性的主体

主体虽然不再反复光顾同一摊贩,但他们随机选择摊位的做法也不合情理。倘若他们能够提前谋划，到价格最优惠的摊位去购买则会有趣得多。（请回忆下，模型中并无统一的市场价格，每个摊贩都自定价格出售物品）。主体应该查看摊贩的价格表，计算他们在此处清空购物清单的开销，然后选择最便宜的一家。虽然原则上主体可以浏览每一张价格表，但我们也假设顾客的时间和精力有限，故只能查看少数摊贩。

在这一版模型中，在购买任何东西之前，主体会尝试多种采购的可能性。例如，他们会考虑，从摊贩 1、摊贩 10 和摊贩 5 处购买清单物品的成本是多少，并将其与从摊贩 3、摊贩 2 和摊贩 7 处购买相同物品的成本进行对比。主体会比较不同的摊贩集合，选择成本最低的集合，进而从该集合中最便宜的摊贩处采购，该指令为 n-scans。

这可视作赋予主体某些额外的"智慧"，使其能事前谋划。显然，为了最小化购买成本，主体可以查询每个摊位的价格，通过计算以最小化支出（尽管这可能相当复杂且耗时，因为并非所有摊贩都会销售所有种类的物品，所以顾客先为购物清单上每类物品找到销售价格最低的摊贩，然后再前去交易）。我们应该假设主体无法实现如下优化策略：主体掌握每个摊贩对每类产品的售价，即主体掌握完美信息，并潜在地访问尽可能多的摊贩（即主体有无限的时间和精力），后者有其购买清单上的物品。相反，我们只能令主体拥有有限理性：只能访问少数摊位，也只能计算少数购买组合。

我们增加了一个额外的例程来实现这一点。这个例程被称为 search-before-buying。它与之前所有代码的不同之处仅在于，主体会计算潜在的采购成本，而非实际购买成本。例程将计算重复数次（由界面上的 n-scans 滑块设置），然后向主体代码返回一个在所有运行尝试中总价最低的摊贩列表。然后 go 例程会依次访问这些摊贩。

例程有两种：一种是我们已经看到的 go 例程，它会执行一组命令，另一种为报告器，会进行计算并返回一个值。search-before-buying 是第二种，因为它返回一个最佳摊位列表。报告器必须以关键字 to-report 开始，并且其中必须包含 report 命令，该命令后的值会返回调用例程。例如，我们可以写 let route search-before-buying，然后变量 route 会被设置为由 search-before-buying 计算得到的最佳摊位列表。

提取程序的不同部分并将其放入例程中通常更方便也更清晰。另一个例子是从一个摊位中查找物品价格的代码。在前一版程序中，后者的代码是 item (position ? [stock] of stall) [prices] of stall。搞懂代码的含义需要花一点功夫。倘若你创建一个报告器并给它取个有用的名字，就会更清晰：

```
to-report produce-price [produce stall]
  report item (position produce [stock] of stall) [prices]
of stall
End
```

例程名称后面方括号里的元素（[produce stall]）是例程的参数。调用例程时，恰当的值会被传递给例程。例如，执行 produce-price "oranges" trader 1，例程将会报告摊贩 1 的桔子的价格。

专栏 2.4 包含了这两个例程，还有一个例程能报告某个特定摊位可购买购物清单中的何种物品。

专栏 2.4　在有限理性的条件下，完成寻找最便宜的摊位的附加例程

```
36  to-report search-before-buying
37    ; see how much it would cost to purchase using n-scans sequences
38    ; of traders' stalls and report the cheapest
39    ; initialise cheapest with a very large number
40    ; so every purchase will be cheaper
41    let cheapest-price 100000
42    let cheapest-route []
43    repeat n-scans [
44      let this-route []
45      let cost 0
46      let to-buy shopping-list
47      let visited []
48      while [not empty? to-buy] [
49        let stall one-of traders with [not member? self visited]
50        if stall = nobody [
51        show (word "Trying to buy "to-buy", but no trader sells it.")
52        set shopping-list []
53        report []
54        ]
55      set visited lput stall visited
56      let purchases buy-from-stall to-buy stall
57      if not empty? purchases [
58        set this-route lput stall this-route
59        foreach purchases [
60          set cost cost + produce-price ? stall
61          ; delete the items that have been bought
62          set to-buy remove ? to-buy
63          ]
64        ]
65      ]
66      if cost < cheapest-price [
67        set cheapest-price cost
68        set cheapest-route this-route
69      ]
70    ]
71    report cheapest-route
```

```
72   end
73   to-report produce-price [produce stall]
74     report item (position produce [stock] of stall) [prices] of stall
75   end
76   to-report buy-from-stall [what-to-buy stall]
77     report filter [member? ? [stock] of stall] what-to-buy
78   end
```

go 程序也需要被改进，以便顾客在市场摊位中找到最佳路线，并依次访问：

```
35   ask shoppers [
36     let route search-before-buying
37     foreach route [
38       let stall?
39       ; go to that stall
40       face stall
```

其余的代码与以前相同（尽管如果我们想让代码更可读的话，就可以使用报告器 produce-price 和 buy-from-stall）。

2.7　运行实验

主体搜寻最便宜摊位的次数，应与他们支出的平均价格呈负相关：搜索次数越多，主体就越可能找到最优价格集合。若模型只对 n-scans 滑块的某些值各运行一次，则不太容易看清这一点。这是因为果蔬的价格、摊贩的加价、每个摊位的存货种类、顾客的购买清单和摊位选择每次都会随机变化，它们都会影响支出的均价。这是许多 ABM 的典型特征。模型是随机的，模型中的行为也会随机变化。考察此类模型的常见方法是多次运行并取结果的平均值。（要运行多少次才足以产生可靠的平均值，是复杂而棘手的问题。但一般而言，重复运行模型直到计算出的均值标准差不再减少为止是较为有效的方法）。

假设运行 100 次就够。那么我们应该首先让每个主体审视一条路线，计算主体购物清单物品的均价，重复运行 100 次；然后再让主体重复运行 100 次，以审视两条路径中最优的一条，以此类推。这显然需要运行该模型数百次，而数百次重复地手动点按 setup 和 go 按钮并计算平均值并不现实。幸运的是，NetLogo 可以为我们代劳。既然 setup 和 go 都是例程，我们可以编写额外的代码来调用这些例程，以计算购物清单物品的平均成本的均值（见专栏 2.5）。

> **专栏 2.5　用于运行一次实验，以检验主体审视最便宜摊位组合的次数变化之影响的代码**
>
> ```
> to run-experiment
>   set n-scans 1
>   let runs-per-trial 100
>   while [n-scans < = 10] [
>     let total-of-averages 0
>     repeat runs-per-trial [
>       setup
>       go
>       set total-of-averages total-of-averages + mean [spent] of shoppers
>     ]
>     show (word "Mean of average of cost of shopping lists over" runs-per-trial
> "runs for" n-scans "scans =" (total-of-averages / runs-per-trial))
>     set n-scans n-scans + 1
>   ]
>   show "Finished."
> ```

可以通过在命令中心输入 run-experiment 并按回车键来执行 run-experiment 例程，或者添加一个按钮到界面，将 run-experiment 作为按下按钮时运行的命令（这和按下按钮运行 go 例程和 setup 例程的方式类似）。如 run-experiment 的代码也可以将结果保存到文件中，以便以后使用统计程序进行分析，这是本书中许多示例所使用的方法。

另一种让模型多次运行的方法是重新组织程序，让所有初始化都由 go 命令完成。NetLogo 还提供了一个名为行为空间（BehaviorSpace）的工具，后者可以在不编写代码的情况下运行这类实验，且通常比专栏 2.5 中的代码更易用，但灵活性较低，故未被本书采用。

2.8　讨论

本章旨在介绍 ABM 的内在结构，并介绍 NetLogo 中最常见的结构和命令。尽管我们已剖析过的例子非常简单（要在一章内解释完毕只能如此），但确实展示了我们在第 1 章提到的 ABM 的特征。主体是异质的：摊贩销售的果蔬种类和顾客的购物清单都各不相同。因此，每个主体的行为也不相同。系统的动态非常重要：模型中没有均衡概念，但我们可以观察到主体随时间推移采取的购买行为。再次，主体会互动：顾客从摊贩处购买物品。此外，我们还赋予主体一定程度的理性，允许主体在有限信息、有限时间和有限精力的约束下进行优化。

后续各章末尾的附录,都会以标准的结构和"伪代码"(这种代码更接近于自然语言)总结该章所介绍的模型。本章也一样,我们将展示已经详细描述过的例子的伪代码版本将是何种模样。

附录 2.A 示例模型:完整版

目标:该模型旨在以简单的果蔬市场模型来展示 NetLogo 的一些基本特征。

实体:有两类主体:顾客和摊贩。

随机过程:顾客购物清单中的物品,摊贩的库存和报价,都(在设定范围内)被随机选定。

初始化:对于顾客,选定 n-shoppers、walking-speed 及其愿意考量的不同购物数量。对于摊贩,选定 n-items-stocked。

输出:消费支出随时间变化的图和两个报告器:n-scans,以及 average spend。

程序截屏如图 2.A.1 所示。伪代码见专栏 2.A.1。

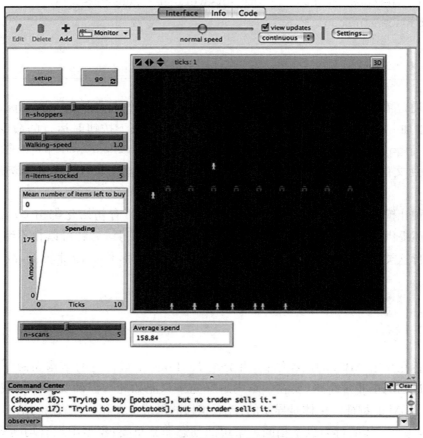

图 2.A.1 模型最后版本的界面截屏

专栏 2.A.1   模型最终版本的伪代码

Set the list of 12 fruit and vegetables the traders are to sell.

Set the (wholesale) prices of the items randomly between 1 and 100.

Generate nine agents to represent traders with the shape 'house', coloured red and placed in a line across the middle.

Allocate randomly to each trader:

Stock: which of the 12 possible items are stocked, given that the number of items to be stocked is set by the slider.

Prices: based on wholesale prices plus a random mark-up of between 1 and 30%.

Generate the number of agents selected with the slider to represent shoppers with the shape "person", coloured yellow, and distributed randomly.

Allocate three attributes to each shopper:

A shopping list of between 1 and 8 items, selected randomly.

A list of traders not yet visited: initially this is all traders

The amount spent: initially this is nil.

Calculate the mean length of the shoppers' lists.

Each shopper goes shopping by:

Scanning the stalls for the cheapest sequence of stalls. It does this the number of times selected.

Visiting the selected stalls:

Ensuring that no stall is visited twice

Recording what is bought

Adding up how much is spent.

When the shopping list is empty, the shopper goes home.

Report the results and plot the graph.

参考文献

Gilbert, N.(2007) *Agent-Based Models*. London: Sage.

Railsback, S. F. & Grimm, V. (2011) *Agent-Based and Individual-Based Modeling: A Practical Introduction*. Princeton: Princeton University Press.

Wilensky, U.(1999) *NetLogo*. Center for Connected Learning and Computer-Based Modeling, Northwestern University, Evanston, IL[Online]. Available at: http://ccl.northwestern.edu/netlogo/[Accessed 31 January 2015].

Wilensky, U. & Rand, W.（2015）*An Introduction to Agent-Based Modeling*: *Modeling Natural*, *Social and Engineered Complex Systems with NetLogo*. Cambridge, MA: MIT Press.

►3

异质的需求

3.1 引言

经济学是关于稀缺资源分配的学科。换言之,它是关于选择的学科。与大多数入门级经济学教材一样,本书也从消费者面临的选择和消费者需求的决定入手。

消费者把钱花费在各类物品上。不同家庭的消费模式各异:领取退休金的独居老人,与独立生活的学生,或者与一个有孩子的家庭相比,其所购之物截然不同。英国国家统计局(Office for National Statistics,ONS)每年都会调查住户支出(ONS,2011)。其收集的信息非常详尽,以便为零售和消费者价格指数设定适当的权重。美国劳工统计局(U.S. Bureau of Labor Statistics)也会进行类似的消费者支出调查(consumer expenditure survey)。

图 3.1 展示了 2021 年英国在"家庭支出"(family spending)中发现的大致情况:住房、食品和燃料占家庭平均预算的 40%。该图还展示了最贫困和最富裕的家庭(分别指家庭总收入位于底层 10% 和顶层 10% 的家庭)的支出模式。对于某些支出,例如住房,不论家庭贫富,其预算份额基本相同。然而,最贫困家庭在食品、燃料和电力方面的支出占比要远高于最富裕家庭,而交通支出则正好相反。

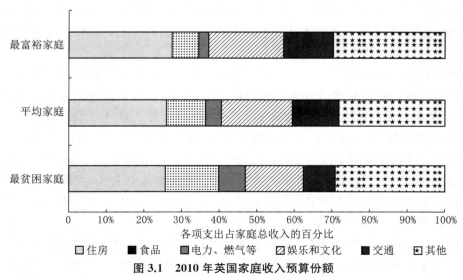

图 3.1 2010 年英国家庭收入预算份额

资料来源:ONS(2011)。

更细致地观察支出模式,消费差异会更大。例如:

● 在调查期间,99%的家庭报告了食品支出,其中五分之四报告购买过新鲜水果,但只有 45% 报告购买过苹果。

● 在调查期间,99%的家庭报告了娱乐和休闲支出,只有大约三分之一报告购买过宠物食品,仅有约五分之一报告购买过书籍。

可见,家庭在收入、口味和消费模式等方面各不相同。虽然家庭的平均消费模式在服务于特定目的(比如构建消费者价格指数)时会很有价值,但几乎不会有家庭真的按照平均模式来花掉其预算。消费者是异质的。

处理异质性的能力,是 ABM 的一个关键优点,本章将会展示 ABM 如何做到这一点。第 3.2 节将建立一个 ABM,讨论基础教程中的消费者需求理论。随后以更实用的模型来检验真实世界中的价格变化所产生的影响。最后是总结,并对基于异质性主体的模型和基于代表性主体的模型进行评价。本章附录将详细描述模型并对模型应用提出建议。

3.2 基本的消费者需求理论建模

家庭对物品的需求,取决于其口味、预算、物品及其他物品的价格。口味,或者更正式地说是偏好,可以被建模为效用函数,从中生成的无差异曲线,可被用来表示产生相同效用水平的物品组合。因此,无差异曲线的斜率,更正式地说即边际替代率(marginal rate of substitution,MRS),就表示家庭为了获得更多其他物品而愿意放弃多少某种物品。

要得到预算约束下的最大化效用,就要求无差异曲线的斜率(即前述的 MRS)必须等于预算约束的斜率。预算约束的斜率由相对价格决定。若价格变化,则预算约束的斜率,进而效用最大化的选择也会随之变化。随着价格的变化,跟踪这些选择的变化便可得到需求曲线。

随后的例子会详述这个过程。有两种物品 A 和 B。物品 B 被定义为"复合物品"(composite commodity),即囊括了除 A 以外的所有物品。此外,该复合物品的单位被定义为一单位货币(可以是 1 英镑、1 美元或 1 欧元)所能购买的物品单位。即 B 的价格始终为 1(某些教材会把这种复合物品视作计价单位)。采用这种方法,对两种物品的分析也能被应用于多种选择的情形。

特别地,考虑某个预算为 100 英镑的家庭,A 的价格和 B 的价格都是 1 英镑,且家庭在购买 50 单位 A 和 50 单位 B 时能实现效用最大化。但如果 A 的价格变成 B 的两倍(从 1 变为 2),给定假设的效用函数,家庭继续最大化其效用,那么对 A 的需求就会从 50 降低到 25。由于买得起的 A 减少了,家庭只能移至较低的无差异曲线。见图 3.2 的上半部分。上述分析产生了需求曲线上的两个点:当 A 的价格为 1 时,需求为 50;当价格为 2 时,需求为 25。重复该分析过程以生成更多的点,最终可绘制出需求曲线,见图 3.2 下半部分。(注意,假设的效用函数形式决定了家庭对于 B 的需求不受上述价格变动影响,因为对 A 的总消费始终保持 50 英镑不变,稍后会深入讨论这一点。)

若利用上述理论来构建 ABM,则代表家庭的每个主体都会被配置一笔预算和一个效用函数。为了绘制出需求曲线,需要询问每个家庭在给定价格下将会购买的物品数量。我们首先阐述如何对预算建模,然后添加效用函数并生成需求曲线。

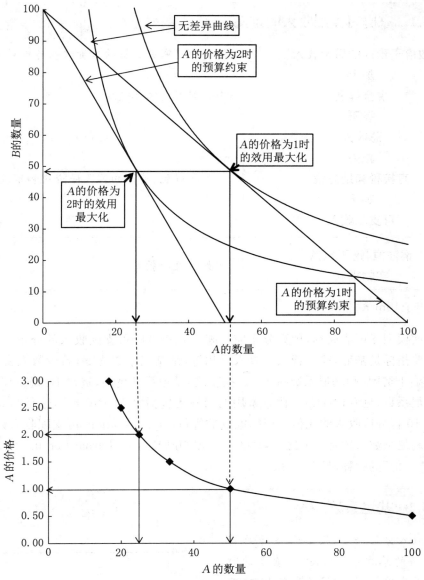

图 3.2　价格变动对需求的影响

3.2.1　分配预算

经济理论牵涉到预算,但在操作层面定义预算并非易事。家庭预算显然与其收入有关。但调查显示,部分贫困家庭报告的支出超过了它的收入(Carrera,2010)。在某些情形下,这只是暂时性的,例如家庭成员年龄尚幼、正在上学或暂时失业,其支出由储蓄提供。另一些情形中,家庭很可能少报了收入。相反,富裕家庭确实不会花光所有收入。不过,为了让模型保持简洁,这里将预算定义为可支配收入(见专栏 3.1),且不考虑任何借贷,并假设如果价格上涨,贫困家庭的支出几乎没有增幅。

专栏 3.1　家庭可支配收入的定义

政府干预前的原始收入 **加上** **现金福利** **等于** **总收入** **减去** **直接税和地方税** **等于** **可支配收入**	例如所有家庭成员的工资收入与投资所得。 例如国家退休养老金。 例如所得税、英国的国民保险税和市政税。
请注意,这不包括 **实物福利**	例如健康和教育。

资料来源:基于 Barnard et al.(2011)。

为了使模型尽可能逼真,预算分布应反映近几年英国可支配收入的分布。反映收入分布的主要指标是基尼系数:若人人收入皆相等,则基尼系数为零;若少数人富可敌国而大部分人陷于贫困,则基尼系数接近 1。换言之,基尼系数越高,贫富不均就越严重(欲更多了解基尼系数,见专栏 3.2)。比较常用的指标还包括"P90/P10 比",这是第 90 百分位收入和第 10 百分位收入的比值。根据家庭的等价(equivalisation)可支配收入计算,英国近几年的基尼系数大约是三分之一,P90/P10 比刚刚超过四(Barnard et al.,2011:Table 27)(关于"等价"的解释,见专栏 3.3)。

专栏 3.2　基尼系数

若收入分配平均,则 50% 的家庭将拥有 50% 的总收入。实际上,真实的财富分布是有偏的,最贫困的半数人口,其收入远远少于总收入的一半。从图形上看,收入分配可以用洛伦兹曲线表示。

基尼系数是洛伦兹曲线与代表平均分配的直线之间的面积(较暗的阴影面积 A)与直线以下的总面积(面积 A+面积 B)之比。

换言之,基尼系数衡量了真实收入分配偏离完全平均分配的程度:基尼系数越小,分配就越平均。

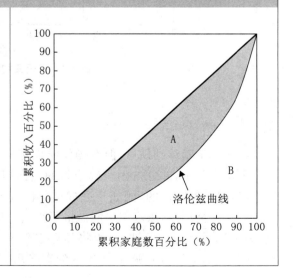

专栏 3.3　等价可支配收入

等价是一种调整收入的计算方法，它反映了一个常识：要享受同样的生活水平，双人家庭需要比单人家庭有更高的收入。

此处展示的数据基于已修订过的经济合作与发展组织（OECD）量表，采用的权重如下：

第一位成年人：0.67

第二位及之后的成年人：0.33（每个成人）

13 岁及以下的儿童：0.20

14 岁及以上的儿童：0.33

将每个家庭成员的数值相加就得到该家庭的总等价量。再将可支配收入除以这个数字，就得出该家庭的等价可支配收入。

例如，考虑一个包含一对夫妇和两个 14 岁以下孩子的家庭。这个家庭的等价量是：

$$0.67 + 0.33 + 0.20 + 0.20 = 1.40$$

如果家庭的可支配收入是 20 000 英镑，那么它的等价可支配收入为

$$20\ 000\ 英镑/1.40 = 14\ 286\ 英镑$$

资料来源：Barnard et al.(2011)。

模型将为每个家庭配置一笔预算，其均值为 100。这是一个随机过程，每次运行都会产生不同结果，因此，如第 2.7 节的论述，必须多次运行模型并取平均值。图 3.3 展示

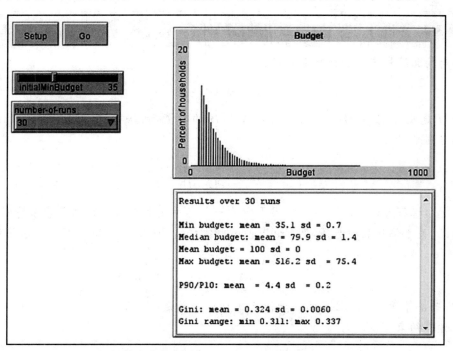

图 3.3　预算分布模型(基于 30 次运行，每次有 1 000 个主体)

了 1 000 个主体运行 30 次的例子：该分布来自全部 30 000 个主体，而指标（最小值、中值、平均值和最大值）是每次运行中该指标的平均值。可见，在不同轮次的运行之间，预算的最小值几乎无差异，但最大值却极其悬殊。由于该分布已标准化，所有运行中的预算在平均值上是相同的（为 100），故均值的标准差为零。基尼系数取 30 次运行的简单平均。总体而言，这个模型大致重现了近几年英国家庭等价可支配收入的分布情况：预算的中位数低于预算的均值，基尼系数在三分之一左右，P90/P10 比刚好超过 4。模型的详情见附录 3.A。

3.2.2　为家庭赋予偏好

经济理论利用效用函数对偏好进行建模。此处采用柯布—道格拉斯效用函数，因为其分析简洁且广为人知。两物品的柯布—道格拉斯效用函数为：

$$U = A^{\alpha} B^{1-\alpha}$$

其中 U 是效用，A 和 B 分别表示物品 A 和 B 的数量，而 α 必须在 0 到 1 之间。每个主体的口味由 α 所控制：α 越高，对物品 A 的偏好越强。当效用在预算约束下实现最大化时，对 A 的需求（即 A^{*}）等于 α 乘主体的预算（m）再除以 A 的价格（P_A）：

$$A^{*} = \frac{\alpha m}{P_A}$$

进一步，该函数表示，当效用最大化时，主体花费在 A 上的预算份额是 α。详情见专栏 3.4。

专栏 3.4　柯布—道格拉斯效用函数的计算

两物品的柯布—道格拉斯效用函数为

$$U = A^{\alpha} B^{1-\alpha} \tag{3.1}$$

其中 U 是效用，A 和 B 分别表示物品 A 和 B 的数量，且 $0 < \alpha < 1$（α 越大，对物品 A 的偏好则越强）。

$$\mathrm{MRS} = \frac{\partial U / \partial A}{\partial U / \partial B} \tag{3.2}$$

其中德尔塔符号（∂）表示偏导数，用于衡量一个变量发生变化而其他变量保持不变时的情况（关于偏导数的解释，见 Bradley and Patton，2002，pp.336—340）。求导可得

$$\mathrm{MRS} = \frac{\alpha A^{(1-\alpha)} B^{(1-\alpha)}}{(1-\alpha) A^{\alpha} B^{(1-\alpha-1)}} = \frac{\alpha B}{(1-\alpha) A} \tag{3.3}$$

注意，若 α 等于 1，则 MRS 的分母将是 0，所以 α 总是小于 1。

预算约束可以写为

$$m = P_A A + P_B B \tag{3.4}$$

这里 m 是预算，P_A 是 A 的价格，P_B 是 B 的价格，P_A 和 P_B 彼此独立。

重新排列得到

$$B = \frac{m - P_A A}{P_B} \tag{3.5}$$

故预算线的斜率为 A 的价格除以 B 的价格。当斜率等于 MRS 时，效用将达到最大。因此，根据式（3.3）得

$$\frac{\alpha B}{(1-\alpha)A} = \frac{P_A}{P_B} \tag{3.6}$$

将式（3.5）代入式（3.6）得到

$$\frac{\alpha \dfrac{m - P_A}{P_B}}{(1-\alpha)A} = \frac{P_A}{P_B} \tag{3.7}$$

重新排列式（3.7），消掉 P_B，则要达到效用最大化必须有

$$A = \frac{\alpha m}{P_A} \tag{3.8}$$

重新排列式（3.8）得到

$$\alpha = \frac{P_A A}{m} \tag{3.9}$$

换言之，在预算约束下达到效用最大化时，α 等于 A 的预算份额。

至此，这个由 1 000 个家庭主体构成的模型，其预算分布与英国居民的预算分布大致相同。以食品为例，下一步就是找出每个家庭用于购买食品的预算占比，即家庭中食品的预算份额。2010 年，英国的平均食品预算份额约为 10%，但最贫困的 20% 家庭的食品预算份额是 20%，而最富的 20% 家庭的食品预算份额仅为 8%（ONS，2011）。但这只是均值，在每个五分位组内仍存在差异：一部分最贫困家庭在食品上花费可能超过 15%，一部分最富裕家庭的食品预算份额可能不到 8%。为了对这种差异进行建模，可为每个五分位组的预算份额（或 α）都配置一个均值和一个标准差，而后者在不同组间保持相同。在每一组内，预算份额都服从这两个参数所构建的正态分布。例如，对于底层五分位，预算份额按照均值 15%（或 0.15）、标准差 2%（或 0.02）的正态分布进行随机分配。这意味着，在底层五分位中，三分之二家庭的预算份额在 13%（或 0.13）到 17%（或 0.17）之间，几乎全部家庭的预算份额都在 9%（0.09）到 21%（0.21）之间，如图 3.4 所示。

预算份额分布的一个示例（基于 1 次实验）见图 3.5，它由 1 000 个主体所构成的模型生成：预算份额的范围在 2.6%（0.026）到 20.1%（0.201）之间，中位数为 11.6%（0.116），均值为 10.2%（0.102）。

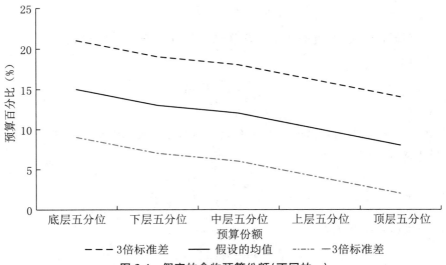

图 3.4 假定的食物预算份额(不同的 α)

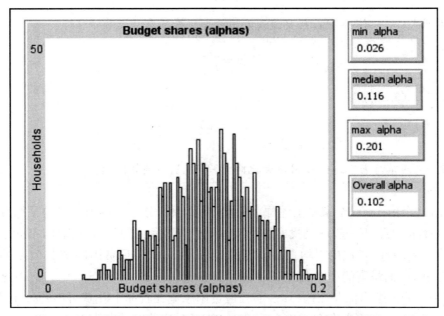

图 3.5 运行结果:由模型生成的预算份额之分布(1 000 个主体,运行 1 次)

注:此模型只运行了 1 次,仅用于阐明方法,并无实际意义。

　　按图 3.2 所示流程,询问每个家庭在特定价格下会购买多少物品。每一个价格都会生成一个需求集合,见图 3.6 左图。对不同的价格重复此过程,加总每个家庭的需求就可以生成一条总需求曲线,见图 3.6 右图。需求曲线(右图)中的每一点都由家庭需求(如图 3.6 左图)加总而来。最后,可将总需求和对应的价格绘制成图。换言之,宏观层面的总需求曲线来自家庭预算和效用函数的微观假设。

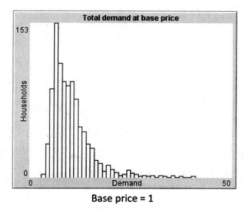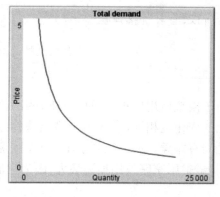

图 3.6　运行结果：基于柯布—道格拉斯效用函数的食物需求（1 000 个主体，运行 1 次）

价格变化对需求的冲击以自身价格弹性（own-price elasticity）来衡量（称"自身价格"是为了和交叉价格弹性做区分，交叉价格弹性衡量的是某物品的价格变化对另一种物品之需求的影响，此处并未用到这一概念）。自身价格弹性公式为

$$\frac{需求变化的百分比}{价格变化的百分比}$$

若价格上涨 1%，需求下降 1%，则价格弹性就是 1，或者严格地说，是 —1。在这种情况下，支出不会改变。但是，随着价格上涨，若价格弹性小于 1，则支出会上升；若弹性大于1，则支出会下降。

给定柯布—道格拉斯效用函数，家庭对某种物品的需求取决于物品价格、家庭预算以及对该物品的预算份额（见前文讨论）。若预算不变，且物品的预算份额也不变，那么当价格发生变化时，家庭对该物品的支出并不会改变，所以自身价格弹性在价格变化较小的情况下总是为负数（为何只在价格发生微小变化时才如此，见专栏 3.5）。

专栏 3.5　支出和价格弹性的关系

假设价格＝1 时，需求＝100

然后总支出＝价格×需求＝1×100＝100

假设价格上涨 1% 而物品的支出没有变化，那么家庭购买需求量会是：

$$\frac{总支出}{新价格}=\frac{100}{1.01}=99$$

价格弹性被定义为

$$\frac{需求变化的百分比}{价格变化的百分比}=\frac{(99-100)/100}{(1.01-1)}=\frac{-0.01}{0.01}=-1$$

但如果价格翻倍，那么为了保持支出不变，购买的数量将必须减半

$$\frac{总支出}{新价格}=\frac{100}{2}=50$$

所以，自身价格弹性＝

$$\frac{(50-100)/100}{(2-1)}=\frac{-0.5}{1}=-0.5$$

由于模型使用柯布—道格拉斯效用函数，全部主体的价格弹性相同，故所有家庭需求百分比的变化也相同，且购买价格上涨物品的总支出不变。但效用的变化百分比在不同家庭之间有差异。模型绘制了 1 000 个家庭在不同预算下的效用变化，见图 3.7。这个图还表明，最贫困家庭效用损失最大，因为它们花在食品上的收入占比更高。

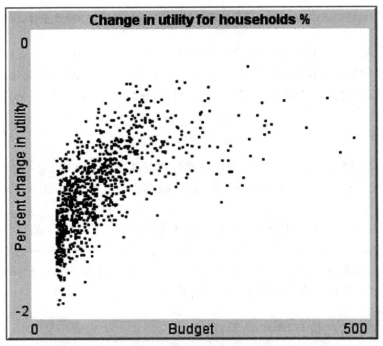

图 3.7　运行结果：食品价格上涨 10%，不同预算下的效用变化
（1 000 个主体，运行 1 次）

该模型的详情见附录 3.A。

柯布—道格拉斯效用函数虽然简单，但也存在根本的不足，即无论价格如何变化，主体对某类特定物品的预算份额都不变。若价格变动很小，那么预算份额不变可能是个合理的假设，因为许多经济分析都以边际决策为基础。但如果食品变得非常昂贵，人们就会购买更便宜的或更少的食品，而且也可能减少非食品支出，以便为食品支出更多。换言之，α 应该随物品价格变化而变化。人们提出了更复杂的效用函数，比如常替代弹性函数，来克服这类问题。但现实世界中，人们无法观察到家庭的效用函数。事实上，家庭是否存在如经济理论所设想的、基于理性或一致选择的效用函数，尚存争议（例如 Kahneman，2011），更不用说教材中描绘的那种连续可微效用函数了。正因为如此，我们暂且搁置柯布—道格拉斯效用函数，不过还会在第 5 章用到它。下一节将介绍更加实用的模型，来检

验现实世界中价格变化所产生的效应。

3.3　实用性需求建模

对潜在的效用函数不作任何假设,仅仅靠预算份额和价格弹性,也可以对价格变化的效应进行建模。与之前的模型一样,主体代表家庭,预算分布产生的基尼系数约为三分之一,P90/P10 比约为 4。但价格弹性不再由效用函数生成,而由建模者自己选定。

仍以食品为例,预算份额的分配如前文所述。实用性是本节的重点,为了检查所选参数值是否与现实世界的观察"相符",我们将模型生成的食品总支出在五个分位组之间总的分布,与 ONS 的调查结果进行对比,见图 3.8。对于每一个五分位组,模型生成的预算份额模式确实与现实观察到的模式大体相近:例如,在 2010 年,顶层五分之一人口(每个条形图中最暗的部分)总的食品支出实际占比为 30%,而模型顶层五分之一人口总的食品支出则占 32%。

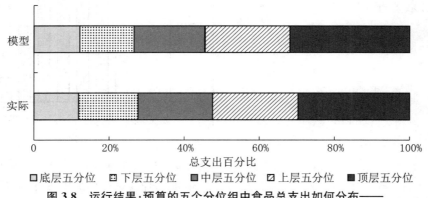

图 3.8　运行结果:预算的五个分位组中食品总支出如何分布——模型与现实之比较(1 000 个主体,运行 30 次)

资料来源:ONS(2011)的实际数据。

价格弹性通常以平均值估计。然而,家庭如何应对价格变化取决于其收入。对于食品等基本品,富裕家庭对价格上涨可能无甚反应,他们可以通过削减储蓄来应付额外支出。而贫困家庭则不得不压缩消费,因为他们无力承担更高的支出。正式地说,(价格小幅变动时)价格弹性可以在最富裕家庭的 0 到最贫困家庭的－1 之间变动。对于前者,其消费与涨价前一样;对于后者,食品总支出确实不变,但却不得不减少消费。尽管如此显而易见,但令人惊讶的是,很少有人去估计不同收入群体的价格弹性。Blundell 等人(1993)是少有的研究者之一。他们测算了食品自身的价格弹性,发现它在支出分布的底层四分位人群中平均约为－0.6,在顶层四分位人群中平均约为－0.3,而总的弹性约为－0.5(这是均值,且在每个支出分布内部,不同家庭的弹性也不同)。

我们根据 Blundell 等人(1993)的测算结果来设定弹性值,见专栏 3.6 上半部分。同样,模型允许五个分位组在组内和组间存在弹性差异。分配弹性所用的方法与分配预算份额所用的方法一样。对于每个五分位组,模型先确定弹性的均值,再根据这些均值和总的标准差,依照正态分布来分配弹性。比如,若将上层五分位的自身价格弹性设为−0.4,标准差设为0.1,那么此五分位组中三分之二家庭的弹性位于−0.3和−0.5之间,几乎全部家庭的弹性位于−0.1和−0.7之间。基于上述这些假设,模型产生的弹性总的来说为−0.5,但范围是0到−0.9。弹性分配的结果见专栏3.6的上半部分。

专栏3.6 实用性需求模型:食品(1 000个主体,运行30次)

自身价格弹性

假设的平均价格弹性

底层五分位　　−0.6
下层五分位　　−0.6
中层五分位　　−0.5
上层五分位　　−0.4
顶层五分位　　−0.3
(所有标准差为0.1)

弹性的分布

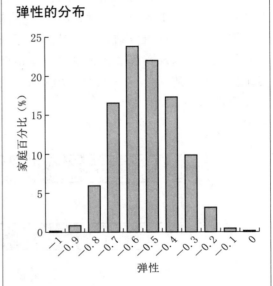

均值为−0.48(标准差0.05)(N=30 000,即1 000个主体运行30次)

价格上涨10%的影响

平均的百分比变动:
- 需求:均值−4.41%(标准差0.04)
- 支出:均值+5.15%(标准差0.05)

预算份额(百分比):
- 之前:均值10.29%(标准差0.08)
- 上升之后:均值10.82%(标准差0.09)

注:N=30,即在每次实验运行中我们都取了均值,此处报告的是这30个均值的均值。

各预算五分位组的支出变化

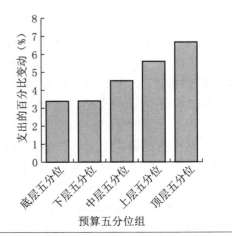

　　在此基础上,价格上涨 10%,需求会减少 4.4%,总支出会增加 5.1%。但是,支出增加幅度从最贫困家庭的 3.4% 到最富裕家庭的 6.7% 不等。总体而言,预算份额由 10.3% 上升至 10.8%。详情见专栏 3.6 下半部分。

　　这个模型足以研究人们对大众消费品(如广义的食品)的消费。不过,若消费品的定义越窄,则所有家庭都消费该物品的可能性就越少。为了与食品的例子形成对照,下面以主要以富裕家庭消费的"奢侈品"为例,其自身价格弹性超过 -1。所用的支出例子来自"影院、剧院和博物馆等"。2010 年,在英国,此类支出的平均预算份额为 0.5%,从最贫困家庭收入的 0.25%,递增到最富裕家庭收入的 0.75%(ONS,2011)。这种模式表示支出集中在两个最极端的五分位上:实际上,40% 的家庭在此类物品上的支出占了该类总支出的近四分之三。但在调查期间,只有 16% 的家庭报告了此类开支。

　　由于不是每个人都会消费这些娱乐服务,所以需要采用两阶段模型。第一阶段确定谁在消费,第二阶段确定消费者会消费多少。理想情况下,我们在确定哪些家庭会进行消费时,会考虑收入和年龄、教育或阶层等其他特征。这项工作将在第 4 章进行,简单起见,这里简化了第一阶段工作,即直接设定了每个预算五分位组中消费的初始比例以及最低消费水平,低于该水平的消费将被四舍五入为零。设置最低消费水平是必须的,这样当价格上涨时,部分家庭就会停止消费。

　　该方法与分配预算份额和分配自身价格弹性所用的方法相同:为每个预算五分位组分别设定一个均值,然后为所有五分位组设定一个总的标准差,依据正态分布来进行随机分配。因此,对于每一个预算五分位,都存在如下三组参数,需要为每个预算五分位组设定均值和全体共同的标准差:

- 预算份额;
- 初始的消费百分比;
- 价格弹性。

　　选定这些水平是为了反映五分位组之间支出的总的分布,以及生成本章引言所提及的总的预算份额(见专栏 3.7)。

专栏 3.7　结果:观影支出(1 000 个主体,运行 30 次)

假设

	初始消费百分比*	消费者平均预算份额(百分比)**
底层五分位	15	1.0
下层五分位	10	1.0
中间五分位	15	2.0
上层五分位	25	2.0
顶层五分位	25	3.0

注:* 最低消费水平(低于这个值的消费将被四舍五入为零)=0.1
　　** 所有五分位组的标准差=0.5%

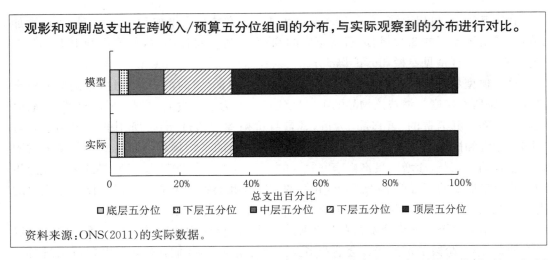

观影和观剧总支出在跨收入/预算五分位组间的分布,与实际观察到的分布进行对比。

资料来源:ONS(2011)的实际数据。

在此基础上,模型显示,有此消费的家庭占比为 16.7%,与观察到的 16% 相符。包括非消费者在内的总体预算份额为 0.47%,与观察到的 0.5% 也相符。专栏 3.7 的下半部分展示了该模型如何重现观察到的跨五分位组的总支出模式。

现在,我们来考虑价格变化的效应,Macmillan 和 Smith(2001)发现在英国"电影上座量与价格之间存在强烈的反向关系",但没有计算价格弹性的数据。我们掌握的最新数据是 Dewenter 和 Westermann(2005)估计出的德国观影价格弹性超过 −2。这意味着,若价格上涨 10%,需求将下降逾 20%,总支出将下降逾 12%[1.10×(1—0.2)]。但不同家庭的收入和支出偏好不同,观影之于家庭的重要性不同,故弹性也不同。对于像外出娱乐这类奢侈品,贫困家庭的支出可能会下降更多。不过,我们确实没有任何根据收入五分位组估计的价格弹性值,故只能略显武断地假设,价格弹性从最贫困家庭的 −2.5 到最富裕家庭的 −1.5,且所有五分位组都具有相同的标准差 0.5(见专栏 3.8 的上半部分)。

专栏 3.8　价格上涨对观影和观剧需求量的影响

自身价格弹性

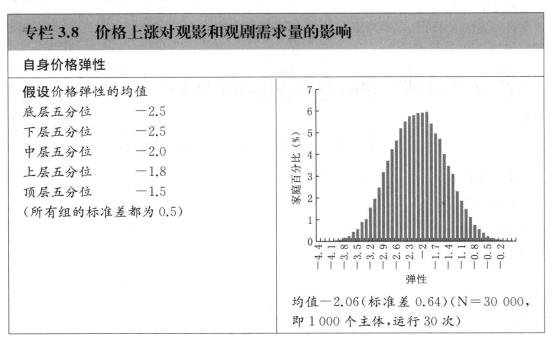

假设价格弹性的均值	
底层五分位	−2.5
下层五分位	−2.5
中层五分位	−2.0
上层五分位	−1.8
顶层五分位	−1.5

(所有组的标准差都为 0.5)

均值−2.06(标准差 0.64)(N=30 000,即 1 000 个主体,运行 30 次)

价格上涨 10% 的影响

总的预算份额（百分比）：
- 之前：均值 0.47（标准差 0.01）
- 之后：均值 0.43（标准差 0.01）

消费百分比：

	之前的均值 （标准差）	之后的均值 （标准差）
底层五分位	13.97(0.73)	13.62(0.85)
下层五分位	9.53(0.54)	9.42(0.53)
中间五分位	15.00(0)	15.00(0)
上层五分位	20.00(0)	20.00(0)
顶层五分位	25.00(0)	25.00(0)
全体	16.70(0.20)	16.61(0.21)

注意：N＝30，即每次实验我们都取均值，这里报告的是这 30 个均值的平均值。

平均的百分比变化：
- 需求：均值－16.53（标准差 0.53）
- 支出：均值－8.19（标准差 0.59）

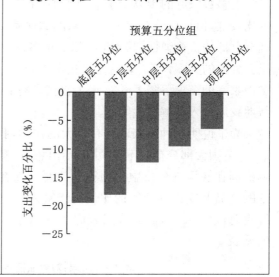

若价格上涨 10%，模型显示需求将下降 17%，总支出将下降 8%。少数（0.1%）家庭将完全停止消费，这些家庭都在最低的两个五分位组中。模型的仿真结果显示，支出的下降幅度从最贫困家庭的 20%，到最富裕家庭的仅 6%。总体而言，预算份额从 0.47% 降至 0.43%。全部结果显示于专栏 3.8 的下半部分。实际上，价格上涨更多地集中在高收入群体。

3.4 讨论

经济理论假定，家庭需求取决于其预算和偏好。本章利用该理论创建了一个 ABM，其中主体代表家庭。模型分两个阶段。第一阶段，创建一个模型来生成预算分布，重现所观察到的英国家庭收入分布，其基尼系数约为三分之一，P90/P10 比约为 4。第二阶段增加柯布—道格拉斯效用函数来生成偏好，然后询问每个家庭在不同价格下将消费多少，再以此加总生成总需求曲线。这一过程，在家庭效用函数和预算到总需求之间，建立起了可追踪的路径。尽管效用函数提供了漂亮的逻辑框架，但在现实中却无从观察。故接下来的模型对效用未作假设，而只用了预算和价格弹性来估计价格变化的效应。综上，本章提出了以下三个模型：

- 生成预算分布；
- 对需求建模（利用了柯布—道格拉斯效用函数）；
- 对价格变化的效应进行建模（未利用效用函数）。

上述模型与基于均值的模型,如第1章讨论的"代表性主体"模型,有何异同? 举例来说,若我们考虑一个平均家庭,并设食物的平均价格弹性为-0.5,则价格上涨10%将导致总支出增加4.5%[1.1×(1-0.05)=1.045]。但异质性主体的模型却显示,支出将增加5.1%,超过了代表性主体模型的结论。这有点出人意料。原因在于,预算分布是有偏的。尽管大多数家庭的预算低于平均水平(中位数小于均值),且富裕家庭的预算中食品支出占比较低,但预算分布前20%的家庭的食品支出仍占据30%(见图3.8)。由于更富裕的家庭有更低的价格弹性,其支出将增加更多:根据该模型,支出增长从底层五分位的3%到顶层五分位的7%不等。在这两种情况下,支出上升幅度均小于价格上涨幅度,这意味着最贫困家庭的需求下降了6%,而最富裕家庭的需求却只下降了3%。基于均值的方法难以帮助我们深入理解这些结论。

为了说明这种深入理解有多大的作用,我们不妨设想加收增值税造成食品价格上涨10%(英国大部分食品不征税)。不出意料,实用性需求模型显示税收将是累退的。平均纳税额在底层五分位中为预算的1.4%,而在顶层五分位中为预算的0.8%(因为贫困家庭的食品开支占其预算的比例高于富人)。尽管如此,顶层五分位的家庭实际上支付了税收总额的32%,而最贫困家庭只支付了12%,这是由于富人在食品上开支更多。详情见表3.1。

表 3.1　结果:对食品征收 10% 从价税的效应估计[*]

	有效税率(%)均值 (标准差)	税收份额(%)均值 (标准差)
底层五分位	1.4(0.016)	12.0(0.2)
下层五分位	1.2(0.013)	14.4(0.3)
中层五分位	1.1(0.022)	18.7(0.4)
上层五分位	1.0(0.015)	22.5(0.4)
顶层五分位	0.8(0.013)	32.3(0.7)
全体/总值	1.0(0.010)	100

注:* 1 000 个主体运行 30 次的实验结果。

而且,代表性主体方法对分析奢侈品尤其无能为力,因为平均家庭根本不消费奢侈品。若平均价格弹性为-2,则需求下降20%,而支出下降12%。异质性主体模型表明,实际上,部分家庭会完全停止消费,且总支出将下降8%,低于代表性主体模型所得到的12%。不过,由于缺乏可用的估计值,这些被推导出来的数字均基于假设的价格弹性。若我们不采用代表性主体模型,则需要估计不同收入群体的价格弹性,而不仅仅只估计其均值。

如果两种方法产生相同结果,反倒会出人意料,因为在这种情况下,恩格尔曲线(即收入和消费之间的关系)必须是线性的。显然,现实鲜有如此。异质性主体的模型提供了更详细的结果,可以揭示潜在的分配效应。更深入的讨论,见 Blundell 等人(1993)。

我们在本章开篇提到,家庭有不同预算、不同偏好和不同消费模式,从这个意义上说,平均家庭并不存在。那么为何还要根据均值进行分析? 我们在第 1 章中曾指出,哈耶克(1931，p.5)认为均值毫无意义。80 年后，当 ONS 尝试利用其数据来评估 2008 年后的经济衰退对支出的影响时，蓦然发现，基于平均家庭的分析并不奏效："似乎很难定义经济衰退对典型家庭的影响，其效应在很大程度上取决于家庭情况和偏好。"（ONS，2011，p.86）拥有了 21 世纪的计算机算力，再依赖均值已全无必要。本章介绍的简单模型表明，一旦考虑异质性，只需少量微观假设，模型就可以生成在真实世界观察到的宏观模式。

总之，我们在本章展示了如何利用 ABM 来生成异质性。有些情况下，仅考虑代表性主体可能就已足够；但对于其他情形，比如物品未被普遍消费，或我们关心价格（或税收）变化的分配效应时，代表性主体方法就难堪大任。不过，本章内容也可以通过微观仿真（microsimulation）来实现。我们尚未用到 ABM 独有的特征，即主体之间彼此互动的能力。在下一章，我们将会看到，当主体的行为相互影响时会发生什么。

附录 3.A 操作指南

3.A.1 预算分布

目标：该模型旨在生成一系列代表家庭的主体，并为每个家庭分配一个预算来满足某些宏观的分布测度，对分配进行了标准化使得平均预算等于 100。

实体：被创建的主体代表家庭，每个家庭被赋予唯一特征：预算。

随机过程：模型使用指数函数来随机分配预算，并挪向"右方"以免出现过低的预算。使用指数函数是因为其中位数小于均值，并且可以在尾部生成一些很大的值。另一个优点是 NetLogo 中现成的函数可以创建指数随机分布，且均值是该函数需要的唯一参数。不过，由于预算被标准化为 100，故此参数也已被预先设定。

初始化：只需输入一个值：最低预算水平，以确定分布向右挪多远。

输出：模型计算出基尼系数和 P90/P10 比值。

截屏如图 3.3 所示。伪代码见专栏 3.A.1。完整的代码见网站：Chapter 3-Budget distribution。

专栏 3.A.1 预算分布模型的伪代码

Generate 1 000 agents called households and give each one attribute：budget.

Distribute a budget to each agent using a random-exponential function and the two parameters：a minimum and mean.

Normalise the budgets so that the mean is always 100.

Ensure no household has a budget of zero.

Calculate the Gini coefficient(based on Wilensky，1998)：

  Sort the households by income.

  Accumulate for each household in turn from the poorest to the richest：

（The rank of the household minus the proportion of the sum of the incomes of all households up to and including this household) as a proportion of(the total income of all households).

Calculate the Gini coefficient.

Calculate the P90/P10 ratio：

Using the sorting measures generated in the calculation of the Gini coefficient, identify the bottom and top decile boundaries and take the ratio.

Report the metrics and plot the budget distribution, sending output to the interface and to a csv file.

探索预算分布模型

- 现在你被要求评估美国销售税变化的影响，美国的基尼系数约为 0.45。要做到这一点，需要生成一组具有合理收入分布的家庭。如何利用本模型来实现？
- 在瑞典，基尼系数（基于等价可支配收入）为 0.25。如何利用这个模型来生成分布？
- 该模型使用指数分布。NetLogo 也提供其他类型的分布。使用 NetLogo 其他分布（如泊松分布）的效果如何？请尝试创建其他分布，如对数正态分布。如何确定哪个分布最接近实际？

3.A.2 基于效用函数的需求模型

目标：该模型旨在利用柯布—道格拉斯效用函数和前述预算分布模型来生成需求曲线。

实体：被创建的主体代表家庭。每个家庭都有一组特征：预算，以及反映其偏好的 α 值。由此计算出其他特征：需求、支出和效用。

随机过程：有以下两个过程：

- 模型使用指数函数（如前所述）和预设参数随机地分配预算，以便生成分布，该分布对应的基尼系数约为 1/3，P90/P10 比约为 4。
- 模型根据家庭预算分配 α，且给每个五分位组都配置一个 α 均值，所有分位组则适用同一个标准差。对于每个五分位组，模型使用上述参数按照正态分布随机地分配 α。

初始化：设置两组参数：

- 把不同的平均预算份额（不同的 α）分配给每个五分位组，并且所有五分位组共用一个标准差。对于食品，所用的 α 值是（见图 3.4）：

底层五分位	0.15
下层五分位	0.13
中层五分位	0.12
上层五分位	0.10
顶层五分位	0.08
标准差	0.02

● 价格：初始价格和价格变化的百分比。

输出：绘图四张：α 的分布、总需求曲线、给定价格下的需求分布，以及效用随预算变化的散点图（见图 3.5、图 3.6 和图 3.7）。

伪代码见专栏 3.A.2。完整代码见网站：Chapter 3-Utility function-based demand。

专栏 3.A.2 基于效用函数的需求模型的伪代码

Generate 1 000 agents to represent households with these attributes：

The budget and which quintile it lies in

The parameter of the Cobb-douglas function，alpha

The demand for good A at the initial price and new price and the difference between the two

The initial and new expenditure on good A

The initial and new utility levels and the percentage change

Allocate budgets to households(as in previous model) and define quintiles.

Calculate the Gini coefficient(as in Box 3.A.1)。

Allocate an alpha to each household.

Ask each household how much of good A it would demand at each price，total and draw the demand curve.

Calculate the change in demand from a given price and the effect on expenditure (even though total expenditure will not change as the own-price elasticity is one)。

Calculate the utility at the initial price and the new price and the percentage change for each household.

Report the metrics and plot the graphs.

探索基于效用函数的需求模型

● 当全部主体有相同的预算份额或 α 时，会发生什么？（将所有均值都设置为指定的 α，将标准差设置为零）。注意，这与使用代表性主体不同，因为每个家庭皆有不同预算。

● 当 α 随收入上升时会发生什么？例如，根据英国 2010 年交通支出占预算份额给出如下 α：

底层五分位	0.09
下层五分位	0.11
中层五分位	0.12
上层五分位	0.14
顶层五分位	0.14
全体	0.13

资料来源：ONS(2011)。

3.A.3 实用性需求模型

目标:该模型旨在利用前文所述的预算分配模型,根据假设的家庭消费比例和自身价格弹性估计价格变化的效应。

实体:被创建的主体代表家庭。每个家庭都有一组特征:预算、预算份额(可能为零)以及自身价格弹性。并以此计算其他特征:需求和支出。

随机过程:有以下四个随机过程:

- 模型使用指数函数(如前所述)和预设的参数,随机地分配预算以形成分布,其中基尼系数约为 1/3。
- 根据家庭预算,按照正态分布随机地分配初始的平均消费百分比。
- 根据家庭预算,按照正态分布随机地分配预算份额。
- 模型采用正态分布随机分配自身价格弹性。

初始化:

- 预算份额:为每个五分位组配置一个平均预算份额和共同适用的标准差。
- 每个五分位组的初始平均消费百分比的均值和标准差按如下设置:
  - 若所有家庭都消费,均值应该被设置为 100%,标准差被设置为 0,最小消费被设置为 0。
  - 若模型允许部分家庭不消费,则最低消费水平必须被设定,以使得预估消费低于最低消费的家庭的消费被四舍五入为零。
- 自身价格弹性:为每个预算五分位组配置一个平均自身价格弹性和共同适用的标准差。
- 价格:初始价格和价格变化的百分比。

以上内容见图 3.A.1。

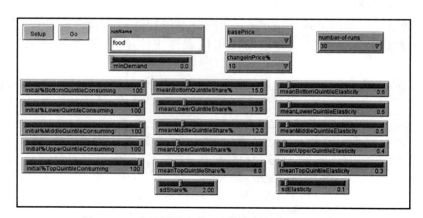

图 3.A.1 实用性需求模型:食品(参数输入的截屏)

输出:模型生成两张图和大量结果,见图 3.A.2。另外,还会生成两个 csv 文件来存储上述结果和假设。

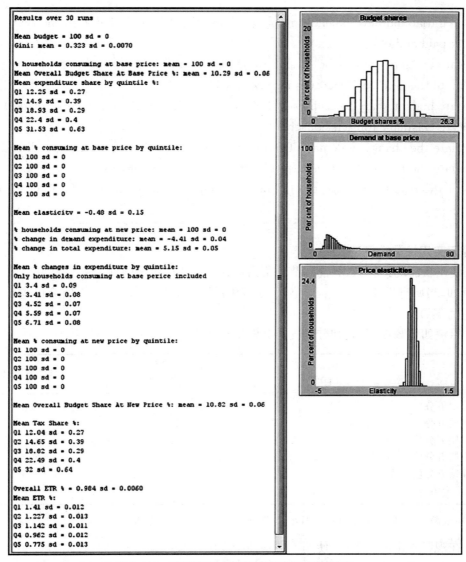

图 3.A.2　实用性需求模型：食品（输出的截屏）

伪代码见专栏 3.A.3，完整代码见网站：Chapter 3-Practical demand。

专栏 3.A.3　实用性需求模型的伪代码

Generate 1 000 agents to represent households with these attributes：

Budget and which quintile it lies in

Initial budget share and new budget share

Price elasticity

The demand for good at the initial price and new price and the difference between the two

---

The initial and new expenditure on good and the difference between the two

Tax paid and effective tax rate

Allocate budgets to households and groups by quintiles.

Calculate the Gini coefficient(as in Box 3.A.1).

Allocate budget share to each household(as for alphas in Cobb—douglas model).

Allocate elasticity to each household.

Calculate the change in demand from a given price and the effect on expenditure.

Calculate the tax paid and the effective tax rate(as if the price rise were a tax).

Report the results and plot the graphs, sending output to the interface and to two csv files.

探索实用性需求模型

● 使用食品的预算数据(前一节已给出),并尝试改变价格弹性。

例如,当所有主体具有相同的预算份额和弹性时会发生什么?(设所有的均值相同,标准差为零。)

● 给定如下数据,服装和鞋的支出会发生什么变化?

	预算份额 (百分比)	服装和鞋的 总支出百分比	自身价格弹性
底层五分位	4	6	−0.5
下层五分位	4	11	−0.6
中层五分位	5	17	−0.6
上层五分位	5	25	−0.6
顶层五分位	5	41	−0.6
全体	5	100	−0.6

资料来源:支出数据来自 ONS(2011),弹性基于 Blundell et al.(1993)。

● 在观影支出的例子中,使用不同弹性会发生什么?

● 想象你正在研究被某种认为是"坏"的消费品,如烟草。你可以做什么来减少消费,减少此类消费对不同群体的影响是什么? 以下是一些烟草消费数据:

平均自身价格弹性=−0.9 到−1 消费百分比=24		
	预算份额(%)	总支出百分比
底层五分位	2	19
下层五分位	2	20
中间五分位	1	26
上层五分位	1	20
顶层五分位	0.5	15
全体	1	100

资料来源:弹性数据来自 Czubek 和 Johal(2010);支出数据来自 ONS(2011)。

参考文献

Barnard, A., Howell, S. & Smith, R.(2011) *The Effect of Taxes and Benefits on Household Income*, 2009/10. Office for National Statistics [Online]. Available at: http://www.ons.gov.uk[Accessed 2 January 2015].

Blundell, R., Pashardes, P. & Weber, G.(1993) What do We Learn About Consumer Demand Patterns from Micro Data? *The American Economic Review*, 83(3) pp.570—597.

Bradley, T. & Patton, P. (2002) *Essential Mathematics for Economics and Business*, Chichester: John Wiley & Sons, Ltd.

Carrera, S. (2010) An Expenditure-based Analysis of the Redistribution of Household Income. *Economic & Labour Market Review*, 4(3), pp.18—27[Online]. Available at: http://www.ons.gov.uk[Accessed 2 January 2015].

Czubek, M. & Johal, S.(2010) *Econometric Analysis of Cigarette Consumption in the UK*. HMRC Working Paper Number 9[Online]. Available at: http://www.esrc.ac.uk/_images/Day2-Session6-Czubek-Johal-Econometric-Analysis-paper_tcm8-33130.pdf [Accessed 2 January 2015].

Dewenter, R. & Westermann, M.(2005) Cinema Demand in Germany. *Journal of Cultural Economics*, 29, pp.213—231.

Hayek, F.(1931) *Prices and Production*. London: George Routledge & Sons Ltd.

Kahneman, D.(2011) *Thinking, Fast and Slow*. London: Allen Lane.

Macmillan, P. & Smith, I.(2001) Explaining Post-war Cinema Attendance in Great Britain. *Journal of Cultural Economics*, 25, pp.91—108.

Office for National Statistics(ONS)(2011) *Family Spending: A Report on the 2010 Living Costs and Food Survey*[Online]. Available at: http://www.ons.gov.uk[Accessed 2 January 2015].

US Bureau of Labor Statistics Consumer Expenditure Survey[Online]. Available at http://www.bls.gov/cex/[Accessed 2 January 2015].

Wilensky, U. (1998) *NetLogo Wealth Distribution Model*. Center for Connected Learning and Computer-Based Modeling, Northwestern University, Evanston, IL [Online]. Available at: http://ccl.northwestern.edu/netlogo/models/WealthDistribution [Accessed 2 January 2015].

▶4

社交需求

4.1 引言

上一章考察了传统的消费者需求建模,其中购买取决于收入、价格和偏好。传统经济学"或明或暗地假设,主体仅通过经济变量(如价格和利率)间接互动,而非通过社会网络直接互动"(Axtell,2006,p.209)。虽然传统经济学可以评估价格和收入变化的短期影响,但不能回答为什么一些物品被大多数人采用,而另一些物品却无人问津的长期问题(Douglas and Isherwood,1979,p.99)。Deaton 和 Muellbauer(1985,pp.71—72)指出"在本世纪(20 世纪),对于英国需求模式中最重要、最明显的变化……显然不能用实际收入或价格结构的变化来解释"。本章介绍如何使用 ABM 来研究,当消费者之间互相影响、其购买依存于他人购买时,消费行为可能发生的变化。

4.2 社会网络

人与人之间的关系可汇入社会网络。人际关系种类繁多,如亲情和爱情、商业和政治关系,故社会网络也有诸多类型。社会网络文献浩若烟海[易于上手的入门读物见 Bruggeman(2008),采用数学方法的见 Jackson(2010)]。在本节,我们将介绍一些必要的基础知识,以便对消费者如何在其消费选择中彼此影响进行建模。我们从一些定义开始。

私人网络由一个人的所有关系构成。私人网络的模型应当能重现如下特征:

● 私人网络的规模有限,其限度取决于所研究关系的类型。例如,密友的网络规模很小,而泛泛之交的规模则很大。

● 私人网络的规模因人而异,可能某些人的私人网络规模远超平均水平(非常密切的关系除外,人不可能维持大量的密切关系)。

● 私人网络的成员往往互相认识:在网络术语中,这被称为"高聚类"(high clustering)。

● 私人网络随着时间的推移和人际关系的变化而变化:有人离开,也有新人加入。

社会网络是私人网络的集合体。社会网络的模型也应当能重现社会网络的某些特征:

- 一个社会网络的所有潜在联系中，只有极少数联系会真正存在；换言之，每个人都与其他所有人存在联系，这与现实相去极远。用技术性语言讲，存在低"全网密度"(whole network density)。

- 那些拥有较大规模私人网络的人之间，往往彼此认识——这一特征被称为"正同配性"(positive assortativity)。

- 社会网络包含了社区(commuities)，有时也被称为"小圈子"(cliques)，即圈中人联系频繁，但和圈外人的联系很少。

- 社会网络的结构，使得该网络中的人通过少量链接联系到其中任何人。即"路径长度"(path lengths)很短。

基于社交圈思路，我们提出了一种简单方法，在 ABM 中重现上述特征。主体遍布社交空间，各有其私人网络，即以主体为中心形成一个圆。圆周包含了预设半径内的所有点（我们称为"社交范围"），并形成一个边缘明确、规模有限的私人网络。此方法让我们可以利用社交圈的数学原理（见专栏 4.1）。若社交范围很小，模型重现的就是亲人和密友网络；若社交范围较大，则模型包括泛泛之交在内。由于主体在社交空间内非均匀分布，主体会自动获得不同大小的私人网络（见专栏 4.2）。这个简单的社会网络模型，也展示了静态的个人和社会网络的其他特征［关于模型的更多内容，见 Hamill and Gilbert(2009 and 2010)，以及 Hamill(2010)］。我们将在本章余下部分轮换使用"私人网络"和"社交圈"这两个术语。

专栏 4.1 社交圈的数学

圆圈的面积＝πr^2，其中 r 是半径(radius)或者社交范围(social reach)。

圈中主体数量取决于人口密度。例如，如果密度约为 1％，而社交范围是 10，那么圈中主体的平均数量将是 $\pi \times 10^2 \times 0.01 = 3.14$。

社交范围翻三倍达到 30，面积就是 900π，人口密度约为 1％，那么圈中主体的平均数量将是 9π 或 28。

$$社交圈中主体的平均数量＝密度\times面积＝\frac{主体的数量}{世界的面积}\times\pi\times r^2$$

把 1 000 个主体散布在 315 乘 315 的区域（或 99 225 个嵌块）可以产生 1％左右的密度。减少世界上的主体数量或增加世界的大小，将降低人口密度，并相应减少给定范围内的平均人数。

例如，为了让程序运行得更快，如何在只用 500 个主体的情形下保持相同的平均社交规模？这需要把公式进行移项以计算世界的面积：

$$世界的面积＝\frac{主体的数量}{平均社交规模}\times\pi\times r^2＝\frac{500}{3.14}\times\pi\times 10^2＝500\times100＝50\,000$$

对面积开平方根，可得正方形世界的边长是 223（而非 1 000 个主体时的 315）。

专栏 4.2　仿真结果:个人和社会网络的例子

1 000 个主体遍布世界(315×315)(即 99 225 个嵌块),给定密度约 1%

运行 30 次的结果	单次运行示例:连线表示链接
社交范围=10	
私人网络: ● 最小值:0(标准差为 0*) ● 最大值:9.36(标准差 0.96) 平均规模:3.19(标准差 0.08) 注:* 全部运行轮次中最小值都为 0。	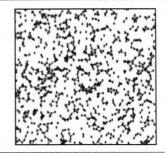
社交范围=15	
私人网络: ● 最小值:0.40(标准差 0.50) ● 最大值:7.13(标准差 0.96) 平均规模:16.13(标准差 1.25)	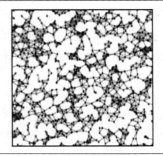
社交范围=30	
私人网络: ● 最小值:13.63(标准差 1.16) ● 最大值:44.70(标准差 2.17) 平均规模:28.39(标准差 0.21)	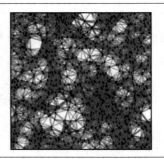

　　只要时期不短,社交圈就会发生变化:人们各奔前程,无论是抽身而去,还是不相为谋,又或者是一代新人换旧人。不幸的是,罕有对社会网络的跟踪研究,这也在意料之中,因为研究难度显而易见。不过,两项研究(Suitor and Keeton,1997;Wellman et al.,1997)发现,在长达 10 年的时间里,大约四分之三的亲密关系会终止,非亲缘关系比亲缘关系更易流变。

　　在社交圈模型中,引入变化的简单方法就是要求部分主体每个时步(time step)移动一单位(嵌块),我们称为"社会迁移"(social shifting)。若此种变化是随机的,则主体私人网络的规模和构成将会发生变化,但"社会"的整体结构不会变化。主体迁移时,私人网络的规模、构成或者两者同时发生变化。而且主体的迁移可能会影响那些静止不动的人。事实上,社交范围越大,主体就越可能受其他主体迁移的影响。在本模型中,主体不会死亡。这种简化在经济模型中并不罕见;例如,见 Wickens(2008,Chapter 4,especially p.71)。

图 4.1 显示,社会迁移率被设定为 5%(即每一时步,每 20 个主体中有 1 个会移动一单位),且私人网络的规模、构成或两者同时发生变化,则受影响主体的占比变化情况如下:

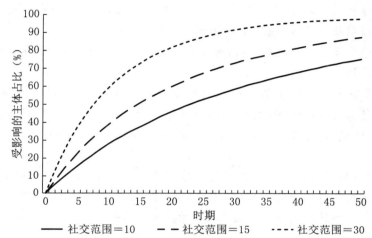

图 4.1　5% 的主体进行"社会迁移"形成的影响:社交圈(构成或规模)随时间变化的主体所占百分比(1 000 个主体,运行 30 次*)

注:*　不同轮次运行之间几乎无变化,故未显示标准差。

● 若社交范围为 10,私人网络平均规模约为 3,则 10 个时步之后,28% 的主体其私人网络发生变化;50 步之后 75% 的私人网络发生变化。

● 若社交范围为 15,私人网络平均规模约为 7,则 10 个时步之后,39% 的主体其私人网络发生变化;50 步之后则是 88%。

● 若社交范围为 30,私人网络平均规模约为 28,则 10 个时步之后,60% 的主体其私人网络发生变化;50 步之后则是 98%。

当然,若假设社会迁移率较低,则受影响主体的占比更低;反之则更高。

现在,我们有了对私人网络及其变化进行建模的方法,已可以转向对消费品采用(adoption of consumer products)进行建模。

4.3　阈值模型

消费者相互影响的思想可以概括在阈值模型中。在这类模型中,消费者购买决策受其他购买该物品的消费者的人数影响。这是一个正反馈系统:其他人购买得越多,消费者感知到的收益相对于成本来说会更高,从而购买的可能性也越大。比如,某些物品被视为时尚潮流,或者物品的效用取决于他人联合消费。Granovetter 和 Soong(1986)曾举过一个人们不愿意在一家空荡荡的餐厅吃饭的例子。通信技术也属于这一类：如果其他人都不用电话，那拥有电话就没有任何意义。阈值模型与人传人的流行病学模型类似，但常用的流行病学模型不一定适用于研究物品采用或消费（见专栏 4.3）[对阈值模型的更广泛的讨论，见 Granovetter(1978)、Granovetter and Soong(1986)，正反馈则见 Arthur(1989)]。

专栏4.3　流行病学模型

　　流行病学模型描绘了疾病的传播方式。此类医学模型可以追溯到 19 世纪，它们假设人群是随机混合的，但人群并非如此，人们与其亲朋同侪等混在一起。更近期的一些假设已经以社会网络为基础(Keeling and Eames，2005)。

　　流行病学模型有两种基本类型，易感者—感染者—免疫者(SIR)和易感者—感染者—易感者(SIS)：

　　● SIR 模型更为常见，它假设个人康复后不会再感染。但在技术采用的语境下，采用者一旦被其他人的采用所影响，他一直会保持"感染状态"。NetLogo 的模型库中有一个 SIR 的示例模型：virus on a network model(Stonedahl and Wilensky，2008)。

　　● SIS 模型假设人们感染后会回到易感染的状态，在技术采用的语境下，这意味着他们可以自由地再次消费。所以 SIS 模型可能适合研究人们多次购物的情形，例如更新换代。但 SIS 模型对于一次性决策的技术采用并不合适。

不同人可能有不同阈值。但是，即使阈值相同，采用物品的时间也可能不同，这取决于私人网络中的采用情况。有些人的阈值可能是 100％，永远将物品拒之门外。给定阈值低于100％，一旦到达阈值，就采用该物品。故低阈值的人采用物品的触发点越低，个人阈值越低，采用物品时间越早。有些人阈值为零，其决策与他人是否采用无关。Bass(1969)——他创建了新上市耐用消费品首次购买时机的经典模型——将购买者分为两组："创新者"(innovators)和"模仿者"(imitators)。创新者不受他人影响，即他们的阈值是零。

阈值模型可能特别适合创新型产品，因为采用创新型产品是有风险的，人们会从熟人处寻求关于成本和收益的信息(Valente，1995，pp.70—71)。在研究了多种创新产品多年的采用情况之后，Rogers(2003，pp.281—282)将采用者分为五类——创新者、尝鲜者(early adopters)、先行者(early majority)、追随者(late majority)和落伍者(laggards)：

● 创新者占人口的 2.5％。他们有广泛的社会网络、金融资源和科技知识，但他们与更广泛社会的联系往往较弱。

● 尝鲜者占人口的 13.5％。他们某种程度上类似于创新者，但作为地位突出的意见领袖和德高望重的楷模，他们更加扎根于社会(Rogers，2003，p.251，pp.316—319)。

● 先行者占人口的 34％。他们与同伴往来密切，但罕有意见领袖。

● 追随者占人口的 34％。虽然他们资源有限，但会因同辈压力而采用。

● 落伍者占人口的最后 16％，并且倾向于和其他的落伍者互动。

采用的过程，通常开始比较慢，继而加快，最后再放慢。在数学上表现为 logistic 函数，通常作为 S-曲线被人们熟知（有关 logistic 函数的更多信息见第 10 章）。Roger(2003)

利用 S-曲线对采用者进行的分析见图 4.2。

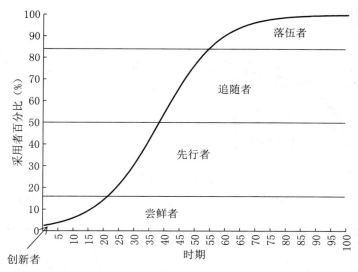

图 4.2　采用者行为的经典 S-曲线

ABM 与阈值模型特别契合,因为 ABM 既可以为局部和微观(个体及其私人网络)建模,也可以为全局、宏观乃至整个社会建模。为了研究这些模型的特征,我们提出了两类基本的阈值模型,分别标记为"感染"(infection)和"影响"(influence):

● 在感染模型中,若主体的私人网络中有一个成员采用,则该主体就采用。

● 在影响模型中,每个主体都有一个阈值,以私人网络的百分比来表示。若私人网络中的采用者占比超过了此阈值,则该主体就采用。

这两种情况中,都必须有一个或多个主体"催生"这一过程。根据 Rogers(2003,pp.281—282),我们假设创新者占人群的 2.5%。

4.3.1　感染模型

在感染模型中,若个人社交圈中有一个主体采用,则该主体也采用。创新者既可以遍布人群,也可以聚集在一起:

● 若社交圈平均规模为 3——如专栏 4.2 第一行所示网络——创新者遍布整个人群,则采用的可能性大大高于集中在一两个小群体中的情况。从长远来看,社会迁移对提高采用率也很重要。但上述任何一种条件都无法使采用率达到 100%:运行 25 期之后,采用率最高可达 57%。这些情景见图 4.3 的上半部分。

● 若社交圈规模平均为 7——如专栏 4.2 中间行所示网络——则所有人都会采用,与创新者的分布无关,因为网络中存在更多连接。创新者分布只影响达到 100% 采用率的速度:如果是分散的,只需要 10 个时期;如果是聚集的,则需要大约 20 个时期。在这两种情形下,社会迁移都不产生影响,原因同样是主体的联系更紧密。这些情景见图 4.3 的下半部分。

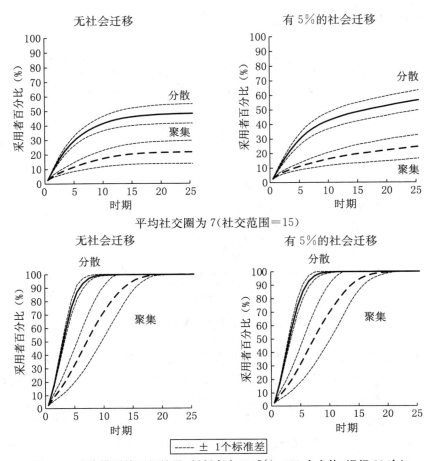

图 4.3　感染模型的运行结果：创新者占 2.5%（1 000 个主体，运行 30 次）

4.3.2　影响模型

与感染模型不同，在影响模型中，每个主体皆有不同的阈值，若主体的社交圈中采用者的百分比超过阈值，则该主体也将采用。有最低阈值的创新者占比为 2.5%。某些主体的私人网络中可能不存在其他任何人，虽然这在大规模社会网络中不太可能。在这种情况下，假设（"社会的"）总体采用率超过其阈值，主体就会采用。阈值的分布将是决定采用率的关键因素。举两个例子：其一，阈值服从 1% 到 100% 的均匀分布；其二，阈值服从平均值和标准差均为 50% 的正态分布。这两种情况下的平均阈值都是 50%。

如图 4.4 所示，仿真结果中的采用模式差别很大：当阈值均匀分布时，25 期后采用率达到 12%，而在正态分布时只达到 3%。因为正态分布时低阈值的主体比均匀分布时的要少。

上述简单模型表明，模型和假设的差异会产生截然不同的采用路径；在 10 期之后，采用率的区别可能有 10% 和 100% 这么显著（见表 4.1）。这意味着，要准确预测谁会"飞黄腾达"，谁又将籍籍无名，我们就必须深入理解人们受影响的方式。Granovetter 和 Soong（1986）认为，"对他人行为的敏感度的个体差异"意味着"不稳定的、振荡的甚至完全不确定的市场状况可能会发生"。Arthur（1989）认为，何种创新会成功地脱颖而出基本上无法被预测。所以下一节我们将关注具体例子。

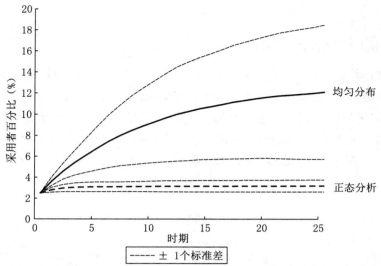

图 4.4　影响模型的运行结果:创新者占 **2.5%**,社交圈平均为 **28**(社交范围=**30**),
存在社会迁移:阈值均匀分布或正态分布*(**1 000** 个主体,运行 **30** 次)

注:* 两种情况下,阈值在百分之 1 到 100 之间变化,平均为 50%。

表 4.1　阈值模型运行结果总结:10 期后和 25 期后的采用率*

感染模型		此后	
		10 期	25 期
社会迁移	创新者的分布		
		平均社交圈=3	
0%			
	分散	42	48
	聚集	17	26
5%			
	分散	43	57
	聚集	16	25
		平均社交圈=7	
0%			
	分散	100	100
	聚集	67	100
5%			
	分散	100	100
	聚集	66	100
感染模型		平均阈值:50%	
社会迁移	阈值的分布		
		平均社交圈=28	
5%			
	正态分布	3	3
	均匀分布	9	12

注:* 基于图 4.3 和图 4.4。

4.4 创新产品的采用

图 4.5 的上半部分展示了英国某些家用电器的采用情况。部分家用电器在被广泛采用后才有统计数据,故我们只能观察到采用曲线的末段。某些家电——如冰箱、洗衣机和微波炉——采用已趋于饱和,几乎家家都有(见图 4.5 的上半部分),而其他电器——如烘干机和洗碗机——尚没那么流行,这可能是因为英国居家空间有限。相比之下,几乎家家都有电视机(先是黑白然后是彩色,见图 4.5 下半部分),而今很多家庭都拥有好几台电视机。

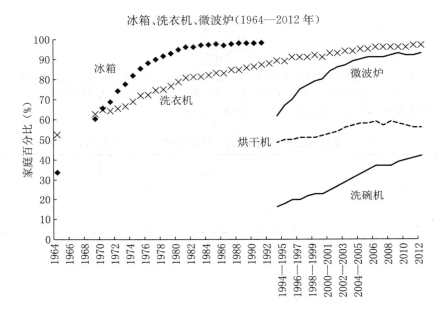

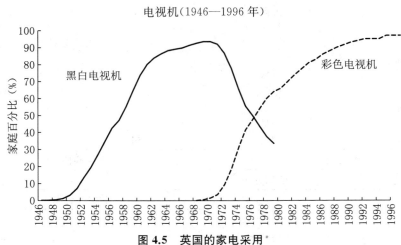

图 4.5　英国的家电采用*

注:* 部分年份数据缺失。

资料来源:摘编自 ONS(2013);摘编自 ONS(1996),《英国生活》(1997),《社会趋势》第 27 期(1998)。

  通信工具的采用情况与图 4.2 的经典 S 形曲线非常吻合。图 4.6 的上半部分显示,家用计算机和互联网的采用曲线同步上升,这不足为奇,因为最初互联网只能由计算机访问(随着平板电脑和智能手机的普及,互联网的采用程度可以超过计算机拥有量)。下半部分显示了固定电话和移动电话(在美国称为蜂窝电话)的普及情况。1951 年,英国只有10%的家庭拥有电话;到 20 世纪 70 年代中期,一半的家庭拥有电话;而到了 20 世纪末,95%的家庭拥有电话。从那时起,只使用移动电话的家庭越来越多,到 2012 年,"只有"88%的家庭拥有固定电话。

  在美国,对电话和其他耐用消费品的采用通常要早得多(Fischer,1992,p.22);Bowden and Offer(1994)。

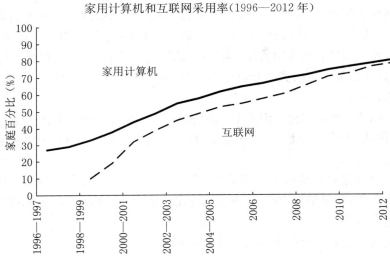

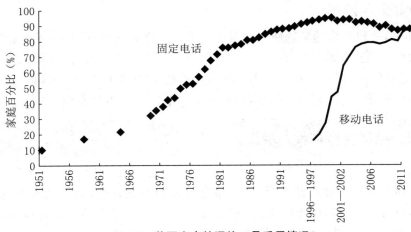

图 4.6 英国家庭的通信工具采用情况

资料来源:Marwick(1990,p.117)及 ONS(2013)。

4.5 案例研究：英国家庭对于固定电话的采用

本案例设计一个 ABM，重现 1951—2001 年间英国固定电话采用情况。与本书中的其他模型相比，这个模型显然非常复杂。这是因为，要重现真实世界发生的事，必须要考虑各种现实因素，特别是人口变化和收入变化。我们先简要解释模型如何考虑这些变化。

4.5.1 对人口变化建模

固定电话属于家庭，故模型中主体代表家庭。从 1951 年到 2001 年，家庭数量从 1 450 万增加到 2 400 万。简单起见，我们设模型中家庭总数恒为 1 000，因此主体构成了纵向样本。两项关键的人口变化可能会直接影响到电话的采用，因而被纳入模型：单身家庭的比例达到 3 倍，以及更加均匀的家庭年龄的分布（Coleman，2000，p.78）。该模型重现了这两个关键的人口变化：

● 截至 2001 年，单身家庭比例从 11% 增加到 30%，其中一半是领取养老金的家庭；在模型中，该比例从 11% 上升到 28%（标准差为 0.8），其中半数，即 14% 的单身家庭，年龄超过 60 岁（标准差为 0.6）。

● 40—59 岁的家庭比例从 44% 下降到 37%，而 40 岁以下的和 60 岁以上的家庭比例上升；截至 2001 年，此模型中 40—59 岁家庭的比例从 44% 下降到 39%（标准差为 0.5），年轻人和老人越来越多。

更多有关人口变化建模的更多信息见附录 4.A。

4.5.2 对收入建模

50 多年来，手机价格越来越便宜。但由于手机价格数据很有限，为简单起见，模型不包括手机价格。更重要的是，实际收入在增长。从 1951 年到 2001 年，实际人均 GDP 年均增长 2%。这意味着，截至 2001 年，实际收入几乎是 1951 年的三倍。模型并不打算反映每年增长率的差异，而是仅仅简单地假设收入每年增长 2%。（见专栏 4.4）

专栏 4.4　电话价格和收入增长

电话价格

衡量固定电话的价格并不简单：价格包括月租和通话费，后者还要考虑呼叫时长、距离，以及一天中的通话时段。电话价格自 1974 年起已经在零售价格指数（RPI）中被独立测算；而此前，自 1956 年起，电话就属于邮政服务的一部分。如图显示，电话价格一直紧随 RPI，直到 1993 年开始才大幅下跌。

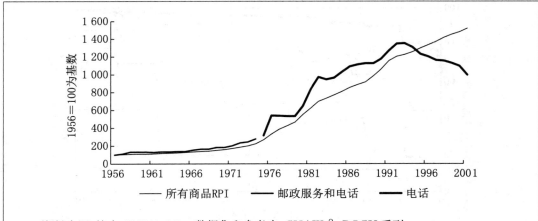

资料来源:摘自 ONS(2014)。数据集和参考表;CHAW & DOCH 系列。

实际收入增长

下图显示的是从 1951 年至 2001 年间英国实际人均 GDP,中间的趋势线表示每年 2% 的增长率。

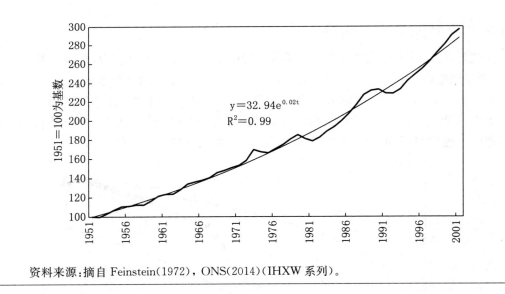

$$y = 32.94e^{0.02t}$$
$$R^2 = 0.99$$

资料来源:摘自 Feinstein(1972),ONS(2014)(IHXW 系列)。

如图 4.7 所示,电话的采用比例随实际收入的增长而增长。1964 年,最贫困的家庭中只有 7% 拥有电话,但到了 2001 年,这一比例达到 81%。相比之下,1964 年最富裕家庭中拥有电话的比例为 45%。

该模型整合了该时期劳动市场变化的主要特征,如适龄劳动男性的经济活动率下降,而到了后期,女性的劳动参与率较高、失业率较高。正如第 3 章所指出的,收入的整体分布可以用基尼系数来刻画,且近年来英国的基尼系数在三分之一左右波动。该模型生成的收入分布与该基尼系数一致。更多信息见附录 4.A。

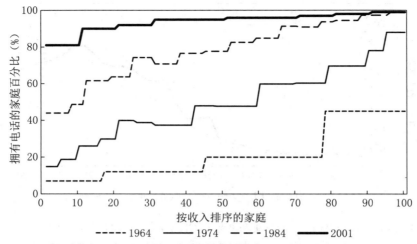

图 4.7　英国家庭的收入与电话采用(1964*—2001 年)

注：* 无法获取更早期的数据。

资料来源：摘自劳动部(1965)、就业局(Department of Employment)(1975，1986)和 ONS(2002)。

4.5.3　只考虑收入的模型

按惯常做法,我们先只考虑收入。我们假设,家庭只要有支付能力,即收入超过一定阈值,则采用电话。在模型中,收入以指数表示,1 代表 1951 年的平均水平：

● 要使 1951 年的初始电话采用比例达到 10%,收入阈值必须被设定为 1.85,近乎平均收入的两倍。如此高的阈值,虽然可以帮助我们得到 20 世纪 50 年代和 60 年代的电话采用率的合理近似值,但却会大幅低估 20 世纪 70 年代及以后的电话采用率。

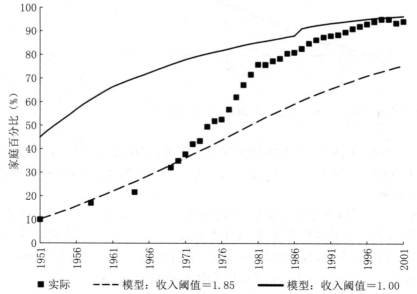

图 4.8　只考虑收入阈值而不考虑网络效应的模型之运行结果(1 000 个主体,运行 30 次)

资料来源：Marwick(1990，p.117)及 ONS(2013)的现实数据。

● 较低的收入阈值 1(即平均收入)与 20 世纪 70 年代及以后的电话采用率匹配得更好,但会显著高估早期的采用率。

两种方案见图 4.8。这表明,只考虑收入阈值无法重现所观察到的采用路径。

4.5.4　对网络效应建模

截至 1958 年,尽管将近 17% 的家庭拥有电话,但仅"上级阶层"AB 和"中级阶层"C1 拥有电话;三分之二的 AB 以及四分之一的 C1 拥有电话,"下级阶层"C2、D 和 E 中很少有家庭拥有电话(Douglas and Isherwood,1979,p.100)。这与 Rogers(2003,pp.288—291)的观察到结果一致:那些受过良好教育、社会地位较高和囊中多金的人更有可能成为尝鲜者。到 1973 年,大多数 AB 家庭以及五分之一的 DE 家庭都有电话(Douglas and Isherwood,1979,p.100)。阶层由职业类别来定义:AB 包括医生、高级政府官员、银行家和经济学家,而 DE 是半技术和非技术工人。电话沿阶层向下扩散,在图 4.7 体现为电话的采用沿收入规模向下扩散。

然而,除非你的私人网络中至少有一个人拥有电话,并且网络中的个体恰好与你类似,否则电话就没有意义。趋同性(homophily),即同类人之间发生联系的概率比不同类人高的原理,是已在社会网络得到充分研究的一个特征(见 McPherson et al.,2001)。在本例中,我们要研究的私人网络非常具体和有限,即那些会影响他人采用电话的人。尽管我们没有固定电话方面的直接证据,但"AT&T 的研究表明,任意一间住宅呼出的电话,半数只打给五个号码"(Fischer,1992,pp.225—226)。

为了体现阶层和趋同性的重要性,该模型将上级阶层 AB 放入一个象限,下级阶层 DE 放入另一个象限,其余两个象限都为 C 阶层,如专栏 4.5 所示。由于家庭是被随机分配的,我们将大致按 25%/50%/25% 来划分 AB、C 和 DE,与人口普查数据记录接近(Casweb,2014;General Register Office,1952)。这样基本上能确保每个家庭的私人网络将被与其类似的家庭占据。

专栏 4.5　对社会阶层分布进行建模

AB 分布在左上象限,DE 分布在右下象限。C 家庭占据了空间的其余部分〔由于网格可以回绕(wrap),故少数人处于"角落"无关紧要〕。

该模型假设 AB 社会阶层中有一个种子家庭拥有电话。电话网络则沿着该家庭的私人网络延伸,直到大约 100 个家庭(即 10% 的家庭)拥有电话。这些家庭可能不一定是 AB 家庭,但是他们的收入必须高于所设定的阈值。

AB 家庭	C 家庭
C 家庭	DE 家庭

社会迁移率是每年 5%（见第 4.2 节）。此外，非单身家庭往往拥有比单身人士更大的私人网络，前者的亲属可能会更多。故模型允许更大的家庭拥有更大的网络。

1951 年，10% 的家庭拥有电话，故模型首先创建由 10% 家庭组成的电话用户网络。实际上，这 10% 的家庭是聚集的创新者。随后，电话沿着私人网络扩散，见专栏 4.5。

因此，家庭采用固定电话的条件现在被假定为：

- 其社交圈中的某个人拥有一部电话。

- 其收入充足。

电话的收入阈值和私人网络规模由实验程序设定。实验结果如下：

- 手机的收入阈值被设定为 0.35［即 1951 年的平均收入（定为 1）的 35%］。1951 年，90% 家庭的收入超过这一水平，给定实际增长率为 2%，到了 1968 年，全部家庭的收入都超过了这个阈值，故 1968 年以后，收入并不会限制电话的采用。

- 按本章先前所说的方式，用社交圈来对私人网络进行建模，网络大小取决于社交范围和人口密度（大约为 1%）。单身家庭的社交范围设为 8 人，非单身家庭的社交范围设为 12 人，会获得最佳结果。因此，单身家庭的私人网络规模在 0 到 8 之间，平均规模为 2（标准差为 0.06），对于非单身家庭，私人网络的规模在 0 到 12 之间，平均规模为 4.5（标准差为 0.10）。故这两者的私人网络看上去与专栏 4.2 的上中两图类似。

在此基础上，模型大致重现了 1951—2001 年间英国家庭电话的采用情况，见图 4.9 的

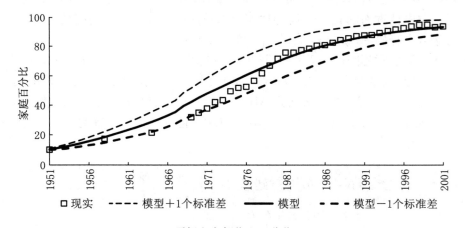

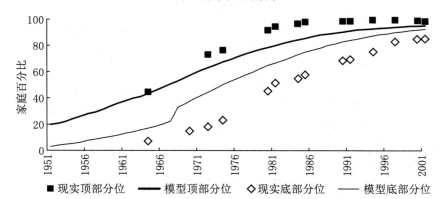

顶部和底部收入五分位

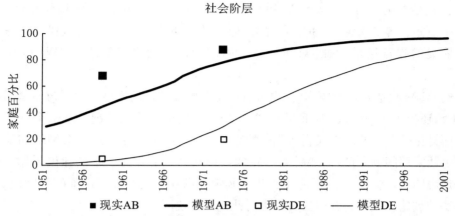

社会阶层

图 4.9 模型结果与现实的比较:电话采用(1 000 个主体,运行 30 次)*

注: * 为简化图示,未显示标准差。
资料来源:ONS(2013)。

上半部分。比较图 4.8 和图 4.9,很明显,重现模式的大部分"工作"是由社会网络效应来完成的。Deaton 和 Muellbauer(1985)曾观察到,单凭收入和价格变化不足以解释消费模式的变化(见本章的引言),这正是一个绝佳范例。

最佳模型稍微高估了 1978 年前的电话采用率。这个模型并不试图精确地循迹每一年的采用情况,正如我们假设每年的同比经济增长率是固定值,也未考虑自 1993 年开始的电话相对价格下降的情况。模型亦不打算重现最近两年采用率的下滑,故没有尝试对引入电话的影响进行建模。不过,该模型确实跟踪了收入和阶层的采用模式,见图 4.9 的底部两图。

4.6 讨论

本书有三个核心主题——异质性、互动和动态——本章集中在互动上,尽管异质性和动态也很重要。ABM 并非对正反馈现象建模的唯一方法,但由于 ABM 可以容纳异质性,比如主体可以有不同的收入和采用阈值,故威力非常强大。

对消费者互动行为建模需要社会网络模型。此处提出的基于社交圈的模型灵活简便,无论是亲朋好友或更广泛的泛泛之交网络,我们均可对此建模,而且可以重现社会网络的关键特征。特别地,主体并不需要规模相同的社会网络。此外,NetLogo 模型库中还提供了其他网络模型。

阈值模型可以把全部主体的阈值设为等同(正如"感染"模型的做法一样),不过,如果允许异质性,该模型将产生截然不同的结果。正如 Granoveter(1978)所指出的,由于互动作用,"两个平均偏好几乎相同的群体产生了截然不同的结果"。这证明了异质性建模(而非采用平均值或代表性主体建模)的重要性。

此外,若参数值不受理论或数据约束,简单的阈值模型可以产生一系列大相径庭的结果。这恰好呼应了 Arthur(1989)关于收益递增条件下难以作出预测的讨论,正如表 4.1 所示。本例中收益递增表现为,电话使用越广泛,消费者受益程度越高。通信工具有明显的收益递增特征[对新产品采用进行建模的更多信息,见 Watts 和 Gilbert(2014)]。

虽然 ABM 很适合探索概念,但也可以产生高度描述性的模型。为了与简单阈值模型对比,本章还提出了一个模型,重现 50 多年来固定电话的采用情况。从这个电话采用模型中显而易见的是,构建"真实世界"模型需要海量的细节。在叠加社会网络和采用模型来分析电话采用问题之前,需要针对潜在的人口和经济变化做大量的建模工作。这个例子很好地说明了,将 ABM 广泛应用于政策制定和商业发展领域所面临的关键挑战:基本建构模块的创建。我们将在最后一章中对此作更多说明。

在下一章中,我们将展现消费者如何以另一种方式直接互动——换货交易。

附录 4.A　操作指南

4.A.1　社交圈模型

目标:该模型旨在生成私人网络,即社交圈。

实体:主体代表人或家庭。

随机过程:主体分布于世界中,若启用社会迁移,则主体会移动。

初始化:

- 选择社交范围以确定私人网络的规模。
- 选择是否显示连接。
- 选择是否需要进行社会迁移。若选择是,则确定每个时步内迁移主体的比例以及时步数。
- 选择实验进行的次数。

输出:社交圈的规模——最小值、平均值和最大值——被记录在 csv 文件中。第一次实验将绘制私人网络规模分布的直方图,并且在窗口显示链接(如果启用了该选项)。若启用社会迁移,则实验会记录社交圈发生变化的主体的数量。

伪代码见专栏 4.A.1,截屏见图 4.A.1。完整的代码见网站:Chapter 4-Social Circles Model。

专栏 4.A.1　社交圈模型的伪代码

Create a world 315 × 315.

Create 1 000 agents and distribute them randomly across the world.

For each agent, count the number of other agents within the distance set by the reach.

For the first run：
- If selected，for each agent，draw links between them and the other agents within the radius.
- Draw a histogram of the number of agents in each agent's social circle.

If social shifting is selected，ask agents to move and then recalculate social circles and measure changes in number or in identity of agents in each one's personal network.

Collect data.

Collect information about the minimum，average and maximum social circle sizes and print the averages over all the runs to csv file.

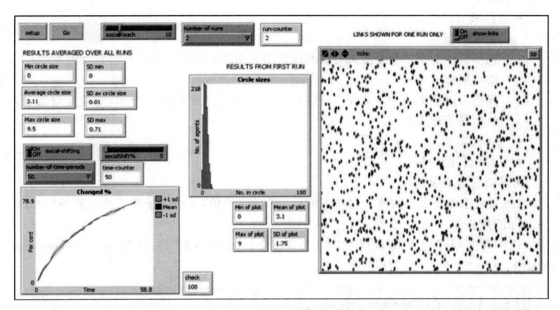

图 4.A.1　社交圈模型的截屏

探索社交圈模型
- 改变社交范围，考察主体社交圈相关数值的变化。
- 通过改变 socialshift% 来考察社会迁移的影响。

进阶探索（需要修改程序）：
- 让每个主体拥有不同的社交范围，而非每个主体都具有相同的社交范围。（如果主体 A 在主体 B 的网络中，那么主体 B 也在主体 A 的网络中。记得检查这一点！）
- 扩展模型以显示生成的网络确实展现了合意的特征，如聚类。

要了解更多关于对社交圈建模的信息，请参阅 Hamill（2010，Chapter 3 and 4）以及 Hamill 和 Gilbert（2009 or 2010）。

4.A.2 阈值模型

目标:该模型旨在对采用的阈值模型进行研究。

实体:主体代表人或家庭。

随机过程:私人网络,取决于所使用的选项:

- 创新者的分布;
- 阈值的分布;
- 社会迁移的影响。

初始化:

- 需要选择该模型是否考虑社会迁移。若是,则选择比率,即每年进行迁移的主体比例。
- 选择阈值选项:
  - 感染模型

    选择最初的采用者是随机分散的还是由社交圈的连接聚类在一起的。
  - 影响模型

    阈值可以呈随机均匀分布,也可以呈正态分布。若是呈正态分布,则设置均值(均值也等于标准差)。
- 选择时步数。
- 选择运行的次数。
- 选择是否显示连接。

输出:主要的输出是采用曲线。它基于所有实验的平均值,还产生了关于社交圈规模和阈值的数据。

伪代码见专栏 4.A.2,截屏见图 4.A.2。完整的代码见网站:Chapter 4-Threshold Model。

专栏 4.A.2　阈值模型的伪代码

Create a world 315 × 315.

Create 1 000 agents and distribute them randomly across the world.

For each agent, count the number of other agents within the distance set by the reach.

Determine which agents are the innovators:

- Infection
  - Innovators scattered: select agents at random.
  - Innovators clustered: grow a network of innovators from a 'seed' agent. If the network cannot be extended to generate the required number of innovators, reseed and start another network.

- Influence：heterogeneous thresholds
  - Distribute the thresholds. For the normal distribution，any thresholds greater than 100 or less than 0 are set to the mean.
  - Sort agents by threshold and select those with the lowest thresholds to be innovators.

After the first run，and if selected，carry out the social shifting，and recalculate the social circles.

Adoption spreads according to the mechanism chosen：

- Infection：if there is one adopter in the agent's social circle，the agent adopts.
- Influence：if the percentage of adopters in the agent's social circle exceeds its threshold，the agent adopts. If the agent does not have anyone in its social circle，it adopts if the overall adoption rate(of the 'society') exceeds its threshold.

Measure the number of new adopters.

Collect data.

Collect information about the minimum，average and maximum social circle sizes and print the averages over all the runs to csv file.

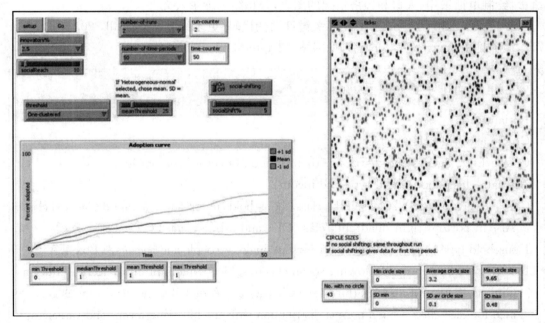

图 4.A.2　阈值模型的截屏

探索阈值采用模型
- 探索形成高采用率的条件。
- 尝试生成图 4.5 和图 4.6 上半部分所显示的采用曲线。

进阶探索(需要编程):

- 设计分配阈值的不同方式。
- 对广播媒体的影响进行建模(提示:调整在影响选项中使用到的社会效应代码)。

4.A.3 电话采用模型

目标:该模型旨在重现 1951—2001 年英国的电话采用情况。

实体:主体代表家庭。

随机过程:家庭特征、经济状况和社会网络的初始分布和变化。

初始化:

- 选择收入水平,高于这个水平则采用电话。
- 选择是否启用社会网络效应,若是,为非单身家庭和单身家庭选择社交范围。
- 选择社会迁移率,即每年移动的主体的比例。
- 选择 GDP 的增长率。
- 选择年数。
- 选择实验的次数。
- 为记录结果的文件命名。

输出:绘制电话采用、人口和经济情况的图表,并将结果记录入文件。

专栏 4.A.3 和专栏 4.A.4 总结了关键性的伪代码(更多细节见 Hamill,2010,Chapter 7)。截屏见图 4.A.3。完整的代码见网站:Chapter 4-Phone Adoption。

专栏 4.A.3 对整个模型的总结

Initialisation

Create a world 315 × 315.

Create 1 000 agents and distribute them randomly across the world.

Allocate class,household type and income:

Class:to give a 25/50/25% split by class,households in top left quadrant designated class AB;in bottom right quadrant,class DE;and others,class C.(see Box 4.5.)

Household type:one-person or multi-person;single or couple and ages.(see Box 4.A.4.)

Incomes are distributed following social class,subject to a minimum,to reproduce a Gini coefficient of about a third.(see Chapter 3.) A distribution of income is generated for each class using a normal distribution with the following means and variances:

- Class AB:mean 1.6,variance 0.6
- Class C:mean 1,variance 0.4
- Class De:mean 0.8;variance 0.35

Allowing for:

- Second earners contributing an average of 25% of household income:
  - Initially, 25% of 'wives' under 60 work and 10% of those over 60 are assumed to have worked in the past.
- Unemployment: Initially, the rate is 0.95%.
- Early retirement: 5% of households aged 50—64.
- Half the lone parents are economically active.
- One per cent of households have long-term sickness.
- The retired have half income of workers. (Household retirees, i.e. both husband and wife.)

Select a 'seed' class AB household, and from that household, generate a phone network comprisingabout 10% of households built through personal networks (subject to affordability if desired).

Execution

Households age, split, combine and die. (see Box 4.A.4.)

Five per cent of households social shift each year.

Replacement households are created.

Incomes are determined:

The proportion of second earners rises from about a half to three quarters.

Once second earners go out to work, they are assumed to continue. On retirement, the second earner's contribution continues, reflecting a pension.

Unemployment

Most unemployed return to work and are replaced by newly unemployed. (Each year, 95% of those who were unemployed last year return to work, and the remaining 5% become unoccupied.) The appropriate unemployment rates are then applied again:

1951—1970: 0.95%

1971—1980: 2.9%

1981—2001: 5.5%

(See example in Box 4.A.5.)

- Retirement

Per cent of households aged 50—64 that rises by 0.5% each year, reaching 30% by the end of the period.

Those still working at 65 retire and their income halves.

- Growth: Incomes grow at 2% a year

Phone adoption spreads through personal networks (subject to affordability if desired): if a neighbouring household within the appropriate social reach has a phone (and if the household can afford a phone if an income threshold is applied), then that household adopts. Once adopted, the phone is kept.

Data are collected, graphs drawn, and data sent to csv file at end of all runs.

专栏 4.A.4　人口相关伪代码

Initialisation

Allocate ages.

Divide population into three broad age groups and then divide each age group into narrow bands of roughly equal size. Allocate age up to 75 randomly within groups.

Allocate marital status and then divide singles between one-person households and multi-person households.

Execution

Existing households changed.

Households age.

Mortality rates applied.

Widow rates applied to those 40 and over and widowed households become one-person households.

Some single households under 60 combine into multi-person households.

Divorce rates applied to under 60s：divorcing households split between one-person and multi-person households.

New households are created.

Population counted and new households created to bring the total back to 1000.

New households are distributed randomly and aged 25.

A proportion of new households become single，and some of these singles become one-person households.

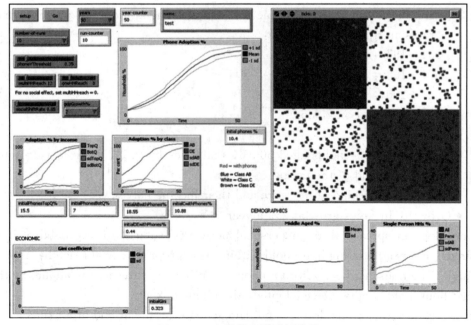

图 4.A.3　电话采用模型的截屏

专栏 4.A.5　收入变化的示例

收入是一个指数,该指数将 1951 年的平均收入设为 1。以一个家庭为例,包括一对已婚夫妇,丈夫的年龄是 25 岁,阶层为 C,具有平均水平收入,即该家庭 1951 年的收入为 1。

事　件	收入	计　算
1971 年:妻子开始工作,她的贡献是 25%	1.98	给定每年 2% 的累计增长率,家庭收入将增加到 $1 \times 1.02^{20} = 1.49$ 妻子的工作把家庭收入提高到了 $1.49/(1-0.25) = 1.98$
1991 年:丈夫达到 65 岁	1.47	收入每年增长 2%,达到 $1.98 \times 1.02^{20} = 2.94$ 退休把收入减半至 1.47
1996 年:丈夫去世	1.22	给定每年 2% 的累计增长率,收入将会上升到 $1.47 \times 1.02^5 = 1.63$ 由于孀妇将领取养老金,所以收入下降的源头是妻子而非丈夫。 收入将是 $1.63 \times (1-0.25) = 1.22$
2001 年	1.35	给定每年 2% 的累计增长率,家庭收入将是 $1.22 \times 1.02^5 = 1.35$

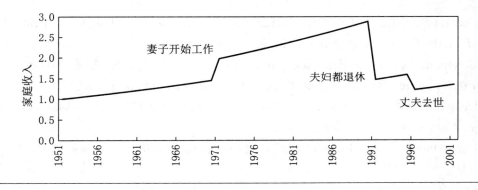

探索手机采用模型

使用几个滑块来检验结果对假设的敏感性,以回答以下问题:

- 若经济增长较慢,会发生什么?
- 将收入阈值设置为零会有何影响?
- 若私人网络扩大或缩小会发生什么?
- 更多社会迁移是否会增加采用?

进阶探索(需要编程):

该模型本质上是一个感染模型。将其改造为一个影响模型,即要求家庭在采用之前,其私人网络中有不止一个成员采用。

参考文献

Arthur,W.B.(1989) Competing Technologies, Increasing Returns and Lock-in by

Historical Events. *Economic Journal*, 99, pp.116—131.

Axtell, R.(2006) Multi-Agent Systems Macro: A Prospectus. In Collander, D., ed, *Post Walraisian Macroeconomics*. Cambridge: Cambridge University Press, pp.203—220.

Bass, F.(1969) A New Product Growth for Model Consumer Durables. *Management Science*, 15(5), pp.215—227 (republished(2004) *Management Science*, 50(12) Supplement, pp.1833—1840).

Bowden, S. & Offer, A.(1994) Household Appliances and the Use of Time: The United States and Britain Since the 1920s. *Economic History Review*, XLVLL(4), pp.725—748.

Bruggeman, J.(2008) *Social Networks*. London: Routledge.

Casweb(2014) *2001 census: Standard Area Statistics(England and Wales)* ESRC/JISC Census Programme, Census Dissemination Unit, Mimas (University of Manchester)[Online]. Available at: http://casweb.mimas.ac.uk/[Accessed 3 January 2015].

Central Statistics Office(CSO)(1995) *Family Spending: A Report on the 1994—1995 Family Expenditure Survey*. London: HMSO.

Coleman, D.(2000) Population and Family. In Halsey, A.H. & Webb, J. eds, *Twentieth Century British Social Trends*. London: Macmillan, pp.27—93.

Deaton, A. & Muellbauer, J.(1985) *Economics and Consumer Behaviour*. Cambridge: Cambridge University Press.

Department of Employment(1975) *Family Expenditure Survey 1974*. London: HMSO.

Department of Employment(1986) *Family Expenditure Survey 1984*. London: HMSO.

Douglas, M. & Isherwood, B.(1979) *The World of Goods*. London: Routledge. (Also 1996.)

Feinstein, C.H.(1972) *National Income, Expenditure and Output of the United Kingdom: 1855—1965*. Cambridge: Cambridge University Press.

Fischer, C.S.(1992) *America Calling: A Social History of the Telephone to 1940*. Berkeley: University of California Press.

General Register Office(GRO), 1952. *Census 1951: One Per Cent Sample Tables*. Part I & II. London: HMSO.

Granovetter, M.(1978) Threshold Models of Collective Behavior. *The American Journal of Sociology*, 83(6) pp.1420—1443.

Granovetter, M. & Soong, R.(1986) Threshold Models of Interpersonal Effects in Consumer Demand. *Journal of Economic Behavior and Organization*, 7, pp.83—99.

Hamill, L.(2010) *Communications, Travel and Social Networks since 1840: A*

Study Using Agent-based Models. PhD Thesis. University of Surrey[Online]. Available at: http://research. microsoft. com/pubs/145713/hamill-phd-thesis. pdf or http://www. hamill.co.uk[Accessed 3 January 2015].

Hamill, L. & Gilbert, N. (2009) *Social Circles: A Simple Structure for Agent-based Social Network Models. Journal of Artificial Societies and Social Simulation*, 12 (2), p.3[Online]. Available at: http://jasss.soc. surrey.ac.uk/12/2/3.html[Accessed 3 January 2015].

Hamill, L. & Gilbert, N.(2010) Simulating Large Social Networks in Agent-based Models: A Social Circle Model. *Emergence: Complexity & Organization*, 12(4), pp.78—94.

Jackson, M.(2010) *Social and Economic Networks*. Princeton: Princeton University Press.

Keeling, M.J. & Eames, K.T.D.(2005) Networks and Epidemic Models. *Journal of the Royal Society: Interface*, 2, pp.295—307.

Marwick, A., 1990. *British Society since 1945*. London: Penguin.

McPherson, M., Smith-Lovin, L. & Cook, J.M.(2001) Birds of a Feather: Homophily in Social Networks. *Annual Review of Sociology*, 27, pp.415—444.

Ministry of Labour(1965) *Family Expenditure Survey: Report for 1964*. London: HMSO.

Office for National Statistics(ONS)(1996) *Living in Britain: Results From the 1994 General Household Survey*. London: HMSO.

Office for National Statistics(ONS)(1997) *Social Trends 27*. London: The Stationery Office.

Office for National Statistics(ONS)(1998) *Family Spending 1997—1998: A Report on the 1997—1998 Family Expenditure Survey*. London: The Stationery Office.

Office for National Statistics(ONS)(2002) *Family Spending: A Report on the 2000—2001 Family Expenditure Survey*. London: The Stationery Office[Online]. Available at: www.ons.gov.uk/[Accessed 3 January 2015].

Office for National Statistics(ONS)(2013) *Family spending: 2013*[Online]. Available at: www.ons.gov.uk/[Accessed 3 January 2015].

Office for National Statistics ONS(2014) *Data sets and reference tables*[Online]. Available at: http://www. ons. gov. uk/ons/datasets-and-tables/index. html[Accessed 3 January 2015].

Rogers, E.M.(2003) *Diffusion of Innovations*. 5th Edition. New York: Free Press.

Stonedahl, F. & Wilensky, U.(2008) *NetLogo virus on a network model*. http://ccl. northwestern. edu/netlogo/models/VirusonaNetwork [Accessed 18 April 2015]. Center for Connected Learning and Computer-Based Modeling, Northwestern University,

Evanston，IL.

Suitor，J. & Keeton，S.(1997) Once a Friend，Always a Friend? Effects of Homophily on Women's Support Networks Across a Decade. *Social Networks*，19，pp.51—62.

Valente，T.(1995) *Network Models of the Diffusion of Innovations*. Cresskill：Hampton Press.

Watts，C. & Gilbert，N.(2014) *Simulating Innovation：Computer-based Tools for Rethinking Innovation*. Cheltenham：Edward Elgar.

Wellman，B.，Wong，R.Y.，Tindall，D. & Nazer，N.(1997) A Decade of Network Change：Turnover，Persistence and Stability in Personal Communities. *Social Networks*，19(1)，pp.27—50.

Wickens，M.(2008) *Macroeconomic Theory：A Dynamic General Equilibrium Approach*. Princeton：Princeton University Press.

▶5

换货交易的好处

5.1 引言

"我认为这是个较早的扁虱，是我今年见到的头一个。"

"那么，哈克，我用我的牙齿跟你换扁虱吧。"

"让我瞧瞧。"

汤姆拿出一个小纸包，小心翼翼地打开它。哈克贝利望眼欲穿。这诱惑太大了。最后，他说："这是真牙齿吗？"

汤姆翻起嘴唇，给他看缺口。

"哼，那好吧。"哈克贝利说，"换就换吧。"

汤姆把扁虱装进前几天囚禁大钳甲虫的那个雷管筒子里后，他们就分开了，各自都感觉比以前富有了许多。

——马克·吐温(Mark Twain)，

《汤姆·索亚历险记》(1876，Chapter 6)

马克·吐温的观点很鲜明：即使物品数量不变，交易也能让人感觉更好。本章讨论简单的换货交易，即以一定数量的物品交换一定数量的另一种物品。自亚当·斯密的《国富论》(1776)面世以来，经济学家已描绘过原始换货经济。然而，Graeber(2011)报告显示，人类学家貌似从未发现过类似的经济形式。例如，Diamond(2012，pp.61—75)曾描绘过无货币社会的交易形式，其中交易乃是融合了礼物赠送的社会性经济活动，但这并非斯密及后来的经济学家所说的原始换货交易世界。尽管如此，换货交易模型依然饱含真知灼见。Sturt(1912，Chapters Ⅱ，Ⅷ and Ⅸ)曾描绘过萨里村村民的自给自足，以及当失去了公共土地意味着他们不得不转变为从商店采购时所发生的变化：

一旦自给自足的佃农成为金钱挥霍者……；当然，要花钱，首先要赚钱……尽管并非常态，但大多数人已或多或少成为工薪阶层。

——Sturt(1912，Chapter 9)

格雷伯(Graeber)认为，纯粹的换货经济只会出现在人们惯于使用货币但手头又没有货币时的情形。汤姆·索亚和哈克·芬恩所在的19世纪美国确实如此！

不过，本章要研究的并非"牙齿换扁虱"，而是广为人知的"红十字包裹问题"，它很大程度上以Radford(1945)所描述的第二次世界大战战俘营中的情形为基础。包裹"通常每人每周发放一个",包裹中包括罐装茶叶、糖、牛奶、肉和其他必需品,也包括一条巧克力棒和50支香烟(Red Cross,2015)。故每个人皆获得"大致相同的必需品份额",大多数交易是为了"表达个人偏好并提高舒适度"。雷德福(Radford)继续写道:

> 大多数交易是以香烟或食品来换取其他食品,但香烟却从普通物品升格为货币……一开始是简单的直接交换,例如不吸烟者把香烟给他们抽烟的朋友以换取巧克力,更复杂的交易方式很快被广泛接受……一支香烟等价于几块巧克力。
>
> ——Radford(1945)

根据上述情景建模,其优点在于参与人无法控制物品的总供给:他们只能接受配额。换言之,这只是交换经济(exchange economy)。

本章第一节就二人交易进行建模,以便提炼出换货交易过程的核心要素。第二节将引入群体模型,允许个体选择跟谁交易。

5.2 一对一换货交易

如雷德福所言,若不存在货币,则香烟取而代之。为了避免可拆分性问题,我们假设每条巧克力棒可被分成50块巧克力,而香烟和巧克力块则无法被更加细分。巧克力价格以与之交换的香烟数量来表示。倘若价格为5,则表示五支香烟换一块巧克力。若价格为1,则为简单的一比一交换。但倘若价格为0.2,则五块巧克力才能换一支香烟。

我们将模型中的二人分别称为上尉和中士。上尉喜欢巧克力甚于香烟,而中士宁可抽烟也不愿尝一口巧克力。为了简化模型,我们采用第3章介绍过的柯布—道格拉斯效用函数。通过询问上尉和中士在给定价格区间内愿意买入或卖出的数量,我们可绘出上尉的需求曲线和中士的供给曲线,并测度双方的效用。专栏5.1给出的示例说明,当供求相等(市场出清)时,上尉和中士实现总效用最大化。

专栏5.1　供求示例

假设

上尉和中士都用柯布—道格拉斯效用函数来表示:$U = Choc^{\alpha} Cigs^{1-\alpha}$

其中 U 是效用,Choc 和 Cigs 是配额。

配额=50块巧克力和50支香烟

上尉的 $\alpha = 0.9$,中士的 $\alpha = 0.1$

计算举例:假设巧克力价格=1

两人的配额相同,故预算相同。按照专栏3.4:

预算=(巧克力配额×巧克力价格)
　　　+香烟配额
　　=(50×1)+50=100

持有巧克力的最优数量

　　＝α×预算/巧克力价格

　　故上尉的最优持有量

　　＝0.9×100/1＝90

　　而中士的最优持有量

　　＝0.1×100/1＝10

他们已经获得各自的配额,因此

　　上尉的需求

　　＝最优持有量－配额＝90－50＝40

　　中士的供给

　　＝配额－最优持有量＝50－10＝40

结果供求相等:市场出清。

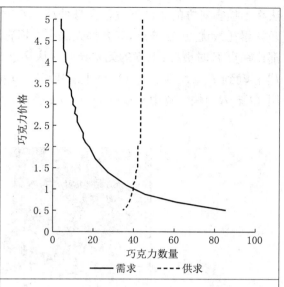

　　市场出清时,两者联合效用实现最大化。若巧克力的价格偏低(小于1),则上尉想买的数量就会超过中士愿卖的数量,结果巧克力的交易量会下降。偏低的巧克力价格有利于上尉,会提高他的效用,但也会降低中士的效用。相反,若价格高于1,中士想卖的量就会超过上尉想买的量,因此巧克力的交易量以及总效用都会下降。例如,巧克力价格为2,每人的预算都是150,则上尉想要再买17.5块巧克力,而中士却想卖出42.5块,结果供过于求。

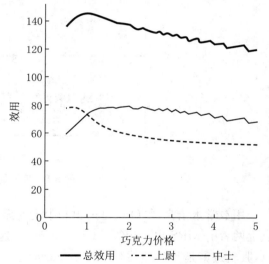

5.2.1　埃奇沃斯盒

　　分析一对一换货交易的标准方法是埃奇沃斯盒,它因英国经济学家弗朗西斯·埃奇沃斯(Francis Edgeworth,1845—1926)而得名。埃奇沃斯盒组合了交易双方各自的无差异曲线。盒子的规格取决于两种可交易物品的总量。对于上尉和中士而言,盒子的宽度等于巧克力总量,而高度则等于香烟总量。由于双方巧克力和香烟的配额相同,所以盒子的宽度和长度都分别为巧克力配额和香烟配额的两倍。上尉效用的基准是左下角,中士则是右上角,见图 5.1。初始禀赋是图中的点 E:双方都获得 R_c 单位的巧克力和 R_s 单位的香烟。但给定双方偏好(即无差异曲线),通过交易达到图中白色区域的某一点,则双方的效用都能增加。回想一下,上尉的无差异曲线越远离左下角则效用越高,而中士的无差异曲线越远离右上角则效用越高。若双方能够通过交易达到某个点,比如 O,则双方都无法在不损害对方的条件下改善自身处境。双方的无差异曲线相切于 O 点。换言之，O 点乃帕累托最优点，在该点，双方都无法在不损害对方的条件下改善自身处境。但双方处境都比在点 E 时更好：上尉的无差异曲线从穿过 E 点的 I_C^E 移动到穿过 O 点的 I_C^O，中士则从 I_S^E 移动到 I_S^O。为了移到 O 点，上尉用 $(R_S - O_S)$ 支香烟交换 $(O_C - R_C)$ 块巧克力，而中士用 $(O_C - R_C)$ 块巧克力交换 $(R_S - O_S)$ 支香烟。

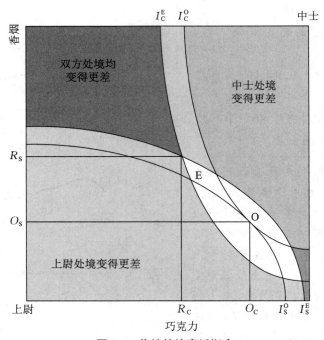

图 5.1 传统的埃奇沃斯盒

用数学术语来说，O 点是上尉和中士的无差异曲线上众多斜率相等的点之一，在这些点上两者的 MRS 也是相等的（见第 3 章）。这些点即所谓的帕累托最优点或帕累托效率点，其轨迹就是契约曲线（contract curve）。契约曲线上的点，可以让一人或两人处境变好，但却不会让任何人处境变槽——它们落在白色区域，形成核（core）〔对埃奇沃斯盒的更全面解释，见 Varian（2010，pp. 583—595）的教材，更正式的阐述见 Cowell（2006，pp.149—157）〕。

当价格为 1 时，上尉和中士实现效用最大化且市场出清，但静态分析并未探讨他们如何发现这一点。通常的解决方法是臆想一个瓦尔拉斯拍卖人（Walrasian auctioneer）〔这个过程也被称为摸索过程（tâtonnement process）〕。拍卖人询问双方，在给定价格下意愿买入和卖出多少，双方如实回复。然后拍卖人算出市场出清价格，双方以此价格交易（这个过程模拟了完全竞争市场，其中不存在交易费用，并且每个参与者都具备完全信息）。我们很难看出该过程与真实世界的市场的联系。当市场上只有两个主体和两类商品时，拍卖人的工作不过举手之劳；但随着市场上参与主体和商品类目增加，拍卖人的工作可能会极其困难〔对这个问题的完整讨论见 Axtell（2005）〕。不过，ABM 可帮助我们探析不同交易规则下的交易动态。

5.2.2 埃奇沃斯盒的动态

为了在 NetLogo 中重现埃奇沃斯盒,我们先绘制一个盒子来表示可用于分配的巧克力和香烟总量。然后,定义上尉和中士在每一个嵌块上的效用。因此,这个盒子如同国际象棋的棋盘,每个方格代表巧克力和香烟的不同组合,进而隐含着上尉和中士的不同效用水平和 MRS。

配额的初始分配决定了两个主体在盒子中的起点。当两个主体在盒子中移动时,其效用随之改变。两个主体的初始配额相同,故起点相同。我们排除掉让一方或双方状况变得更坏的区域,高亮色区域显示双方都能获得改善的区域。在图 5.2 所示的情形中,上尉的 α 为 0.9,中士的 α 为 0.1,且双方的初始配额都是 50 块巧克力和 50 支香烟。灰色区域会让其中一方或双方变得更差,交易主体不会移动到这些区域,因为他们中的一方或者双方都会阻止(block)这种情况发生。高亮色区域会让双方处境更好。该区域中的黑色线是核,即契约曲线上未被排除的部分。如专栏 5.1 所示,上尉和中士以 40 支香烟交换 40 块巧克力,则市场出清。双方移至 O 点(该点在核中)即可实现这一点(由于可交易物品的数量固定,因此它们会移至相同的点)。上述结果符合福利经济学第一定理,即市场出清均衡是帕累托最优的[进一步讨论见 Varian(2010,pp.596—598)]。在 O 点,双方的效用比在初始禀赋点 E 时高 44%,这也是市场出清和效用最大化的点,如专栏 5.1 所示。若拍卖人把交易价格告知双方,上尉和中士会立即移动到市场得以出清而且总效用最大化的 O 点。

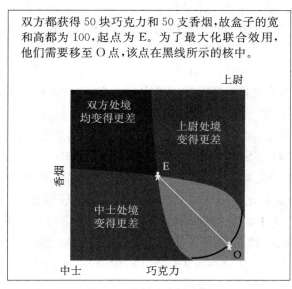

图 5.2 有拍卖人的交易

不过,若配额不足以让主体之一的效用最大化,则市场出清价格也不会使联合效用最大化,但它依然能为双方带来同样的效用增加。如图 5.3 所示,例如,若巧克力短缺,市场出清价格只会使联合效用达到最大化水平的 95%,但确实可以使双方增加 44% 的效用,正如配额充足的情况。

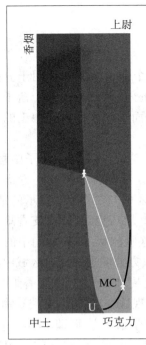

上尉的 α 是 0.9，中士的 α 为 0.1。

配额是 25 块巧克力和 75 支香烟，因此盒的宽度为 50，高度为 150。

在起点，上尉的效用是 27.9，中士的效用为 67.3。

市场出清价格为 3，若上尉支付 60 支香烟换取 20 块巧克力，双方移至点 MC，其效用提高 44% 到 40.3。中士的效用同样提高 44% 到 97.1。而联合效用为 137.4。

另一种交易也可以提高联合效用。若上尉支付 71 支香烟以换取 10 块巧克力，双方移至点 U，此时中士的效用为 116.3，但上尉仅为 28.2。总效用为 144.5，高于市场出清的交易。但显然，这个交易对上尉的好处极为有限。这是因为有足够的香烟可以使得中士的效用最大化，但是却没有足够的巧克力来最大化上尉的效用。

图 5.3　存在短缺时有拍卖人的交易

但是，假如无人将交易价格告知双方，他们必须进行谈判来发现价格，情况会如何？我们假设军衔较高的上尉先喊价。此时若上尉支付 19 支香烟购买 47 块巧克力，即价格约为 0.4 支香烟/每块巧克力，他的效用可以最大化，即图 5.4 中位于核的顶部末端的 C 点。但在这个价格水平上，中士只愿意提供 30 块巧克力换取 12 支香烟（如专栏 5.1 的供给曲线所示）。故上尉会支付 12 支香烟，换得 30 块巧克力（即价格约为 0.4 支香烟/每块巧克力），这一交易可使双方都更接近联合效用最大化点 O，不过他们还可从继续交易中获益。若他们继续交易，此时由中士根据自身效用最大化出价，他们会再次移动并更加接近市场出清的最优点 O。实际上，此时他们的联合效用已达到 O 点效用水平的 97%。根据这一价格设定规则，此时他们将不再移动。双方移动路径见图 5.4 的左图。

另一方面，若由中士先喊价，他将以 2.5 的价格出售 43 块巧克力，并移动到图 5.4 中的 S 点且达到效用最大化。但在该价格水平下，上尉只愿意支付 32 支香烟购买 13 块巧克力（正如专栏 5.1 中的需求曲线所示）。此时若上尉以自身效用最大化价格再次提出交易，则第二次交易成立，他们会再次移动到更靠近 O 点的位置，且再提高效用：事实上，他们的联合效用将达到 O 点（即市场出清价格）水平的 99%。这个过程见图 5.4 右图。

即便是如此简单的过程，也必须假设上尉和中士了解使得各自效用最大化的价格，并据此谈判。但也有可能，他们只是简单地讨价还价以达成一个价格。不妨想象你在市场上讨价还价的情形。卖家喊出一个价，你还一个更低的价。你最终支付的成交价格，取决于你有多想买、是否有更便宜的卖家、你的砍价能力、卖家有多想卖和卖家的砍价能力等。与其把上述因素全部纳入模型，我们不如简单地假定主体会同意一个落入双方各自的双方获得相同的初始配额：50 块巧克力和 50 支香烟，故盒子长为 100，宽为 100；
E 点为双方的初始禀赋。
O 点为效用最大化且市场出清的点。
C 点最大化上尉的效用。
S 点最大化中士的效用。

上尉先定价，故首次交易双方先向 C 移动：12 支香烟换 30 块巧克力。随后，中士定价，以 6 块巧克力换 15 支香烟。此时上尉有 86 块巧克力和 23 支香烟，中士有 14 块巧克力和 77 支香烟。双方联合效用达到 O 点水平的 97%。	中士先定价，故首次交易双方向 S 移动：32 支香烟换 13 块巧克力。随后，上尉定价，以 20 块巧克力换 8 支香烟。此时上尉有 83 块巧克力和 10 支香烟，中士有 17 块巧克力和 90 支香烟。双方联合效用达到 O 点水平的 99%。

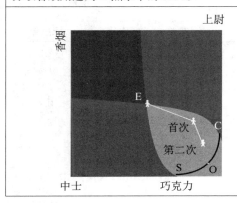 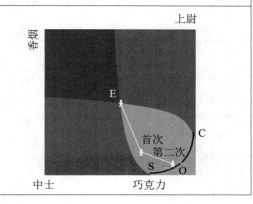

图 5.4　无拍卖人时埃奇沃斯盒中的交易

MRS 之间的价格。这意味着，平均交易价格将是两个 MRS 的均值。例如在刚才讨论的平衡供给情境下，上尉的初始 MRS 为 9 而中士的为 0.11。因此交易双方愿意在每块巧克力的兑换价格上以 0.11 支香烟到 9 支香烟之间的价格成交。每次交易都会改变主体的 MRS，故可能的价格区间也会改变。我们称这种交易制度为"随机定价"。

重复随机定价过程 1 000 次，其中允许主体最多交易 5 次，结果见表 5.1。第一轮时，主体通常能在双方均受益的价格上成交。但在后几轮中这种可能性下降，因为交易价格与其中一个主体的 MRS 非常接近，使交易对于该主体来说无利可图。平衡供给和巧克力短缺的两种情景下，总的初始效用都能达到最大化效用的三分之二左右。结果表明，即使交易只有一轮，联合效用也可能增至最大化水平的 80%，而在 5 轮交易后，联合效用则接近 100%。随着交易的进行，平均支付价格下降并趋向市场出清价格。图 5.5 展示了交易如何提高双方的效用：有时上尉获益更大，有时则是中士获益更大。

这两个模型——埃奇沃斯盒博弈（Edgeworth Box Game）和埃奇沃斯盒随机模型（Edgeworth Box Random Model）——可用于研究不同的定价规则、不同的初始配额分配下，不同偏好对交易的影响。附录 5.A 描述了此类模型。

总而言之，若交换经济中存在两类物品，且允许换货交易，则主体就能通过交易提高效用，从而"每个人都感觉比之前更富有"。倘若他们能够发现市场出清价格，则双方总效用可实现最大化。比较静态分析要么不曾处理如何达到效用最大化的问题，要么必须引入无所不知的拍卖人来协调交易。通过简单的动态模型，我们展示了主体可通过讨价还价来逼近市场出清价格且达到效用最大化的最优状态。

表 5.1　随机交易的示例

上尉的 $\alpha=0.9$，中士的 $\alpha=0.1$
1 000 次仿真

平衡供给

配额		初始 MRS	
巧克力	50	中士	0.11
香烟	50	上尉	9.00
初始效用占最大效用的百分比（%）	69	均值	4.56

在数轮之后	交易（%）*	效用占最大效用的百分比（%）		价格	
	均值	均值	标准差	均值	标准差
1 轮	91	86	8	4.2	2.3
2 轮	83	92	7	2.2	1.5
3 轮	73	95	5	1.4	1.0
4 轮	59	97	3	1.1	0.7
5 轮	46	98	2	1.0	0.6
市场出清价格				1	

巧克力短缺

配额		初始 MRS	
巧克力	25	中士	0.33
香烟	75	上尉	27.00
初始效用占最大效用的百分比（%）	66	均值	13.7

在数轮之后	交易（%）	效用占最大效用的百分比（%）		价格	
	均值	均值	标准差	均值	标准差
1 轮	82	87	8.3	11.5	6.3
2 轮	70	93	6.5	5.6	3.8
3 轮	63	95	5.2	3.8	2.6
4 轮	57	96	4.5	2.9	1.8
5 轮	42	97	4.5	2.4	1.4
市场出清价格				3	

注：* 主体在该轮进行交易的运行次数占比。

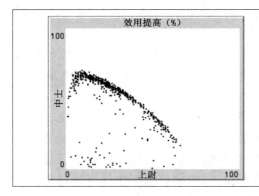

上尉的 $\alpha=0.9$
中士的 $\alpha=0.1$
初始禀赋：
● 50 块巧克力
● 50 支香烟
每次交易都会改变交易主体的 MRS。每次实验，价格都会被随机设定在主体的边际替代率之间。
5 轮交易
运行 1 000 次

图 5.5　在随机定价机制下，交易所带来的效用的提高

5.3 红十字包裹问题

讲清楚两人之间交易过程如何运作之后,现在我们转向群组中的交易。对此我们将Radford(1945)所描述的战俘营作为模型的基础。战俘营中有 1 200—2 500 人,他们住在独立但连通的建筑内,每栋建筑内大约有 200 人,被称为"连队"(company)。尽管连队之间存在交易,但雷德福的论文倾向认为交易一般只发生在连队内部,故模型以 200 个主体表示一个连队。Radford(1945)报告称,一开始人们四处游走并喊价,如"一块奶酪换七支(香烟)"。但这种报价系统并不方便,故很快就被公告板取代,板上公布了供求信息和联系方式。"交易一旦完成,就会从公告板上被划掉。公开的半永久交易记录使得香烟的价格广为人知,并逐渐让整个战俘营的香烟价格趋同"(Radford, 1945)。

在模型中,每个主体拥有相同的香烟和巧克力配额。主体被分作两组:烟民和嗜巧克力者。如前文所述,两者都遵循柯布—道格拉斯效用函数,其中 α 表示对巧克力的偏好。烟民的 α 被随机分配在 0.5 以内,而非烟民的 α 则在 0.5—1 之间。因此一个烟鬼的 α 接近 0 而巧克力上瘾者的 α 接近 1。

回想一下,由于不存在金钱而将香烟作为货币,故在这个情景中,一块巧克力的价格就是换取它所用的香烟数量。此外,交易只能以整数进行:例如主体不能交易半支香烟或半块巧克力。

连队中,嗜巧克力者可与任何烟民进行交易。交易价格由以下三种定价规则之一来确定:

● 瓦尔拉斯拍卖人。我们以此为理论上的理想基准,来衡量其他定价规则的表现。交易双方必须决定是否以市场出清价格进行交易。

● 均衡定价规则。允许每个主体(基于第 3 章提出的分析,如专栏 5.2 所示,专栏 5.3提供了示例)计算各自的最优价格。这意味着交易价格只取决于主体各自保有的物品和个人偏好。

专栏 5.2 均衡价格的计算

两类主体遵循柯布—道格拉斯效用函数

$$U = \text{Choc}^{\alpha}\,\text{Cigs}^{1-\alpha} \tag{5.1}$$

根据专栏 3.4 的分析,他们对巧克力的需求将是

$$\frac{\alpha m}{P_{\text{Choc}}} \tag{5.2}$$

其中 m 等于他们的预算。他们的预算由其配额和巧克力价格(设香烟价格为 1)给定,大家的配额是相同的

$$m = P_{\text{Choc}}\text{ChocRation} + \text{CigRation} \tag{5.3}$$

这意味着嗜巧克力者对巧克力的需求为

$$\frac{\alpha_C(P_{Choc}ChocRation_C + CigRation_C)}{P_{Choc}} \tag{5.4}$$

他已拥有其巧克力配额,故他对巧克力的超额需求为

$$\frac{\alpha_C(P_{Choc}ChocRation_C + CigRation_C)}{P_{Choc}} - ChocRation_C \tag{5.5}$$

类似地,烟民对巧克力的超额需求是

$$\frac{\alpha_S(P_{Choc}ChocRation_S + CigRation_S)}{P_{Choc}} - ChocRation_S \tag{5.6}$$

把式(5.5)和式(5.6)加总可得总的超额需求,令其为 0,可解出 P_{Choc},

$$P_{Choc} = \left(\frac{\alpha_C CigRation_C + \alpha_S CigRation_S}{(1-\alpha_C)ChocRation_C + (1-\alpha_S)ChocRation_S}\right) \tag{5.7}$$

由于双方配额相同,故式(5.7)就变成

$$P_{Choc} = \frac{CigRation}{ChocRation}\left(\frac{\alpha_C + \alpha_S}{(1-\alpha_C)+(1-\alpha_S)}\right) \tag{5.8}$$

以上基于 Varian(2010,pp.594—595)。

专栏5.3　均衡定价体制下的交易示例

假设

嗜巧克力者和烟民的配额相同,都是 50 块巧克力和 50 支香烟。

嗜巧克力者的 $\alpha_C = 0.9$

烟民的 $\alpha_S = 0.1$

均衡价格

专栏 5.2 中的式(5.8)给出了巧克力的均衡价格:

$$\frac{CigRation}{ChocRation}\left(\frac{\alpha_C + \alpha_S}{(1-\alpha_C)+(1-\alpha_S)}\right) = \frac{50}{50}\left(\frac{0.9+0.1}{(1-0.9)+(1-0.9)}\right) = 1$$

巧克力的供给和需求

嗜巧克力者的需求由专栏 5.2 中的式(5.5)给出:

$$\frac{\alpha_C(P_{Choc}ChocRation_C + CigRation_C)}{P_{Choc}} - ChocRation_C = \frac{0.9(1 \times 50 + 50)}{1} - 50 = 40$$

烟民的供给由专栏 5.2 中的式(5.6)给出:

$$\frac{\alpha_S(P_{Choc}ChocRations_S + CigRations_S)}{P_{Choc}} - ChocRations_S = \frac{0.1(1 \times 50 + 50)}{1} - 50 = 40$$

因此他们以 40 块巧克力交换 40 支香烟。这与瓦尔拉斯拍卖人在此情景下得到的结果相同,如第 5.2 节的分析所示。

- 随机定价规则。第 5.2 节介绍过这一规则。与均衡定价规则一样,价格将落在每对交易主体的 MRS 之间。但随机变化意味着,相同交易主体所决定的价格也可能不同于均衡定价规则下的价格。

为了阐明上述三种定价规则的区别,表 5.2 展示了初始配额为 50 块巧克力和 50 支香烟时,巧克力的价格会如何变动:

- 存在瓦尔拉斯拍卖人时,无论交易者的 α 为多少,价格都将会是 1。
- 根据均衡定价规则,根据交易者的 α 不同,价格将在 0.3—3 的区间内变动。
- 在随机定价规则下,如果两个交易者的 α 都处于其组别的中等水平,那么价格将在 0.3—3 的价格区间中变动。但如果其中一个或两个交易者具有强烈的偏好(即非常高或非常低的 α),那么价格将会非常高或非常低。

表 5.2　初始配额为 50 块巧克力和 50 支香烟时三种定价体制下的初始价格

烟民的 α^*		嗜巧克力者的 α^{**}		
		0.501	0.750	0.999
瓦尔拉斯拍卖人				
0.001		1	1	1
0.250		1	1	1
0.500		1	1	1
均衡				
0.001		0.3	0.6	1.0
0.250		0.6	1.0	1.7
0.500		1.0	1.7	3.0
随机				
0.001	最小值	0.001	0.001	0.001
	最大值	1.0	3.0	999.0
	均值	0.5	1.5	499.5
0.250	最小值	0.3	0.3	0.3
	最大值	1.0	3.0	999.0
	均值	0.7	1.7	499.7
0.500	最小值	1.0	1.0	1.0
	最大值	1.0	3.0	999.0
	均值	1.0	2.0	500.0

注: * 在 0.001 到 0.500 之间。

　　** 在 0.501 到 0.999 之间。

埃奇沃斯盒的例子显示,5 轮交易过后,交易双方能够获得大部分的潜在总收益。即使主体能在每轮交易后选择新的交易对手,情况也是如此。图 5.6 表明,在巧克力和香烟配额相同,且嗜巧克力者和烟民数量相同的情况下,大部分交易以及效用提高都发生在前 5 轮。图 5.6 的上半板块展示了三种不同定价规则下的交易水平。在瓦尔拉斯拍卖人和均衡定价规则下,第 1 轮几乎所有的主体都在交易,但此后交易量迅速下降。随机定价规则下,尽管 5 轮过后,90% 的交易主体进行过交易,但在第 1 轮只有半数主体进行交易。因此,如图 5.6 的下半部分所示,从影响效用的角度看,拍卖人规则和主体间均衡交易规则的区别很小。实际上,在均衡定价规则下,第 1 轮能产生的收益比拍卖人机制下能产生的更多。这是由于当价格由拍卖人制定时,每对交易者都必须按该价格交易,而这可能并不适宜部分交易者。相比之下,在均衡定价规则下,每对交易者皆可自由选择合适的价格进行

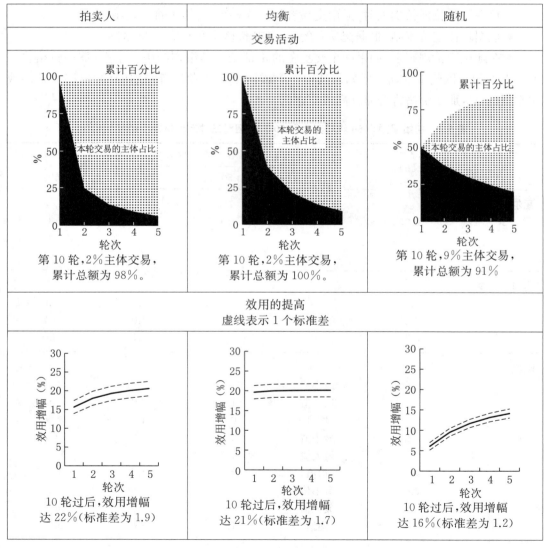

图 5.6 不同定价机制下的交易

注:假设:配额为 50 块巧克力和 50 支香烟,烟民的比例为 50%,200 个主体运行 100 次。

交易。无疑,若只进行 1 轮交易,则均衡定价规则下的效用会比随机定价规则下增加得更多。尽管如此,随机定价规则仍然能使连队的总效用高于无交易情形下的效用。不过,随着交易进行,不同规则的结果差异逐渐减少:5 轮交易过后,拍卖人规则和均衡定价规则能提高五分之一的效用,而随机定价规则能提高七分之一。若将拍卖人定价规则下的效用增量作为理想体制的衡量标准,则第 1 轮交易时,均衡定价规则所得效用不会低于拍卖人定价规则所得效用,而随机定价规则能在第 1 轮得到 92% 效用,5 轮交易过后上升到 95%。

图 5.7 显示了(仅 1 轮)交易前后的需求和供给曲线。这是比较静态分析的标准做法。在所有情形下,供给和需求曲线都向左移动,但在拍卖人规则和均衡定价规则下,10 轮过后进一步交易的空间已经微乎其微,而在随机定价规则下仍有一定交易空间。

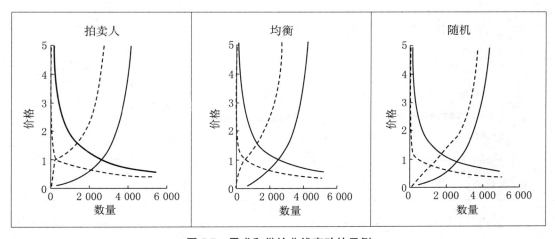

图 5.7　需求和供给曲线变动的示例

注:假设:配额为 50 块巧克力和 50 支香烟,烟民的比例为 50%,200 个主体运行 1 次。
实线为初始曲线,虚线为 10 轮交易后的曲线。

此外,ABM 还能帮助我们深入数据内部来研究交易的动态。图 5.8 的第一行图片显示 5 轮交易过后总支出如何下降。根据定义,总支出是平均价格、平均交易量和交易次数的乘积。价格和指数以香烟数量来衡量。因此,拍卖人规则下的第一轮平均总支出为 1 619 支香烟;平均 96.2 次交易(见图 5.8),以 0.99 支香烟的价格购买 17 块巧克力(96.2×17×0.99)。拍卖人规则和均衡定价规则会产生相似模式的总支出、价格和成交量,而在随机定价规则下,由于价格更高,故总支出更低。

5.3.1　引入短缺

到目前为止,我们都假设供求最终会平衡。但雷德福指出,这种情况实为罕见,通常香烟无法满足所有人的需求。因此,在这里,我们用更时髦的方式来提问:假如嗜巧克力者比例更高,而巧克力的配额更低,又会如何?由于现在不止 2 个主体,故我们可以改变烟民的比例,建立起比埃奇沃斯盒例子更极端的物品短缺模型。若 75% 的主体是嗜巧克

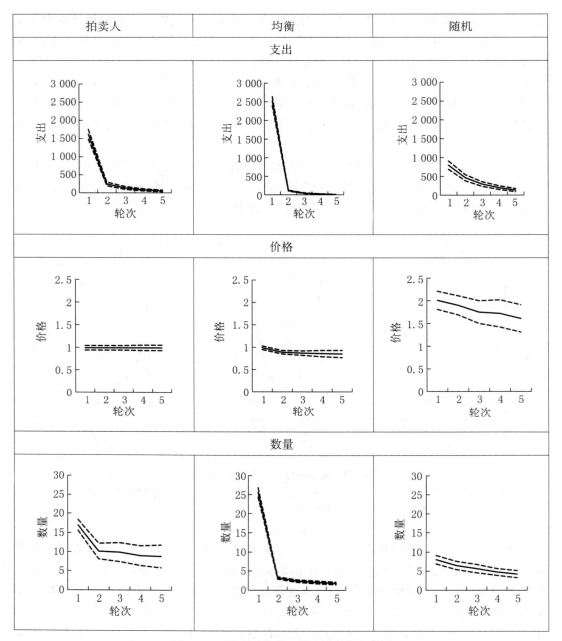

图 5.8 不同定价体制下的交易价格和数量

注:假设:配额为 50 块巧克力和 50 支香烟,烟民的比例为 50%,200 个主体运行 100 次。
虚线表示 1 个标准差。

力者,而红十字包裹的 100 件物品中只有 25 块巧克力,这就出现了巧克力短缺。此时,市场出清价格是 5,即换一块巧克力需要付出 5 支香烟。

图 5.9 的第一行图片显示,若出现短缺,不同定价规则下的交易模式并没有显著差别:实际上,拍卖人规则下的交易次数比主体间讨价还价时的交易次数更少。但是,第二行图片显示拍卖人规则能产生最大的效用增长。不过,均衡定价规则和随机定价规则下产生

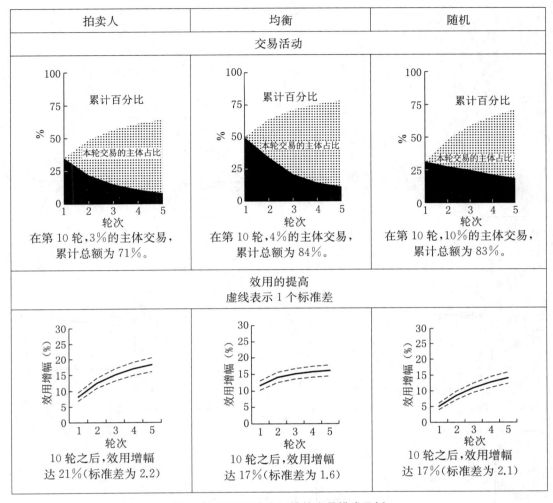

图 5.9 存在巧克力短缺的交易模式示例

的效用也能达到拍卖人规则下最大效用的 95% 以上。总的来说,存在商品短缺时,结果很少受定价规则的影响。

然而,图 5.10 显示,三种定价过程背后的动态截然不同。在拍卖人规则下,价格始终不变,而交易量则逐渐下降。相反,在均衡交易体制下,价格急速上升,交易量随之下降,这与短缺愈发严重的情况一致。在随机定价规则下,随着价格上涨,总支出缓慢下降,交易量也下降。

5.4 讨论

本章展示用 ABM 分析交易的威力,并针对经济理论提出一些有趣结果。我们建立了一个简单的交换经济,允许主体在三种定价规则(包括瓦尔拉斯拍卖人,以及另外两种可由交易双方自由议价的交易规则)下进行交易。我们考察了资源充足的情形,也考察了资源短缺的情形。

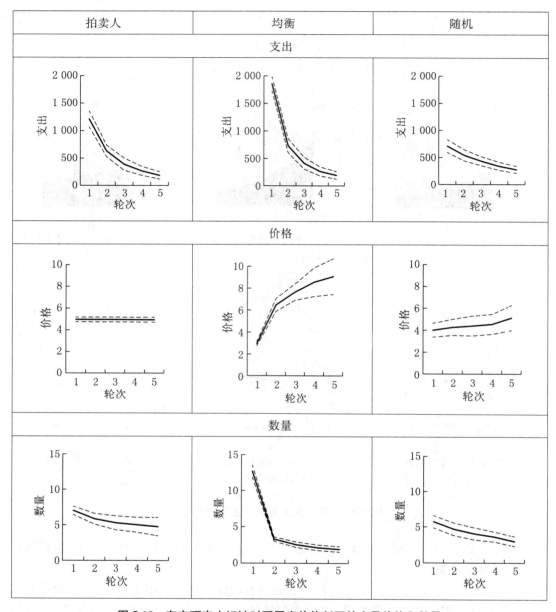

图 5.10　存在巧克力短缺时不同定价体制下的交易价格和数量

注:假设:配额为 25 块巧克力和 75 支香烟,烟民的比例为 25%, 200 个主体运行 100 次。
虚线表示 1 个标准差。

我们说明了当人们拥有不同口味时,交易如何提高人们的福利,正如斯密(1776/1861)一再指出的。我们的模型表明,交易双方自由议价也能产生理论上的瓦尔拉斯拍卖人定价规则所能产生的大部分收益。主体从自身利益出发所进行的交易,可以非常接近最优。换言之,基于真实世界讨价还价的交易体制,借助斯密的"无形之手",而不是靠瓦尔拉斯理论上的且并不现实的拍卖人,也可以创造出相近的收益。无需拍卖人,亚当·斯密的"无形之手"就可以实现近似最优解(若欲了解斯密的"无形之手",见专栏 5.4)。

《国富论》第 4 篇第 2 章中,斯密在论及保护国内工业不受外国进口产品影响的背景下提出了"无形之手",该章标题是"论限制从外国进口国内能生产的物品"。在他写作的时代,食盐被禁止进口,玉米则被征收高额关税以保护国内生产者。斯密(1776/1861,pp.198—199)说:

> 每个人都在不断地努力,为他所能掌握的任何资本寻求最佳用途。实际上,他考虑的确实是自身的利益,而非社会的利益。但他对自身利益的研究自然地或者说必然地导致他选择最有利于社会的用途……倾向于支持国内产业而不是外国产业,是因为他考虑的只是自身的安全;管理该产业使其产品价值最大化,是因为他考虑的只是自身的利益。在这一点上,正如在许多其他情况下,他被一只**"无形之手"**引导,努力达成一个并非他本意的目标。不出于本意,对社会来说并不总是坏事。通过追求自身的利益,他往往能够比他出于本意时更有效地促进社会的利益。

然后斯密继续抨击监管制度。从而"无形之手"具备了如下含义:允许人们追求自身利益才是最佳做法。

上述结果与 Epstein 和 Axtell(1996)的糖域模型的结论类似。在他们的模型中,主体成对交易糖和香料,其价格为交易主体 MRS 的几何均值(Epstein and Axtell,1996,p.104)。这种交易规则所产生的价格,将落在均衡定价规则和随机定价规则所产生的价格之间。Epstein 和 Axtell(1996,p.111)评论道:

> 在某种意义上,这种完全分散化、分布式的经济均衡,既充分考虑了价格形成的动态,又无需求助神秘的拍卖人,因此可以提供比一般均衡理论更为强大的结论。这一结果可以追溯到亚当·斯密,以及其他不考虑拍卖人的古典经济学家。

ABM 同时兼顾了异质性和互动,因此是对交易进行建模的强大工具。在我们的例子中,交易能发生只因主体有不同口味,即存在异质性。更进一步,不同于一般的比较静态分析,ABM 使我们对交易动态的分析,以及对市场如何从一种均衡移动到另一种均衡的分析更便捷。它使我们能弄清价格、数量和交易量的相互作用,以及随时间对总支出的影响。它还揭示了不同的微观过程何以产生类似的宏观模式。

本章关注的是主体无法控制物品总供给而仅能改变物品分配的情形。我们将在下一章引入供应商。

附录 5.A　操作指南

5.A.1　埃奇沃斯盒博弈

目标:该模型呈现了一个埃奇沃斯盒,旨在选择一系列可以让主体进行交易的价格,使他们尽可能向其效用最大化的点移动。

实体：有两个主体（上尉和中士），以及两类物品（巧克力和香烟）。每个交易主体获得相同数量的巧克力和香烟配额。但他们彼此口味不同：上尉喜欢巧克力甚于香烟，中士喜欢香烟甚于巧克力。离埃奇沃斯盒模型的左下角越远上尉效用越高，离右上角越远则中士效用越高。他们的效用由柯布—道格拉斯效用函数表示，其中 α 在 0 到 1 之间，代表对巧克力偏好的强度（α 越高，偏好越强）。MRS 如专栏 3.4 所示，故 α 不能为 1，因为这会导致 MRS 无定义。除非初始配额恰好与他们的偏好一致，否则主体就可以通过交易增进其效用。

随机过程：无，除非选择随机定价机制。

初始化：

设置两个主体的 α：

- 上尉的 α 在 0.6 到 0.9 之间。
- 中士的 α 在 0.1 到 0.5 之间。

设置初始的巧克力禀赋：在 25 到 75 之间（香烟的数量则是 100 减去该值）。

选择定价机制：

- 市场出清价格，即供求曲线交点所决定的价格。
- "上尉青睐价格"（Captain's favour），使上尉效用最大化的价格，但中士不愿交易。
- "中士青睐价格"（Sergeant's favour），使中士效用最大化的价格，但上尉不愿交易。
- "随机"，价格将会被定在两个主体的 MRS 之间。
- 价格由你决定。

输出：该模型绘制了一个埃奇沃斯盒，以反映可供交易的巧克力和香烟的数量。然后将盒子着色以划分区域：

- 数量为零时的无效区域；
- 上尉处境变差的区域；
- 中士处境变差的区域；
- 双方处境都变差的区域；
- 双方处境都改善的区域。

标示初始配额，绘制核，并标示总效用最大化的嵌块。

模型产生的数据包括交易主体实际的和潜在的最大化的效用、MRS 以及交易。模型将绘图的数据发送到文件，同时还算出巧克力的需求曲线和供应曲线。

伪代码见专栏 5.A.1，截屏见图 5.A.1。完整代码见网站：Chapter 5-Edgeworth Box Game。

专栏 5.A.1　埃奇沃斯盒博弈的伪代码

Draw a box that is twice the chocolate ration wide and twice the cigarette ration high. Create two agents, called the Captain and the Sergeant.

　Give both attributes to record utility, quantities of chocolate and cigarettes held, MRS, budget, optimal holding of cigarettes and offer.

　Calculate the agents' initial utility.

Colour the box:

Calculate the utility that the two agents would have on each patch.

Calculate the total utility for both agents.

Calculate how much chocolate and cigarettes would have to be traded to reach that box and the implicit price.

Compare the patch utility to the agents' initial utility and colour according to whether either worse off, both worse off and both better off.

Colour the patch representing the initial allocation.

Calculate the MRSs for each agent on each patch.

Draw the contract curve:

The line should be surrounded by at least one patch where the MRS for the Captain exceeds the MRS for the Sergeant and at least one patch where the reverse is true that is the difference between the MRSs passes through zero within the patch.

Plot the three graphs showing the increase in utility and the total utility against price.

Draw demand and supply curves:

Starting with price = 0.1, ask both agents to calculate their optimal holding.

Deduct their actual holding to give excess demand for the Captain or supply for the Sergeant.

Calculated excess demand by subtracting supply from demand.

Repeat 200 times, increasing the price by 0.1 each time.

Draw demand and supply curves and calculate the market-clearing price.

Report the metrics based on rations and preferences.

Set the price according to the choice made at initialisation:

- The market-clearing price, that is, the price at which the demand and supply curves intersect
- "Captain's favour", the price that would maximise the Captain's utility
- "Sergeant's favour", the price that would maximise the Sergeant's utility
- "Random", the price between the MRSs of the two agents
- Price chosen by the modeller

Agents trade:

Each agent calculates his optimal holding at the price set and compares the actual holding with the optimal holding and calculates the offer, if any, rounded appropriately so that only whole numbers are exchanged.

Agents compare offers and agree a deal on the minimum offer.

The deal is checked to ensure that neither is made worse off.

If the deal is cleared, it is done, and the agents move to a new location in the Box and their utilities recalculated.

Metrics of the deal reported and the plot data is sent to a csv file.

探索埃奇沃斯博弈模型

● 当上尉和中士没有强烈偏好的时候情况会如何？例如，上尉的 α 为 0.6 而中士的 α 为 0.4 时。

   ● 当只有少量巧克力时会怎么样？只有少量香烟时呢？

   ● 当你指定一个非常接近均衡的价格时会发生什么？

   ● 当你指定一个非常远离均衡的价格时会发生什么？

5.A.2　埃奇沃斯盒随机模型

目标：与博弈模型基本相同，但会在随机定价机制下产生多次运行的结果。

实体：与博弈模型相同。

随机过程：价格在双方的 MRS 之间。

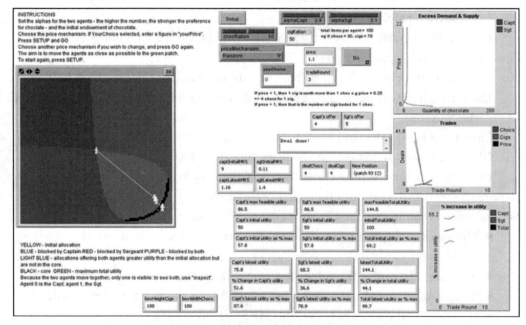

图 5.A.1　埃奇沃斯盒博弈模型的截屏

初始化：

   设定两个主体的 α：

   ● 上尉的 α 在 0.6 到 0.9 之间；

   ● 中士的 α 在 0.1 到 0.5 之间。

   设置初始的巧克力禀赋：在 25 到 75 之间。

输出：同博弈模型，该模型绘制埃奇沃斯盒。运行的结果汇总并显示在输出框中，绘制效用的增量。

探索埃奇沃斯盒随机模型

同博弈模型，尝试改变 α 和配额（见图 5.A.2）。

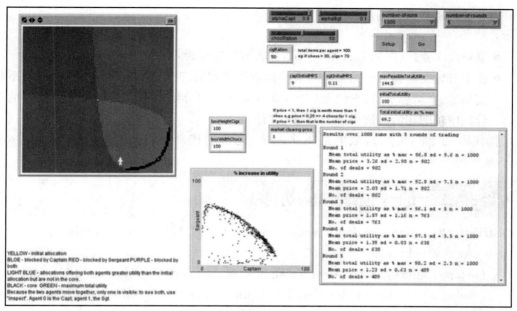

图 5.A.2 埃奇沃斯盒随机模型的截屏

5.A.3 红十字包裹模型

目标:这是一个非常简单的交易模型,以 Radford(1945)描述的红十字包裹问题为基础。

实体:一个连队有 200 个主体,后者被分为烟民和嗜巧克力者。主体符合柯布—道格拉斯效用函数,其中 α 代表偏好巧克力的强度。每个主体获得相同数量的两种商品的初始配额:香烟和巧克力。

随机过程:

- 偏好的分配:烟民的 α 在 0.001 到 0.5 之间,而嗜巧克力者的 α 则在 0.501 到 0.999 之间。
- 选择交易对手:嗜巧克力者在给定的距离(范围)内选择烟民以进行交易。
- 价格:
  - 使用拍卖人时,价格取决于偏好的分配。
  - 使用其他定价机制时,价格取决于交易对手。

初始化:

模型中有四个参数:

- 每个主体的初始巧克力配额(而香烟初始配额则是 100 减去该值);
- 烟民的比例;
- 范围(主体搜索交易对手的距离):最少为 10,若为 200 则可与全员交易。
- 定价机制:
  - 拍卖人(基于市场出清价格);
  - 均衡(见专栏 5.2);
  - 随机,价格被设定在双方的 MRS 之间(同埃奇沃斯盒模型)。

设定交易的轮数和运行的次数。

输出：
- 第一次实验：绘图如图 5.A.3 所示，并将数据保存为 csv 文件。
- 首个五轮交易和第十轮交易的平均初始价格和最终市场出清价格：平均价格、平均交易量、平均总支出、本轮参与交易的主体平均百分比，和交易后的累计总效用的百分比增幅的均值。数据将生成 csv 文件。

伪代码见专栏 5.A.2，截屏见图 5.A.3。完整的代码见网站：Chapter 5-Red Cross Parcels。

专栏 5.A.2　红十字包裹模型的伪代码

Distribute 200 agents randomly within an area 141 × 141, with no wrapping.

Give agents attributes：

　General：alpha and beta(＝1 － alpha), holdings of chocolates and cigarettes, whether smoker or chocolate lover, initial and current utility and MRS

　To calculate demand and supply curves：budget, optimal holding, demand, supply

　For trading：identity of partner, buyer or seller, price related, optimal holding, excess demand or supply, offer, deal, expenditure, trading history

Allocate alphas to smokers of between 0.001 than 0.5；chocolate lovers, alpha greater than 0.5 and less than 1.

Draw demand and supply curves(similar to the Edgeworth Box game but over 200 agents).

Starting with price ＝ 0.1, ask all agents to calculate their optimal holding.

Deduct their actual holding to give excess demand or supply.

Sum excess demand/supply over all agents to give a total demand and a total supply. Calculate excess demand by subtracting supply from demand.

Repeat 100 times, increasing the price by 0.1 each time.

Draw demand and supply curves and calculate the market-clearing price.

Trading

　Chocolate lovers locate smokers within a distance defined by the reach as potential trading partners.

　Price set：
- The market-clearing price, that is, the price at which the demand and supply curves intersect
- Equilibrium：$price = \dfrac{\text{cigarette ration}}{\text{chocolate ration}}\left(\dfrac{\text{Captain's alpha＋Sergeant's alpha}}{(1－\text{Captain's alpha})＋(1－\text{Sergeant's alpha})}\right)$
- "Random", the price between the MRSs of the two agents

Offers are rounded to ensure only whole numbers are traded and the ratio of quantities gives the effective price.

Partners compare their optimal with their actual holding and decide whether or not to trade. Deal is done by adjusting holding，based on the minimum offer.

Record metrics.

Repeat drawing demand and supply.

Accumulate data at the end of each round.

At the end of the first run，draw graphics(as shown in Figure 5.A.3) and sent data to a csv file.

At the end of the final run，report results to a csv file.

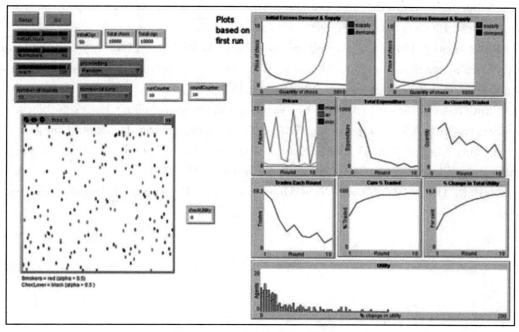

图 5.A.3　红十字包裹模型的截屏

探索红十字包裹模型

使用滑块和各选项：

- 如果巧克力出现严重短缺会如何？设定初始巧克力数为 5 且烟民的比例为 5。
- 如果主体的交易范围被严重限制会如何？设定交易距离为 10。

进阶探索(需要修改程序)：

- 如果主体在每轮交易的间隔消耗物品会如何？
- 如果主体被提供新的配额会如何？
- 如果引入交易费用会如何？

参考文献

Axtell，R.（2005）The Complexity of Exchange. *The Economic Journal*，115，pp.193—210.

Cowell，F.(2006)*Microeconomics：Principles and Analysis*. Oxford：Oxford University Press.

Diamond，J.(2012)*The World Until Yesterday*. London：Penguin Books.

Epstein，J. & Axtell，R.(1996)*Growing Artificial Societies：Social Science from the Bottom Up*. Cambridge，MA：MIT Press.

Graeber，D.(2011)*Debt：The First 5,000 Years*. New York：Melville House Publishing.

Radford，R.A.(1945)The economic organisation of a P.O.W. camp. *Economica*，New Series，12(48)，pp.189—201.

Red Cross(2015)*Food Parcels in the Second World War*［Online］. Available at：http://www. redcross. org. uk/About-us/Who-we-are/Museum-and-archives/Historical-factsheets/Food-parcels［Accessed 2 January 2015］.

Smith，A.(1776/1861)*Wealth of Nations*. Edinburgh：Adam Charles & Black.

Sturt，G.(1912)*Change in the Village*. New York：George H. Doran Company.

Twain，M.(1876/1884)*The Adventures of Tom Sawyer*(Online) http://www.gutenberg.org/files/74/74-h/74-h.htm♯c7［Accessed 26 May 2015］.

Varian，H.(2010)*Intermediate Microeconomics*. Princeton：Princeton University Press.

市　场

6.1　引言

在上一章,我们考察了交换经济,其总供给在模型之外决定,模型刻画了人们如何通过交易提高自身福祉。该模型着眼于给定供给下的价格设定。本章把注意力转移到供给,故引入企业来决定物品供给和售价。

为了最大化利润,企业会一直生产,直到额外一单位产品的生产成本(即边际成本,包括资本成本)等于额外一单位产品的收益(即边际收益)时为止。按照定义,边际收益就是这一单位产品的价格。故我们规定企业会在边际成本等于价格之前增加物品供给。但企业又何苦生产那些成本高于价格的产品呢? 因此,经济利润毫无疑问将等于零(当然,这样的利润定义不同于企业财务会计中的利润定义)。更详细的分析见 Varian(2010)或Begg 等(2011)经济学基础教材中关于企业的部分。

同第 5 章一样,我们从一个非常简单的模型开始,梳理其中的过程。随后研究两种更现实的模型,一种基于实体商店,另一种基于数字世界。

6.2　古诺—纳什模型

6.2.1　引言

安东尼·奥古斯丁·古诺(Antoine Augustin Cournot,1801—1877)是法国数学家,他建立了专注于供给量竞争的模型。最简单的版本是,在边际成本不变且具有线性需求曲线的市场上,两家企业生产同质产品(即双寡头)。每家企业根据自己对另一家企业的产量的想法来决定自己的产量。该决策可被概括为"反应函数"(reaction function),该函数将自己的产出和对另一家企业产出的信念联系起来。绘制出这个函数便可得到反应曲线。

约翰·福布斯·纳什(John Forbes Nash)因对博弈论的贡献,于 1994 年获得诺贝尔经济学奖,他也是 2001 年电影《美丽心灵》(*A Beautiful Mind*)的男主角的原型。当每家企业都正确预测到对手的产量,且任何一家企业都不需要进一步调整时,就达到了"纳什均衡"(纳什均衡有可能是但通常不是帕累托最优的,因为若两家企业被允许合作则双方都可获益)。均衡点位于反应曲线的交点。反应函数和纳什均衡的例子见专栏 6.2 的上半板块,相应的数学过程见专栏 6.1。

专栏 6.1　古诺模型和纳什均衡

两家企业:红厂和蓝厂。

递需求函数将价格表示为产量的函数:

$$P = a - bQ = a - b(Q_R + Q_B) \tag{6.1}$$

其中

$P =$ 价格

$Q =$ 总产量,$Q_R =$ 红厂产量;$Q_B =$ 蓝厂产量,a 和 b 为常数

根据式(6.1),红厂的收益为:$R_R = PQ_R = [a - b(Q_R + Q_B)]Q_R$

因此,

$$R_R = aQ_R - bQ_RQ_B - bQ_R^2 \tag{6.2}$$

而根据式(6.2),红厂的边际收益为

$$MR = \frac{dR_R}{dQ_R} = a - bQ_B - 2bQ_R \tag{6.3}$$

假设红厂的边际成本

$$MC = C_R \tag{6.4}$$

利润最大化要求 $MR = MC$,故

$$a - bQ_B - 2bQ_R = C_R \tag{6.5}$$

整理可得红厂的反应函数:

$$Q_R = \frac{a - C_R}{2b} - \frac{Q_B}{2} \tag{6.6}$$

同理,蓝厂反应函数为:

$$Q_B = \frac{a - C_B}{2b} - \frac{Q_R}{2} \tag{6.7}$$

联立式(6.6)和(6.7)可得纳什均衡

$$Q_R = \frac{C_R}{2b} - \frac{Q_B}{2} = \frac{a - C_R}{2b} - \frac{1}{2}\left(\frac{a - C_B}{2b} - \frac{Q_R}{2}\right)$$

整理可得

$$Q_R = \frac{2}{3b}\left(\frac{a}{2} + \frac{C_B}{2} - C_R\right) \tag{6.8}$$

因此,若成本相同,$C_R = C_B = C$,则纳什均衡为:

$$Q_R = Q_B = \left(\frac{a - c}{3b}\right) \tag{6.9}$$

以上基于 Begg 等人(2011,pp.211—212)和 Varian(2010,p.510)。

专栏6.2　古诺双寡头:反应函数和纳什均衡的示例

逆需求函数为

$$P = 1\,500 - 10Q$$

其中 P =价格, Q =总产量; $a = 1\,500$, $b = 10$

反应函数

红厂的反应函数由专栏6.1中的式(6.6)给出:

$$Q_R = \frac{a - C_R}{2b} - \frac{Q_B}{2}$$

假设 $C_R = C_B = 0$,且 $a = 1\,500$, $b = 10$,以及

$$Q_R = \frac{1\,500 - 0}{2 \times 10} - \frac{Q_B}{2} = 75 - \frac{Q_B}{2}$$

同样地,蓝厂的反应函数为

$$Q_B = 75 - \frac{Q_R}{2}$$

见右图。

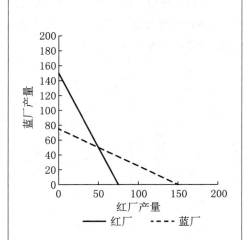

纳什均衡

纳什均衡是两条曲线的交点,双方的产量都是50单位。

假设双方的边际成本为0,根据专栏6.1的公式(6.9),可得均衡点为:

$$Q_R = Q_B = \frac{a}{3b} = \frac{1\,500}{30} = 50$$

故每家企业生产50单位,总产出为100。由逆需求函数可得,价格为500:

$$P = 1\,500 - 10Q = 1\,500 - (10 \times 100) = 500$$

Varian(2010, pp.510—511)提出了一个简单的动态系统,其中每家企业观察另一家企业的生产情况,并假设对手在下一阶段保持同一产量,然后据此调整自己的产出。该动态的运行示例见专栏6.3。

专栏6.3　古诺—纳什模型的动态例子

逆需求函数为

$$P = 1\,500 - 10Q$$

其中 P =价格, Q =总产量

成本为 0，根据专栏 6.1 的公式(6.6)和(6.7)，反应函数为：

$$Q_R = 75 - \frac{Q_B^E}{2}$$

$$Q_B = 75 - \frac{Q_R^E}{2}$$

其中 Q_R 和 Q_B 为产量，Q_B^E 和 Q_R^E 为预期的产量。

如果初始条件下每家企业都相信对手会生产 100 单位，即 $Q_B^E = Q_R^E = 100$，则每家企业实际会生产 25，如图所示：

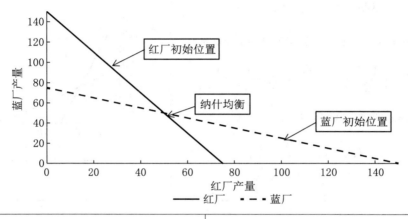

故在下一轮，双方都假设对方会生产 25 单位，于是自己会生产 (75−25/2) = 62.5 单位。如此反复至 10 轮以后，两家企业达到纳什均衡，各自生产 50 单位，即总产量为 100 单位，如右图(以及专栏 6.2)所示。

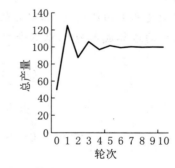

由于两家企业同时调整产量，手工计算十分麻烦，故 Varian(2010，p.511)选择"忽略掉如何达到均衡，只关注企业在均衡中的行为"。不过，正如后文所示，ABM 可以让动态分析不再困难。

6.2.2 主体基模型

模型只有两个主体：红厂和蓝厂。实验者选择逆需求函数的参数和各企业的成本，后两者决定了各企业在各自反应曲线上的初始位置。然后企业按前述步骤行动：每家企业都假定对方产量与上一轮相同。若两家企业都预期对方在纳什均衡的水平(50 单位)进行生产，则产量将保持在这一水平。但倘若他们假设对方生产 100 单位(如上述例子)，则需要 10 轮才能把总产量稳定在纳什均衡水平。这与手工计算的结果相同,如专栏 6.4 顶部两图所示。

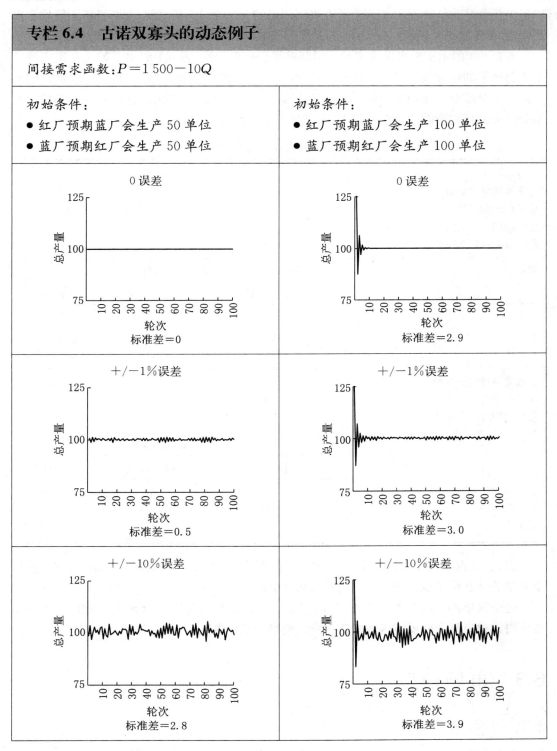

专栏 6.4 古诺双寡头的动态例子

间接需求函数:$P = 1\,500 - 10Q$

初始条件:
● 红厂预期蓝厂会生产 50 单位
● 蓝厂预期红厂会生产 50 单位

初始条件:
● 红厂预期蓝厂会生产 100 单位
● 蓝厂预期红厂会生产 100 单位

这一切的前提是,每一家企业都知道对方的产量。不过,要在 ABM 中引入不完美信息也很容易。不妨假设,每家企业只能估计对手企业的生产情况。假设估计误差为 1%,即难以确切获悉对手产量,估计值而会落在真实产出的 99% 到 101% 之间,总产量将围绕均衡水平波动,如专栏 6.4 中间两图所示。若误差为 10%,则波动将更为明显,如底部两图所示。

专栏 6.4 的示例来自单次实验。但其结果仍有典型性:表 6.1 展示了超 100 次实验的平均总产量的标准差。最上一行显示,若两个模型从纳什均衡开始,则超 100 次实验的总产量都不会改变。这理应如此。表的其他部分展示了初始条件和信息误差的重要性。初始条件离纳什均衡越远或误差越大,则产量波动就越大。

表 6.1 结果:总产量的变动

运行 100 次
基于间接需求函数: $P = 1\,500 - 10Q$
从纳什均衡开始

红厂预期蓝厂会生产	50		
蓝厂预期红厂会生产	50		

误差	总产量的标准差		
	初始 10 轮	最后 10 轮	100 轮
0	0	0	0
±1%	0.50	0.48	0.50
±10%	2.48	2.43	2.45

从远离纳什均衡开始

红厂预期蓝厂会生产	100		
蓝厂预期红厂会生产	100		

误差	总产量的标准差		
	初始 10 轮	最后 10 轮	100 轮
0	9.43	0	2.89
±1%	9.58	0.51	2.97
±10%	9.92	2.5	3.85

因此,从古诺的经典研究中引申出的这个 ABM,可用于研究双寡头的动态。此外,这个简单的动态模型也说明了缺乏信息将如何引起产量波动。

这个简单例子没有考虑成本差异,但古诺—纳什模型可用于分析这些方面。该模型也使得构建更复杂的反应函数成为可能。模型的描述见附录 6.A。

6.3 市场模型

6.3.1 引言

经济学教材对市场的讨论始于完全竞争模型。完全竞争的关键特征是:

- 完美的信息和预见（foresight），且没有不确定性。只有在此条件下，企业才能确保利润最大化。
- 所有企业生产同质产品。
- 没有市场准入壁垒。这意味着规模报酬不变或者递减，不存在规模报酬递增（故长期的平均成本必定不变或递增）。
- 市场上存在大量企业，故没有哪一家企业可以影响价格。在给定价格下，各企业都能售出自己想要生产的全部产品。
- 企业唯一的决策变量是自己的产量。

找到一个能完全满足以上条件的市场非常困难。股票市场是常被引用的例子。因为在任何给定的时刻，潜在可交易股票的总供给是既定的，所以这更像上一章所讨论的交易系统。拥有大量小农户的农产品市场可能更接近完全竞争市场，尽管农民并没有完美的预测能力！不过，完全竞争模型可被视为一种理想状态，以评价真实市场的表现。

完全竞争模型的关键问题在于其第一个假设：完美预见。模型假设企业最大化其利润，消费者最大化其效用。实际上，企业只能尽量最大化利润，消费者也只能尽量最大化效用（比如，见 Nelson and Winter，1982）。世事难料，他们未必能得偿所愿。企业经营不得不面对大量的不确定性：

- 企业可能不清楚竞争对手当前定产，而且肯定不知道对手未来的定产。
- 企业只有自身成本的不完美信息，因为会计入账存在时间滞后。
- 企业并不清楚自身未来的成本，除非他们与供应商签有固定合同。
- 企业对所处行业的需求曲线，甚至自身的需求曲线知之甚少，从而不清楚自己能卖出多少产品。

当然，经验、良好的管理记录，以及市场调研，都可以提供过去的信息，但企业却无法掌握未来发生的事，故不确定性总是存在的。

本节呈现了一个简单却很现实的模型，其灵感来自 Nelson 和 Winter（1982）以及 Cyert 和 March（1963/1992），特别是 Cyert 和 March 对百货公司的描述（1963/1992，Chapter 6）。模型中有两类主体：商铺和顾客。商铺决定供给，所有商铺构成全行业。顾客在商铺购买物品。顾客和商铺共同构成市场。

6.3.2　顾客

本章主要关注企业，故我们以简单但也算比较现实的方式对顾客建模。早在 1888 年，杰文斯（Jevons）就观察到：

> 我们通常无法观察到个人需求的任何精确而连续的变化，因为外部动机引起的行动看上去往往貌似随心所欲，掩盖了微弱的趋势。正如我曾经指出的，个人不会因为价格每发生一点微小变化，就微调他每周的糖、黄油或鸡蛋的消费量。他可能维持往常的消费量，直至他突然注意到价格上涨，然后接下来一段时间，他可能会暂停消费这些物品。但是，一个大型社区的总消费量或平均消费量，却可以被观察到连续或近乎连续的变化。最微弱的趋势也会在宏观的、平均的层面明显表现出来。因此，我

们的经济学定律对个体而言只是理论上正确,对总体而言才是事实上正确。

——Jevons(1888,Chapter 4,p.20)

1962年,贝克尔回顾这一观点,他认为要产生市场理性不需要个体理性,不需要"偏好系统或效用函数"(Becker,1962)。在一个极端情况下,家庭可能会对机会变化作出反应,比如在价格上涨时,出现过度冲动反应,或者简单地维持往日开支,但"传统理论的基本定理——需求曲线向下倾斜,只是因为机会的变化,很大程度上跟决策规则无关"(Becker,1962)。实际上,他认为顾客只是简单地对预算约束作出反应。

根据上述分析,而且我们主要想关注供给方,故我们采用极简的顾客模型。每个顾客被赋予一个"意愿支付"(willingness to pay,WTP)。每一轮,顾客都会寻找最便宜且有意向货品的商铺,若货品售价小于等于顾客的WTP,则顾客进行购买。每个顾客每轮只能购买一次。图6.1是总需求曲线的示例。不同交易轮次的顾客保持不变。

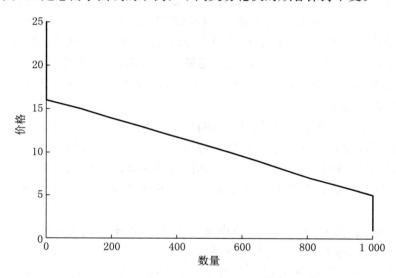

假设:
1 000个顾客;
每个顾客被赋予的WTP在5到15之间均匀分布;
每个顾客每轮只购买一次。

图6.1 商铺:总需求示例

6.3.3 商铺

和所有企业一样,商铺的部分成本会在长期被改变,例如搬迁到较小的场所,也有部分成本与每单位产出直接相关。在低租金区域采取薄利多销策略的大型商铺,与在高租金区域旨在销售少量物品的商铺,其成本结构截然不同。但任何商铺想要生存,其收益必须能弥补成本。简单起见,在此模型中:

● 每家商铺的仓储容量及其单位仓储成本由初始配置决定,两者共同决定了商铺的固定成本。

● 可变成本为每单位待售物品的进货成本。

每家商铺收取的价格为可变成本加上可弥补固定成本的加成。借鉴 Nelson 和

Winter(1982，pp.144—146)的分析，可以证明，要使经济利润为零，加成和仓储利用率的乘积必须等于单位仓储成本除以可变成本。数学过程见专栏 6.5。

专栏 6.5　商铺的假想成本、价格和利润

企业的成本

$$总可变成本＝sQ$$

其中
　　$s＝$ 可变成本
　　$Q＝$ 数量

$$总固定成本＝\phi K$$

其中
　　$\phi＝$ 单位仓储成本
　　$K＝$ 仓储容量

商铺的总成本为

$$C＝sQ＋\phi K \tag{6.10}$$

商铺收取的**价格**

$$P＝(1＋m)s \tag{6.11}$$

其中 $m＝$ 加成
商铺的**供给**

$$Q＝uK \tag{6.12}$$

其中 $u＝$ 利用率，且 $0\leqslant u\leqslant 1$
每家商铺的**收益**是

$$R＝PQ＝(1＋m)sQ \tag{6.13}$$

边际收益和边际成本

　　从式(6.10)和式(6.12)可得，边际成本 $\dfrac{dC}{dP}＝sQ＋\phi u$

　　可以认为这是长期边际成本。

　　从式(6.13)可得，边际收益 $\dfrac{dR}{dQ}＝(1＋m)s$

由边际收益等于边际成本可得 $sQ＋\phi u＝(1＋m)s$
整理可得 $\phi＝msu$。

利润

　　企业的利润为

$$\pi = 收益 - 成本 = PQ - C$$

代入式(6.10)、式(6.12)和式(6.13)并整理可得

$$\pi = (1+m)sQ - (sQ + \phi K) = (msu - \phi)K$$

如果 $K \neq 0$ 且 $\pi = 0$，则 $msu = \phi$

即，当单位仓储成本等于加成、可变成本和利用率的乘积时，利润为 0。这正是边际收益＝边际成本的点。换言之，利润为 0：

$$mu = \frac{\phi}{s}$$

因此，如果利用率为 100%，那么加成就是单位仓储成本与可变成本的比例。如果利用率小于 100%，加成就必须更高。

基本假设是加成(该概念由 Cyert 和 March 提出且现在仍然使用)为 33%。(和我们的乡村商铺所用数字很接近！)例如，若可变成本为 7.5，则价格为 10；若单位仓储成本为 2.5，则商铺在库并售出 100 单位物品时可达到收支平衡：

$$成本 = 7.5 \times 100 + 250 = 1\,000$$
$$收益 = 100 \times 10 = 1\,000$$

但如果商铺在库 100 单位物品但无法售完，则会无法弥补成本并出现亏损。

商铺不会提供低于其价格的任何物品，而所售物品也不会超过其库存量。这意味着每家商铺的供给曲线首先会垂直上升到其价格，然后在其价格上保持水平，当库存售罄时再转为垂直。这与一般的教材所假设的价格越高公司供给越多不同。然而，当所有商铺的供给曲线被汇总在一起，行业供给曲线看起来就和教材中常见的曲线一样。专栏 6.6 展示了一个简单例子。当然，商铺数量越多，行业供给曲线就越平滑！

专栏 6.6　示例：商铺和行业的供给曲线

个体商铺的数据
基于专栏 6.3 中的分析[*]。

		商铺 1 便宜 量大	商铺 2	商铺 3 小 贵
仓储容量	K	150	100	80
单位仓储成本	ϕ	2.0	2.5	3.0
可变成本	s	6	7.5	8
加成	m	0.333	0.333	0.395
价格	P	8	10	11
利用率	u	1	1	0.95
供给	Q	150	100	76
利润	π	0	0	0

注：[*] 假设供给已售罄。

商铺的供给曲线

各个商铺仅在不低于其价格（P）时供给一定数量货品（Q）。

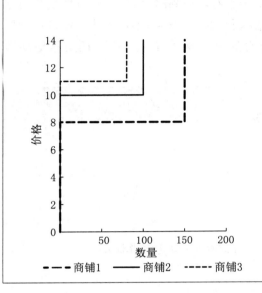

　　　商铺1　　　商铺2　　　商铺3

行业供给曲线

将三家商铺的供给曲线加总，可得到传统的行业供给曲线，其中供给随价格上涨而增加。

若价格为 8，则只有商铺 1 供给；若价格为 10，商铺 1 和 2 两家供给；若价格为 12，则三家商铺都供给。

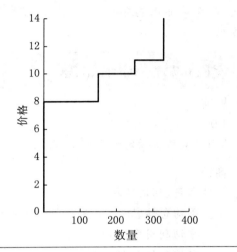

简单起见，假设商铺库存不会跨期。时间以季度为单位，模型包括短期和长期动态。

在长期（四个季度或一年），商铺会根据去年的利润来改变其仓储容量，以适应库存使用状况（即利用率）：

- 若商铺在过去四个季度累计亏损，则将关门大吉。
- 若商铺在过去四个季度累计盈利（利润不为零），则：
  ○ 如果商铺未用尽全部仓储容量（利用率小于 100％），就提高利用率。
  ○ 如果商铺已经用尽全部仓储容量，就增加仓储容量。

在其他季度末（即四个季度中的另外三个），每家商铺可根据销售情况调整利用率、价格和可变成本：

- 若存货全部售罄，且利用率低于 100％，则提高利用率。
- 若存货未能售尽，则下一期削减存货，并据此重新计算利用率。商铺也会根据竞争对手调整其价格，并在必要时调整加成和可变成本（若没有竞争对手，商铺也可直接降低价格）。

于是，有的商铺因亏损而倒闭，但有的新店隆重开业。ONS（2012）报告，2011 年零售企业数量的增长率为 10％，与该行业的倒闭率相同。模型假设商铺总量维持不变。因此，若有商铺倒闭，则必有新店开张，后者使用相同的初始仓储容量计算公式。ONS 还报告，2006 年开张的企业中，只有大约一半能够存活 5 年。

我们设定三个场景：

- "完美"（perfect）：所有商铺成本相同，按盈亏平衡定价；顾客和商铺能够查阅所有商铺的价格。这类似于教材中的完全竞争情形。

● "现实—完全搜索"(real-full search):商铺之间的成本、加成和价格各不相同。故各商铺的供给也不相同。

● "现实—有限搜索"(real-limited search):这与情景二类似,但平均而言,顾客和商铺只能查阅半数商铺的价格。

基于专栏 6.5 的数学过程设定初始值,见专栏 6.7。在"完美"场景下,设经济利润水平为零;而在"现实"情景下,"平均商铺"(mean shop)没有经济利润(如果初始值被设定为专栏 6.7 中的均值的话)。若作出其他假设,则意味着动态过程可能需要很长时间才会稳定,甚至可能永远都不会稳定。凡动态模型都有这个问题,无论是 ABM 还是其他动态模型。

专栏 6.7　商铺场景汇总

顾客

1 000 位顾客

WTP 被随机设定于 5 至 15 之间

商铺

仓储容量、利用率和成本

　　平均仓储容量:价格等于 10 时的需求除以商铺数量(由建模者设定)

　　平均利用率:100%

　　平均单位仓储成本:2.5

　　平均可变成本:7.5

　　对于两个"现实"场景,以上均符合正态分布且标准差的均值为 10%

调整

　　利用率提高:10%

　　仓储容量提高:10%

6.3.4　结果

我们利用 10 家商铺比较三种场景的区别。图 6.2 的上图显示,销售量在"完美"场景下保持不变,但在企业存在异质性("现实—完全搜索"场景)时更低。若搜索限于半数商铺,销售量进一步降低。故模型与以下观点一致:当市场偏离完全竞争市场越远,产出越低。

图 6.2 的下图显示,即使在"完美"场景下,商铺也会更替:10 家商铺中只有 6 家能够挺过 5 年,这与 ONS 报告一致。当商铺存在异质性时,其存活率更低:只有 5 家能够挺过 5 年。而搜索有限时,只有 3 家能够挺过 5 年。

该模型重现了竞争越激烈则销售量越高的经典结论:图 6.3 显示,在长期,商铺越多,销售量越高。

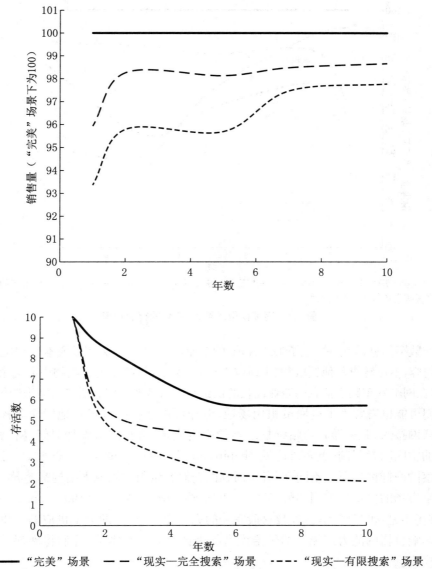

图 6.2　商铺模型的结果：销售量和商铺存活数量的历时变化，行业规模为 10（运行 30 次）

6.4　数字世界模型

6.4.1　引言

新古典经济学假设规模报酬不变或递减，这在制造业和农业社会中再正常不过。随着生产的扩大，人们会使用更劣等的资源，如质量更差的土地。然而，"……以知识为基础的部分经济……很大程度上遵循规模报酬递增规律"（Arthur，1990）。这意味着，如果全部投入翻倍，产出不止翻倍。若投入品市场满足特定条件，长期平均成本可能会下降。

117

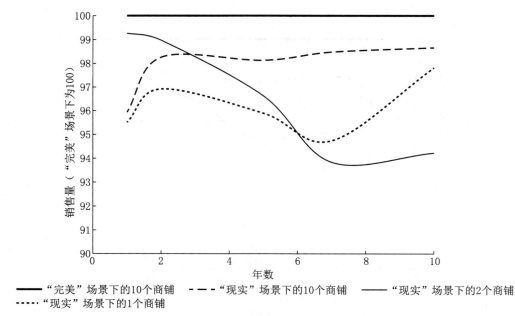

图 6.3　商铺模型的结果：变化的行业规模

生产数字信息（如软件、电子书或音乐）的企业，其资本成本为沉没成本：资本已被用于生产数字内容，不可转投其他领域（如土地或工厂）。例如，与商业街或购物中心的书店或影像店相比，在网上发布数字信息的企业面临的供给约束将截然不同。后者无需为销售而准备存货。它们可能也需要为少量雇员租用场地，但却可以选择在低成本地区而非核心商圈租用。互联网接入、服务器和网站维护之类的固定成本，可在需求增加时轻易扩张，不受书架之类的空间因素限制（更多讨论见 Shapiro and Varian，1999，pp.20—24）。这与第 6.3 节中考察的商铺情形非常不同，两者所面临的仓储容量限制和成本结构都差异悬殊。

数字市场的价格反映顾客的 WTP。正如 Shapiro 和 Varian（1999，pp.22—23）所言："信息市场不是，也不可能是，如教材般完美的完全竞争市场，即大量供应商提供同质产品且没有影响价格的能力。"传统的供给模型将因此失效。在本节，我们将展现一个数字产品市场模型。

6.4.2　卖家

我们采用简单而极端的假设，即在线卖家没有任何仓储容量限制，也没有固定成本。实际上，简单起见，我们假设卖家完全没有成本。尽管假设卖家有较低的成本会更符合现实，但这只会显著增加代码长度和复杂度。

价格并非由成本决定，而是在初始时根据选定均值和标准差的正态分布指派给卖家。首轮交易照此价格进行。

未成交的卖家将退出行业，成交的卖家可查看其他卖家的价格并调整自己的价格。若卖家多于两个，则每个卖家都可随机选择另一个卖家来查看。若对手的价格更低，卖家就会匹配该价格，并有可能进一步降价。若对手的价格相同或更高，卖家就根据一个降价指数来降价。做法有三种：

● 价格匹配(price-matching)：两个卖家比较价格，价格更高者采用价格更低者的价格。但不会让价格降至最低的初始价格。

● 削价(price-cutting)：匹配价格之后，价格更高者开出低于竞争对手的价格。

● "降价指数"(price reduction factor)：不论是否存在价格匹配或者削价，卖家都会降价。因为卖家必须依靠不断降价以在后续轮次中持续获得顾客，因为顾客只购买一次。

基于单次实验的示例可参见专栏 6.8。

专栏6.8　价格调整的示例

仅削价

● 削价＝10％
● 降价指数＝0

轮次	卖家1	卖家2
1	324	320
2	288	320
3	288	259
4	233	259

第2轮：卖家2价格更低，卖家1匹配并削价10％：320×0.9＝288

第3轮：卖家1价格更低，卖家2匹配并削价10％：288×0.9＝259

第4轮：卖家2价格更低，卖家1匹配并削价10％：259×0.9＝233

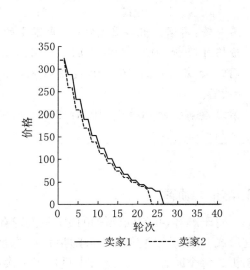

仅运用降价指数

● 削价＝0
● 降价指数＝10％

轮次	卖家1	卖家2
1	312	281
2	281	253
3	253	228
4	228	205

第2轮：卖家2价格更低，卖家1匹配价格。卖家2降价10％：281×0.9＝253

第3轮：卖家2价格更低，卖家1匹配价格。卖家2降价10％：253×0.9＝228

第4轮：卖家2价格更低，卖家1匹配价格。卖家2降价10％：228×0.9＝205

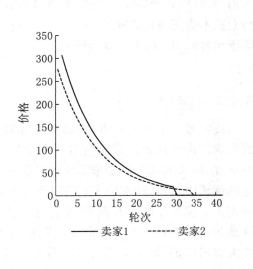

同时削价和运用降价指数

● 削价＝10%
● 降价指数＝10%

因为削价和降价的幅度相同,因此价格收敛。

轮次	卖家 1	卖家 2
1	298	334
2	268	268
3	241	241
4	217	217

第 2 轮:卖家 2 价格更高,匹配卖家 1 的价格并降价 10%:298×0.9＝268。但同时卖家 1 也降价 10%:298×0.9＝268。

第 3 轮:双方都降价 10%:268×0.9＝241。

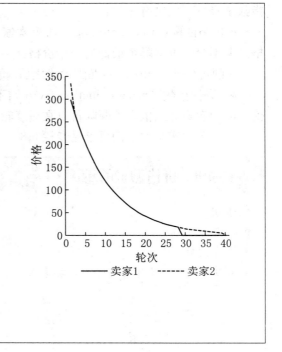

6.4.3 顾客

对于顾客,我们同样简单假定每人皆有 WTP,但服从选定均值和标准差的正态分布。这形成一条向下倾斜的总需求曲线,根据所选的值不同,即使价格为零,部分顾客也不会购买。每个顾客在一次运行中只购买一次(如第 4 章中讨论过的技术采用模型)(但在商铺模型中,顾客每轮都会购买一次)。

在第 6.3 节的商铺模型中,顾客从最便宜的卖家手中购买货品。若将上述假设运用于本模型,且所有产品同质,则结果将显而易见,所有顾客只会从最便宜的卖家那里购买,因为卖家不受任何仓储容量限制。相反,此处假设顾客随机选择卖家。若卖家报价低于或等于顾客的 WTP,顾客就会购买。

6.4.4 结果

我们考察了卖家数量、初始价格和降价策略对所有卖家总收入以及顾客购买比例的影响。由于这个简单模型不考虑成本,故收益最大化等同于利润最大化;顾客只购买一次,故购买的比例就是采购率。尽管模型很简单,却可以对诸多场景进行检验。在选定的例子中,假设顾客的平均 WTP 为 100 且标准差为 100,这意味着最多 84% 的顾客会购买。卖家按顾客在此价格上的需求提供物品,故每个卖家的供给曲线是水平的。这意味着如专栏 6.6 的商铺例子那样,加总个体供给曲线并无意义,因为此种情形下供给由需求决定,每个卖家的供给不受限制。因此,价格最高和最低的卖家的供给曲线如图 6.4 所示。

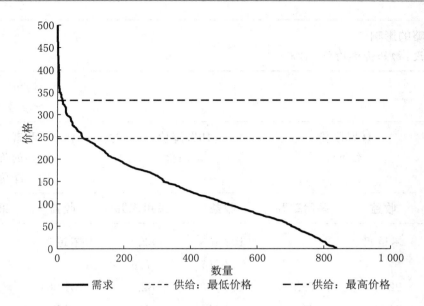

假设：
需求：服从正态分布；WTP均值＝100,标准差＝100
供给：初始价格均值＝300,标准差＝均值的10%;卖家数量＝10

图6.4　数字世界模型的结果：供求曲线示例

如专栏6.9上半部分所示,根据现有假设,单单削价并不能最大化卖家收入或顾客采用率,反倒会引起相当大的不确定性：变异系数(coefficient of variation)很高,大约为三分之一。相比之下,降价指数可带来更高的收入和采用率：变异系数约为2%。它还表明,市场上的企业数量增加并不会带来更高的收入或采用率(并且模型表明实际情况可能正好相反)。这看似有违常理,因为不存在仓储容量限制,单一卖家的供给也达到10！

专栏6.9的底部报价展示了初始的高定价如何让卖家得利。对不同顾客索取不同价格,是经典经济学教材中歧视性垄断者结论的一个应用(见Begg et al.，2011，pp.190—191)。在本例中,卖家对早期和晚期采用者进行歧视性定价,对早期采用者要价更高。

在商铺模型中,我们考察的是商铺的开张和倒闭。在本模型中,倒闭的卖家不会被替代,但我们可以考察特定轮次后仍存活的卖家数量,以及卖家的存活时间。在削价10%和降价系数为10%时：

● 初始有10个卖家,初始均价为100,10轮交易后,市场上剩下4个到6个卖家的概率为84%。若初始均价为300,则10轮交易后市场上剩下6个到9个卖家的概率为82%。见图6.5的顶部二图。

专栏6.9　数字世界模型的结果：收益和采用率

运行100次
公共假设
1 000个顾客,WTP均值＝100
初始价格标准差＝均值的10%
50轮交易

定价策略的影响

附加假设：*初始价格均值＝300*

						均值 *标准差*	
	10％削价 无降价		**10％降价** 无削价		**两者** 10％削价 10％降价		
卖家	**收益**	**采用率％**	**收益**	**采用率％**	**收益**	**采用率％**	
1	不适用		102 403 *2 716*	82.4 *1.6*	不适用		
2	92 467 *24 502*	72.9 *20.7*	100 453 *3 015*	82.6 *1.5*	101 904 *2 744*	82.3 *1.5*	
5	83 865 *24 526*	62 *25.8*	99 437 *2 276*	82.4 *1.5*	101 273 *2 808*	82.4 *1.4*	
10	87 142 *17 471*	63.9 *21.1*	99 661 *2 625*	82.7 *1.1*	100 886 *2 743*	82.3 *1.5*	

注：罗马数字表示均值，斜体表示标准差。

初始价格的影响

		初始均价	
卖家		**100**	**300**
1	**0 削价，10％降价**		
	收益	67 875	102 403
	采用率％	82.6	82.4
2	**10％削价，10％降价**		
	收益	67 269	101 904
	采用率％	82.5	82.3
5	**10％削价，10％降价**		
	收益	66 955	101 273
	采用率％	82.6	82.4
10	**10％削价，10％降价**		
	收益	66 556	100 886
	采用率％	82.6	82.3

● 同样,初始有 10 个卖家,初始均价为 100,交易进行至 27 轮到 29 轮的概率达 56%。若初始均价为 300,交易进行至 38 轮到 40 轮的概率达 48%。见图 6.5 的底部二图。

故初始价格越高,存活卖家的数目也更多,存活时间将更长。上述结果阐明了数字产品生产商为何需要通过不断创造"升级"以维持其利润水平和销售额!

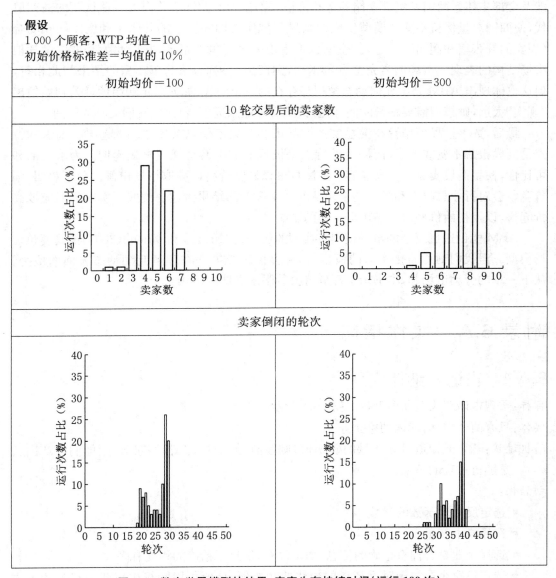

图 6.5　数字世界模型的结果:卖家生存持续时间(运行 100 次)

6.5　讨论

市场是相互作用的动态系统。比较静态模型只对比不同时点的情况,只能对市场运作提供非常有限的见解。相比之下,ABM 可以轻易地同时处理动态和互动,故能够提供更丰富的模型。本章将提供一些简单的市场模型,并将它们作为示例。

第一个模型重现经典的古诺双寡头模型：两家企业进行互动。模型不仅能够追踪两家企业关系的动态，还能展示缺乏确切信息如何导致产出波动。尽管这些动态的思路非常简单，但模型可以轻松地扩展以容纳更复杂的行为。

第二个模型基于商铺，增加供应商的数量以实现更多互动，同时引入顾客，故互动会涉及全部主体。商铺调整其仓储容量和价格。不盈利的商铺会关门大吉并被新的商铺取代，使商铺总量保持不变。模型生成的结果与现实英国零售业的开张率和倒闭率相吻合（现实的开张率和倒闭率接近）。模型也可重现完全竞争的情形，并以此为基准度量其他市场结构的表现。市场偏离完全竞争越远，则产出就越低，该简单模型的结果与此相符，但这也体现出 ABM 乃至任何动态模型都存在的一个问题：如何设定初始值。若初始值离"现实"太远，则模型需要很长时间才能（甚至有可能永远不会）达到我们关心的区间。

最后，数字世界模型旨在突显实体产品市场与数字信息市场之间的差异。前者的特点是规模报酬不变或下降，而后者的特点是极低的成本乃至规模报酬递增。为求简洁和可比性，模型假设卖家不受仓储容量限制且可以调整价格以赢取市场份额。分析表明，削价竞争会对行业总收入和顾客的采用情况产生多变的结果。这也说明了卖家为何应该高价起售，以及初始价格对产品市场寿命的影响。

ABM 能创造更复杂的市场模型。典型的例子是 Kirman 和 Vriend(2001)的马赛鱼市场模型。但我们刻意简化本章的模型，以突显该建模方法在理解互动动态方面的威力。从下一章的劳动市场起，本书余下部分将会着眼于具体的市场。

附录 6.A　操作指南

6.A.1　古诺—纳什模型

目标：重现古诺双头垄断模型（如专栏 6.1 所示）。

实体：只有两个主体，代表两家企业。

随机过程：若企业知道对方产量的确切值，则没有随机过程。若不知道，则他们的产出就是随机过程的结果。

初始化：

- 选定反需求函数的参数。
- 选择成本变量。
- 选择企业是否拥有精确的信息，如果没有，信息不精确的程度有多大。
- 选定每家企业关于对手产量的想法的初始值：该值可以随机生成或由建模者自主选定。
- 选定交易的轮数和运行的次数。

输出：模型记录每一轮总产出，对于每次运行，对前 10 轮、后 10 轮以及所有轮次计算标准差。完成所有运行后，记录这些标准差的均值。第一次运行将会生成一系列图表，所有运行的结果会被记录在 csv 文件中。

　　伪代码见专栏 6.A.1，截屏见图 6.A.1。完整的代码见网站：Cournot-Nash Model。

专栏 6.A.1　古诺—纳什模型的伪代码

Create a world 250 × 250 with the origin at the bottom left corner.

Create two agents, representing two firms, Red and Blue.

Draw reaction curves:

　　For each firm, take expected quantities from 0 to 250 and calculate the resulting output.

　　Taking the results as coordinates, colour the patches red or blue according to the firm.

Calculate the Nash equilibrium quantities(based on Box 6.1).

　　Place the firms at their initial position on their reaction curves.

　　Calculate the "distance" between the firms as measured by:

　　1. The difference between actual outputs and beliefs

　　2. The "distance" the firms are from the Nash equilibrium

Calculate the quantity supplied for each firm in each round.

Move the agents along their reaction curves.

Collect data:

　　Collect price and quantity data at the end of each round.

　　At the end of each run, calculate the standard deviation of output for the first 10 rounds, the last 10 rounds and over all rounds.

　　At the end of all the runs, calculate the averages of these standard deviations.

　　For the first run, plot outputs and prices.

　　At the end of all runs, print data to a csv file.

探索古诺—纳什模型

● 有两种方法来测度两家企业的初始"距离"。第一种方法是测度期望产出与总产量的差。第二种是测度总产出与均衡产出的差:若两家企业初始距离很远,将会发生什么?

● 若两家企业的成本差异很大,将会发生什么?

进阶探索(需要修改程序):

● 改变反应函数。

● 修改程序以实现斯塔克伯格模型(Stackelberg model),即一家企业先行决策,另一家企业追随决策(见 Varian, 2010, pp.499—504/Begg et al., 2011, pp.214—215)。

6.A.2　商铺模型

目标:旨在根据专栏 6.3 对商铺的设定来构建一个市场。

实体:有两类主体:顾客和商铺。

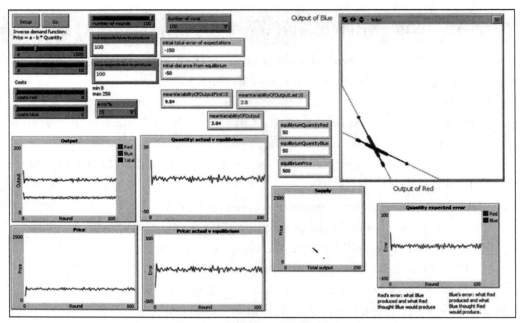

图 6.A.1 古诺—纳什模型截屏

随机过程：

- 顾客的位置随机分布，同时被分配 WTP。
- 商铺同样随机分布。除了"完美"场景，商铺都按正态分布随机分配其成本和加成，其均值由外生给定，方差为均值的 10%。

初始化：选择场景、搜索范围和交易轮次。

输出：在第 4 轮、第 8 轮、第 20 轮和第 40 轮记录下价格、数量、行业规模和新商铺的累计数目（例如分别在第一年、第二年、第五年、第七年和第十年末）。第一次运行，绘制每一轮的结果。包括绘图在内的所有结果将会生成一个 csv 文件。

伪代码见专栏 6.A.2，截屏见图 6.A.2。完整的代码见网站：Chapter 6-Shops。

专栏 6.A.2 商铺模型的伪代码

Create a world 315 × 317 with wrap-around.

Create agents：

- Consumers：create 1 000 agents，representing consumers and allocate to each a "WTP" between 5 and 15.
- Shops：create the number chosen by the modeller and calculate each shop's capacity，utilisation rate，supply，costs and prices(as set out in Box 6.5).

Draw demand and supply curves(taking no account of search limitations).

Take prices from 0 to 25 and calculate the resulting totals：

- Count the number of consumers with a WTP above or equal to the price.
- Sum the output of the shops at each price.

Consumers buy from the cheapest shop within their search range.

After the trading round is complete, the shops make adjustments.

Every fourth round — to represent once a year:

- Existing shops making a cumulative loss over the last four rounds die
- Existing shops making a profit over the last four rounds
  - and whose utilisation rate is less than 100%, increase their utilisation rate by 10%
  - and whose utilisation rate is 100%, increase their capacity by 10%

Replace any shops that have died with new shops.

In the other three rounds:

- Shops selling all their stock and operating below capacity increase their utilisation rate.
- Shops not selling all their stock reduce their supply, prices(based on comparison with competitors) and costs.

Collect data:

Collect price and quantity data plus industry size and cumulative number of new shops at the end of each round.

At the end of each run, collect data for rounds 4, 8, 20, 28 and 40. For the first run, plot data for all rounds.

At the end of all the runs, calculate the averages and standard deviations and print data to a csv file.

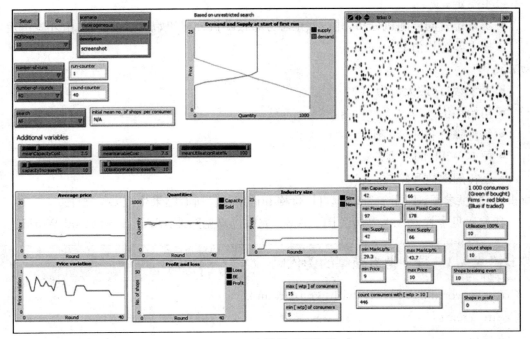

图 6.A.2　商铺模型的截屏

探索商铺模型

利用滑块提供的选项来完成实验,如:

- 若仓储成本比可变成本低很多,将会发生什么?(调整 meanCapapcityCosts 和 meanVariableCosts)
- 若仓储容量能够迅速扩张将会发生什么?(调整 capacityincreases％)
- 当初始值被设定为远离零利润的水平时将会发生什么?(使用专栏 6.5 中的公式计算零利润的值)

进阶探索(需要编程):

- 通过更改变量(如仓储容量的均值和标准差、仓储和可变成本以及利用率)来进一步探索参数空间(改变调整过程,例如改变 utilisationRateIncrease％ 或 capacity-Increase％)。
- 以该模型为基础构建其他市场模型。

6.A.3 数字世界模型

目标:本模型旨在展示传统市场和数字信息市场的差异,特别是在不存在仓储容量限制,甚至(为了简化模型)成本为零的条件下。

实体:两类主体:顾客和卖家。

随机过程:

- 顾客位置随机分布,并按照正态分布被随机分配 WTP,其均值为 100,标准差由外生给定。
- 卖家位置同样随机分布,并按照正态分布被随机分配初始价格,其均值由外生给定,标准差为均值的 10％。

初始化:

- 卖家数目(最大值为 10)。
- 初始均价。
- 每轮降价和削价的比例:可以为 0。
- 顾客 WTP 的标准差。
- 运行的次数和轮数。

输出:绘制供求图、不同阶段卖家数目、价格和销售量。所有结果生成 csv 文件。

伪代码见专栏 6.A.3,截屏见图 6.A.3。完整代码见网站:Chapter 6-Digital World。

专栏 6.A.3 数字世界模型的伪代码

Create a world 315 × 317 with wrap-around.

Create agents:

- Consumers: create 1 000 agents, representing consumers and allocate to each a "WTP" randomly on the basis of a normal distribution with a mean of 100 and standard deviation set by the modeller.
- Sellers: create the number chosen by the modeller and allocate each an initial price on the basis of a mean set by the modeller and a standard deviation equal to 10% of that mean.

Draw demand and supply curves at start:

Take prices from 0 to 25 and calculate the resulting totals

- Count the number of consumers with a WTP above or equal to the price.
- As the supply curves are horizontal, show two: one for the seller with the lowest price and one for the seller with the highest price.

Consumers select a seller at random and buy if its price is equal or lower than its WTP.

After the trading round is complete, the sellers adjust their prices by:

- Price-matching: a pair of sellers compare prices and the one with the higher price adopts the lower price.
- Price-cutting: having price-matched, the higher priced seller undercuts the competitor.
- "Price reduction factor": whether there is price-matching or price-cutting or not, sellers reduce their prices. (See Box 6.8.)

Collect data:

The initial demand and supply curves are drawn at the start, and for the first run, the prices at reach round are displayed.

Total industry revenue is cumulated over the run.

At the end of rounds 1, 10, 25 and 50, data on the number of sellers, average prices and adoption rate are collected.

The round at which trading ceases is also recorded for each run.

At the end of all the runs, the average price and adoption rate at rounds 1, 10, 25 and 50 are recorded. Graphs are plotted and all data is sent to a csv file.

探索数字世界模型

利用滑块提供的选项来完成实验,如:

- 如果需求曲线很不同会发生什么?(改变顾客 WTP 的标准差)
- 当初始均价被设定得非常高时会发生什么?

进阶探索(需要修改程序):

改变价格调整规则。

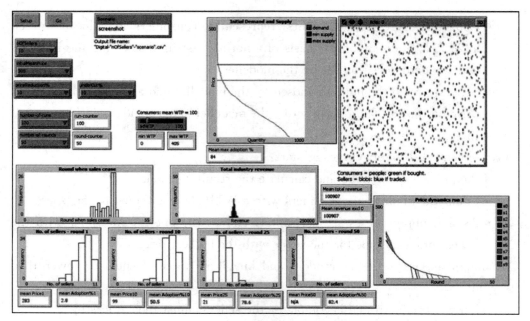

图 6.A.3　数字世界模型的截屏

参考文献

Arthur，B.(1990) Positive Feedback in the Economy. *Scientific American*，February，pp.80—85.

Becker，G.(1962) Irrational Behavior and Economic Theory. *Journal of Political Economy*，70(1) pp.1—13.

Begg，D.，Vernasca，G.，Fischer，S. & Dornbusch，R.(2011) *Economics*. Tenth Edition. London：McGraw-Hill Higher Education.

Cyert，R. & March，J.(1963/1992) *A Behavioral Theory of the Firm*. Cambridge，MA：Blackwell.

Jevons，W.S.(1888) *The Theory of Political Economy*. Third Edition. London：MacMillan & Co[Online]. Available at：http://www.econlib.org/library/YPdBooks/Jevons/jvnPeCover.html[Accessed 31 January 2015].

kirman，A. & Vriend，N.(2001) Evolving Market Structure：An ACE Model of Price Dispersion and Loyalty. *Journal of Economic Dynamics & Control*，25，pp.459—502.

Nelson，R. & Winter，S.(1982) *An Evolutionary Theory of Economic Change*. Cambridge，MA：Harvard University Press.

Office for National Statistics ONS(2012) *Business Demography*，*2011*[Online]. Available at：www.ons.gov.uk[Accessed 30 January 2013].

Shapiro, C. & Varian, H. (1999) *Information Rules*. Boston, MA: Harvard University Press.

Varian, H. (2010) *Intermediate Microeconomics*. Princeton, NJ: Princeton University Press.

▶ 7

劳动市场

7.1 引言

二战结束之后,失业一直是英国政府最关心的问题。1944 年出版的《就业政策》白皮书写道:"在战后保持较高而稳定的就业水平,是政府的主要目标和职责之一。"(H. M. Government,1944)

大约 70 年后,英格兰银行(2013)宣称,它打算"至少在劳动力调查的失业率下降至 7%的阈值之前,不上调当前 0.5%的银行利率"。

因此,理解劳动市场的运作机制是政策制定者的优先事项,也是学术研究的重要领域。本章会以作者的家乡吉尔福德(Guildford)为基础,建立一个简单的劳动市场模型。但首先我们来介绍一下英国劳动市场的主要特征。

7.1.1 劳动力

英国遵循全欧盟和经济合作与发展组织(OECD)的惯例来界定人口的劳动力状态。人口被归为就业、失业和非经济活动(economically inactive)三类:

- 就业人口每周至少有偿工作一小时。
- 失业人口是没有工作且在过去四周一直在寻找工作,并且能在未来两周开始工作的人。无论他们寻找的是全职工作还是兼职工作,或无论他们是否申请社会保障福利。
- 非经济活动人口既非就业也非失业。这包括学生、照顾家人者、退休人员或因病残而无法工作的人员。

上述定义是互斥的:在某个时刻一个人只能处于一种状态。对每个类别人数的估计,来自对家庭的季度调查,即劳动力调查(Labour Force Survey, LFS)。详情见专栏 7.1。

专栏7.1 劳动力调查(LFS)

LFS 是针对家庭的大型调查,它试图对就业、失业和非经济活动以及其他劳动市场数据进行季度性估计。它每 3 个月就会对全英大约 10 万名年龄在 16 岁及以上的代表性样本进行访问。考虑到成本,该调查是季度性的而非月度性的,故无法记录劳动市场的一些短期变化。例如,若有人在一个季度内从就业变为失业,又再回到就业,其失业期就会被忽略。

ONS以三个月为平均滚动周期发布数字。例如,ONS估计,2012年1月到3月间有262.5万人失业。上一个季度,即2011年10月到12月间有267.1万人失业,则ONS会报告失业人数比上一个季度减少了45 000人。

资料来源:Clegg(2012a and 2012b),ONS(2013c)。

我们可从上述数据中获得三个关键比值(习惯上我们不准确地将它们称为"比率"):

- 就业率:所有人口中就业人口占比。
- 参与率:所有人口中经济活动人口(即就业或失业的人口)占比。
- 失业率:经济活动人口中失业人口的占比。

上述口径下英国的劳动力数据,见专栏7.2。

专栏7.2　2013年第2季度的英国就业率、参与率和失业率

		百万人
经济活动人口		
就业	29.98	
失业	2.51	
总的经济活动人口		32.49
非经济活动人口		
学生	2.31	
照顾家庭者	2.24	
长期患病者	2.05	
退休	1.37	
其他	1.03	
总的非经济活动人口		8.99
16—64岁的总人口		41.48

就业率

$$\frac{就业人口}{总人口} \times 100 = \frac{29.98}{41.48} \times 100 = 72.3\%$$

参与率

$$\frac{经济活动人口}{总人口} \times 100 = \frac{32.49}{41.48} \times 100 = 78.3\%$$

失业率

$$\frac{失业人口}{经济活动人口} \times 100 = \frac{2.51}{32.49} \times 100 = 7.7\%$$

注意,上述数据基于16—64岁人口。若基于全部16岁及以上人口计算,则比率会有所不同。

资料来源:ONS(2013a)。

然而,失业率才是关键的政策变量。失业率增加,可能源自失业人口增加,也可能因为因就业而离开失业状态的人口减少,或者退出劳动市场的人口减少。很多研究试图识别哪个流量才最重要的因素[见 Gomes(2009)和 Smith(2011)]。Elsby 等人(2011)认为:

> ……实际上,自 1975 年以来,英国失业周期的主要原因是衰退时期失业率的大幅上升,这可以解释每个周期中失业率波动的大约三分之二。无可否认,失业雇员的求职前景下降是重要因素,但在我们所研究的经济衰退时期,这只能解释失业周期波动的四分之一。剩余 10% 则归因于离开劳动参与的流量。

Rogerson 和 Shimer(2010)研究美国数据并发现,"衰退的典型特征,是雇员从就业向失业流动的比率剧烈而短暂的上升,伴随着从失业向就业流动的比率大幅而持久的下降"。简言之,大量雇员被解雇,同时很少人被雇佣。

图 7.1 印证了上述观察,上半部分展示了英国自 2001 年以来的失业状况。截至 2008年,失业总数保持在大约 150 万人左右;每季度失业人员总流入和总流出约为 70 万—

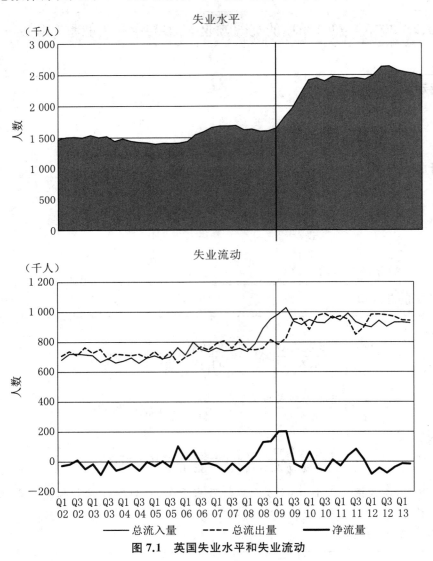

图 7.1 英国失业水平和失业流动

80万人，如图 7.1 下半部分所示。到 2008 年第三季度，失业的总流入急剧上升，直到一年后才被失业的总流出追上。此后失业人数约为 250 万，每季度的总流入和总流出在 90 万—100 万之间。因为流入和流出相近，因此宏观层面的失业总人数可能看起来波澜不惊，但微观层面却暗流涌动：大量雇员失业，同时大量失业者重回职场。因此，要理解劳动市场，就必须研究就业和失业的流动。

图 7.2 显示了英国 2013 年第一、二季度之间劳动市场的流动情况（其度量的方式见专栏 7.1）。第一季度失业者中的三分之一在第二季度摆脱了失业状态，转为就业或非经济活动状态。在这三种可能的经济活动状态之间流转的概率，被称为风险率（hazard rates）。示例见专栏 7.3。图 7.3 显示了自 2001 年以来，英国人口在三种基本就业状态之间转换的风险率。

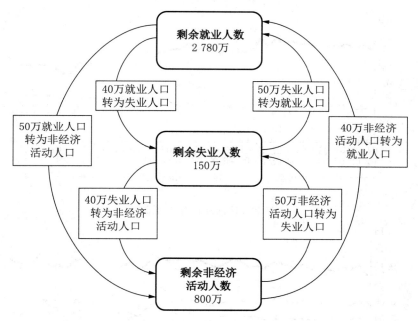

图 7.2　英国劳动市场的流动：比较 2013 年第一、二季度（定义见专栏 7.1）

资料来源：ONS(2013c)。

专栏 7.3　风险率的示例：英国 2013 年第一、二季度

$$\frac{\text{从就业转向失业的人数}}{\text{2013 年第一季度就业人数}} = \frac{40.4 \text{ 万人}}{2\,870 \text{ 万人}} = 1.4\%$$

$$\frac{\text{从失业转向就业的人数}}{\text{2013 年第一季度失业人数}} = \frac{54.5 \text{ 万人}}{250 \text{ 万人}} = 21.8\%$$

资料来源：ONS(2013c)。

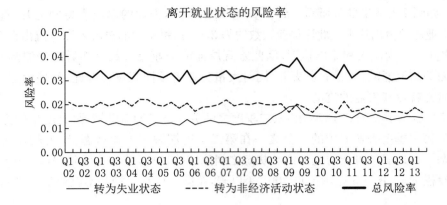

离开就业状态的风险率

——— 转为失业状态　　- - - 转为非经济活动状态　　—— 总风险率

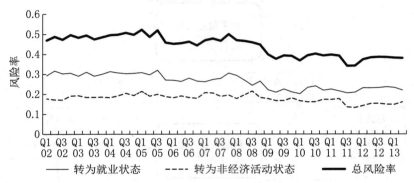

离开失业状态的风险率

——— 转为就业状态　　- - - 转为非经济活动状态　　—— 总风险率

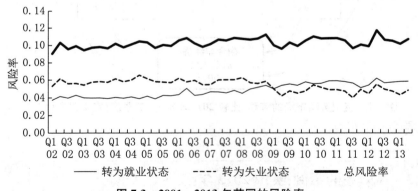

离开非经济活动状态的风险率

——— 转为就业状态　　- - - 转为失业状态　　—— 总风险率

图 7.3　2001—2013 年英国的风险率

资料来源：ONS（2013c）。

　　这些示例来自英国 LFS 数据，反映了相邻两个季度之间的变化（见专栏 7.1）。但是 LSF 没有记录所有变化。首先，如专栏 7.1 所言，数据缺失了季度内的变化（ONS，2013c）。而美国的数据基于月度内的变化，故缺失值更少（关于英美两国数据差异的更多信息，见专栏 7.4）。其次，数据不记录直接跳槽而不经历失业阶段的人。使用 1996—2007 年的 LFS 数据，Gomes（2009）估计平均每季度有 2.9％的在职者直接跳槽，同期有 1.3％转为失业。

专栏7.4　美国劳动市场

美国以多种不同的方式测度失业情况,但并非所有方式都和英国或者欧洲其他地区相一致。因此进行国际间的比较需要非常谨慎。

例如,美国的长期失业率被定义为离开工作27周或更久,在英国则为1年。

更微妙的差异在于不同的度量手段。把美国和英国的数据进行简单对比,会显示美国的劳动市场更具流动性。但美国的数据为月度,因此Gomes(2009)认为两者不可比,因为间隔更短意味着记录了更多就业的流入流出变化。

更进一步的美国数据信息见美国劳工统计局的网站,网址为:http://www.bls.gov。

美国1976—2009年间的数据,见Rogerson和Shimer(2010)。

失业的概率和从失业回归工作的概率,在人群中存在显著差异。例如,2013年初,失业者有38%的概率离开失业状态,可能转为就业或转为非经济活动状态(见图7.3)。但如果所有失业者离开失业状态的概率都这么高,则持续失业超过2年者只会占特定年龄层人口的2%[算法是$(1-0.38)$的8次方等于0.02]。但在2013年第二季度,英国持续失业超过2年的人占比为五分之一(19%)(见表7.1)。失业的时间越长,找到工作的机会就越低。ONS(2013c)报告显示:

2012年4月至2013年6月间,如果一个人失业少于3个月,他回归就业的概率是持续失业超过2年的人的3.2倍,是持续失业超过6个月但少于12个月的人的1.9倍。

失业异质性的其他指标包括:

● 年轻雇员更有可能失业。年轻雇员失业的概率要显著高于年长的雇员(见表7.1);截至2013年6月,25岁以下雇员的失业概率是年长雇员的三倍(ONS,2013c)。

● 从业经历很重要。近期遭遇失业的人更有可能再次失业。ONS(2013c)报告显示:

在2012年4月至6月和2013年4月至6月之间,就业不足6个月的人从就业转入失业的概率,是就业5年至10年的人的8.5倍。

此外,那些在某个时间点失业的人,更有可能先前已经历过失业,并更有可能持续失业更长时间。

○ 近期就业者的失业概率更低:2007年,如果一个人上一期失业,那么他从就业状态变为失业状态的概率为10%;但如果他上一期是非经济活动状态,那么这个概率为6%;如果他上一期是就业状态,那么这个概率为1%(Gomes,2009)。

○ 近期就业者在失业后找到新工作的概率更高。"如果一个人前两季度是就业状态,他找到工作的概率为46%;如果他前两季度是非经济活动状态,这个概率为23%;如果他前两季度是失业状态,这个概率为18.6%"(Gomes,2009)。

● 从业资格和工作技能同样重要。

表 7.1　2013 年 4 月到 6 月,英国经过季度调整的分年龄段的失业率和失业持续时间

	百分比					
	比率	不超过 6 个月	6 个月以上, 不超过 12 个月	12 个月以上, 不超过 24 个月	24 个月 以上	合计
16—17 岁	38.1	70	18	12	＊	100
18—24 岁	19.2	51	16	18	14	100
25—49 岁	6.0	43	18	18	22	100
超过 50 岁	4.7	38	16	18	27	100
合计	**7.8**	**47**	**17**	**17**	**19**	**100**

注:＊按定义,18 岁以下者不可能失业超过 2 年。
资料来源:ONS(2013d)。

　　但性别因素则不然:尽管男性的风险率更高,但是"男性和女性的就业风险率具有相似的模式"。例如,从"2008 年第二季度到 2013 年第二季度,男性的平均失业风险率为1.9%,而女性为 1.4%"(ONS, 2013c)。

7.1.2　雇主

　　雇主同样具有高度异质性,尤其在存在极少数巨型雇主和大量小型雇主的情况下。Axtell(2001)观察到,在美国,企业大于某个规模的概率与该规模成反比。例如,100 万家企业之中只有一家会雇佣超过 100 万人。这在数学上被称为幂律分布(power law distribution)(见专栏 7.5)。

专栏 7.5　幂律分布

　　当"某个量的某种测度的值,其出现的概率,与值的幂呈反向变化"(Newman,2005),则称存在幂律分布。幂律分布可存在于各种情景,尽管它更常出现于数值巨大的领域。经济学界早已证实财富服从幂律分布。

　　例如,假设有 1 000 个主体,我们以极端不平等的方式在他们中间分配某种物品,使绝大多数主体只获得 1 件物品,少数主体所得明显更多,如下表。按对数尺度把数据绘制成图,可得幂律分布特有的直线,该直线的指数为一1。

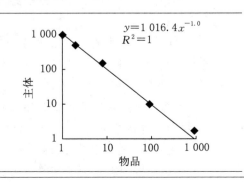

物品的 数量	拥有该数量 物品的主体 的数量	物品的 总量
1 000	1	1 000
500	2	1 000
150	8	1 200
10	90	900
1	899	899
合计	1 000	4 999

$y = 1\,016.4x^{-1.0}$
$R^2 = 1$

如果指数小于 2,"均值就不是一个被良好定义的量,因为它在不同的测度之间会有巨大的差异,甚至可以变得任意大"(Newman,2005)。虽然均值可由任何给定样本算得,但不同样本的均值可能天差地别,上述示例可以说明这一点。如果全部 1 000 个主体被囊括,那么平均每个主体拥有的物品数是 5。如果排除拥有 1 000 个物品的主体,其余 999 个主体平均拥有的物品数下降到 4。如果排除了前三个主体,均值则下降到 3。

当指数为 -1 时,通常称该分布服从 Zipf 定律。但严格来说,Zipf 定律适用于排名数据(ranked data)。例如,概率最高的事件出现的频率是概率次高事件的两倍,是排名第三的事件的三倍,以此类推。

关于幂律分布的更多信息,见 Newman(2005)。

简单分析表明英国同样如此。2013 年初,商业与技能部(Department for Business and Skills,BIS,2013)估计英国有将近 500 万个机构,只有 9 万个不在私营部门,这些机构雇用了 3 100 万人,但其中 390 万家(接近 80%)是一人企业。40% 的人受雇于超过 500 名雇员的大型机构(见专栏 7.6 上半部分)。国民健康服务系统(National Health Service,NHS)是英国最大的雇主,雇员"超过 160 万人"(NHS,2015)。Tesco 超市被认为是英国最大的私人雇主,拥有超过 31 万名雇员(Tesco,2014)。按对数坐标绘制这些数据会得到一条直线,这是幂律分布的一个特征,其指数为 -1,见专栏 7.6 下半部分。

英国所有机构的平均规模为 21,但只有约 2% 的机构人数不低于 20:大多数公司规模少于 5 人,见专栏 7.6。

专栏 7.6　2013 年英国的机构:按规模分类

规模	机构		总雇员数		平均雇员数*
	数量	百分比	千人	百分比	
1**	3 877 795	77.8	4 421	14	1
2—4	614 985	12.3	1 839	6	3
5—9	244 635	4.9	1 679	5	7
10—19	130 715	2.6	1 806	6	14
20—49	70 950	1.4	2 157	7	30
50—99	22 840	0.5	1 579	5	69
100—199	11 020	0.2	1 540	5	140
200—249	2 260	0.045 34	503	2	223
250—499	4 290	0.086 07	1 484	5	346
500—300 000	4 593	0.092 15	12 522	40	2 726
Tesco	1	0.000 02	300	1	310 000
NHS	1	0.000 02	1 500	5	1 500 000
合计	4 984 085	100	31 340	100	21

注:* 雇员数除以机构数。
　** 包括自我雇佣的雇主兼经理。

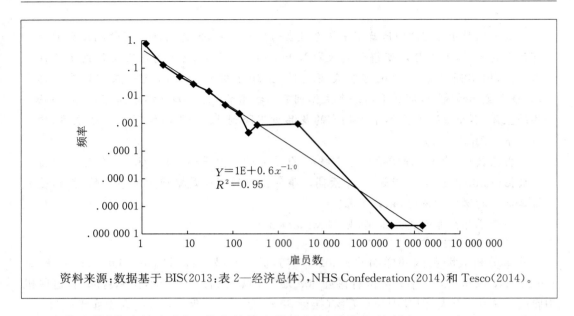

$$Y = 1E + 0.6x^{-1.0}$$
$$R^2 = 0.95$$

资料来源：数据基于 BIS(2013：表2—经济总体)，NHS Confederation(2014)和 Tesco(2014)。

那什么是"代表性企业"？分布的偏度使人怀疑马歇尔的断言(1890/1920，Book IV，Chapter XIII.9)：

……代表性企业，某种意义上说是一家平均企业(an average firm)。但论及商业经营，"平均"这一词可能有多种解释。代表性企业是一类特殊的平均企业，在我们所研究的行业或者国家中，要了解大规模生产的内部经济和外部经济已经达到什么程度，就必须对这类企业展开研究。我们无法通过随机地研究一两家公司来了解这些，但可以在广泛调查后，按我们的最佳判断选择一家公司(若不止一家则更好)，不论是私人所有还是股份制经营，该公司应该能代表这一特定的平均水平，而我们对其进行研究则可以明白无误。

这同样使人怀疑在现代模型中采用代表性企业的合理性。

我们在第6章中指出，每年有约10%的零售商会倒闭和被更替。尽管这个比例因行业而异，有的部门会增长，有的会萎缩，但对各个行业而言大致相同。因此，尽管雇主的数量在宏观层面上看起来稳定，但在微观层面上仍充满变化。

7.1.3 总结

总之，虽然劳动市场可能在宏观层面上波澜不惊，但在微观层面上却暗流涌动。许多人在就业、失业和非经济活动这三个状态之间往复流动，尽管每个群体的总人数变化很小。企业倒闭并被新企业取代。劳动和机构都具有高度异质性，不存在"平均雇主"，也很可能没有所谓的"平均雇员"。动态和异质性很关键，这表示 ABM 能为劳动市场提供洞察。

7.2 一个简单的劳动市场模型

劳动市场是动态的，无论是雇员还是雇主，参与人之间都存在大量的差异。要充分捕捉这种多样性,就要建立极大规模的 ABM。例如,Guerrero 和 Axtell(2013)为芬兰劳动市场建立的模型,达到了"芬兰劳动力的 1∶1 规模",即 250 万个主体。阿克斯特尔(Axtell)目前正在研究美国劳动市场的模型,该模型包含超过 1 亿个主体,并利用了"三打"数据源(2013)。这些模型超出了本书的范围。

因此,我们在本节提出一个简单的劳动市场模型,包含 1 000 个主体和 100 个雇主,类似法国的 WORKSIM 模型(Lewkovicz et al.,2009)。但与卢科维奇(Lewkovicz)等人的模型不同,我们的模型并非研究特定的政策问题,而仅仅试图捕捉劳动市场的基本特征,进行最低限度的假设。该模型描绘基本的动态,展现由劳动力供给和需求的异质性引发的微小失衡,如何导致周期性失业。

为了增添一些真实性,这个简易模型尽可能地以作者的家乡吉尔福德为基础。吉尔福德劳动力供求的信息见专栏 7.7。为简洁起见,很多细节(例如很多雇员会在吉尔福德内外通勤)会被忽略。在模型中,主体要么全职工作要么失业。这与经典微观教材不同,后者关注工时数,隐含的假设是雇员可以选择自己的工作时长(见 Begg et al.,2011,pp.230—234 and Varian,2010,pp.174—178)。鉴于存在相反的证据(如 Tam,2010),因此标准假设颇为令人费解,但也为我们简化模型提供了理由。

专栏 7.7　吉尔福德:劳动力供给

吉尔福德是一个距离伦敦 30 英里的西南小镇,拥有 150 000 名居民。约 70 000(或者说接近 80%)的劳动年龄人口是经济活动人口。

吉尔福德的经济活动(2012 年 10 月到 2013 年 9 月)

经济活动		77.1%
就业		69.8%
雇员	55.7%	
自我雇佣	13.3%	
失业		5.8%

半数雇员在吉尔福德之外工作,其中八分之一会通勤到 35 分钟火车车程外的伦敦,其他人则从周边地区进入吉尔福德工作。

2012 年,30% 的雇员在"公共管理、教育和健康"领域工作。与英国的其他地区相比,高级职业者的比例高于平均水平:38% 是经理、主管、高级职员或者专业人士,三分之一的雇员为兼职。

雇主数约为 6 500,雇员数约为 65 000,即大约每个雇主对应 10 个雇员。但是,3 家最大的雇主(大学、医院和当地政府)合计雇用了 13% 的雇员。整合的多项数据显示,全英国的幂律分布(见专栏 7.6)也适用于当地,尽管由于没有超大型雇主,指数会略微偏大。

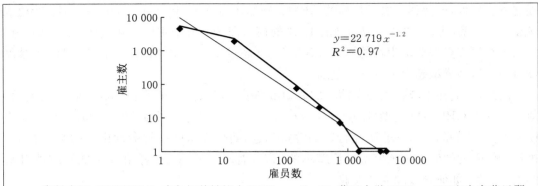

$$y = 22\,719\,x^{-1.2}$$
$$R^2 = 0.97$$

资料来源：ONS（2014），吉尔福德镇议会（2009，pp.8—9），萨里大学（2013，p.26）和皇家萨里郡医院（2013，p.26）。

建模分三个阶段。第一阶段，我们建立工资的分布。第二阶段，我们对搜寻工作进行建模，将有职位空缺的雇主和失业雇员相匹配。最后，如引言所述，以吉尔福德为基础，添加劳动市场的流动。

7.2.1 第一阶段：工资

模型中存在 100 名雇主和 1 000 名雇员。雇员要么就业要么失业。转为非经济活动者会退出模型，并被加入劳动市场的新雇员所取代。所以模型中总是存在 1 000 名雇员和 1 000 份工作。

如前文所述，雇员的许多方面都具有异质性。在此模型中，我们假设这种异质性被完全反映在工资中。工资分布来自吉尔福德的全职雇员（见专栏 7.8）。我们建立一个模型来生成对数正态分布，并将其均值标准化为 100（见附录 7.A）。图 7.4 就是利用这种方法生成工资分布的一个案例，最为吻合专栏 7.8 中的特征事实。

专栏 7.8　2012 年吉尔福德和奥尔德肖特的通勤上班区域中的工资分布

2012 年，全职雇员的平均周薪是 624 镑，但其中 60% 的收入低于该均值。中位数低于均值，为 505 镑，只有均值的 80%。换言之，半数雇员收入低于平均工资的 80%。只有位于顶部十分位的雇员的周薪是平均收入的 2 倍，见下方表格的最低一行。

百分位数	周薪（英镑）	平均薪资的百分比（%）
底部十分位	125	20
较低五分位	238	40
中间五分位	419	67
中位数	505	80
较高五分位	606	100
顶部五分位	875	140
顶部十分位	1 181	190

资料来源：ONS（2013b）。

1 000 个主体,运行 100 次。

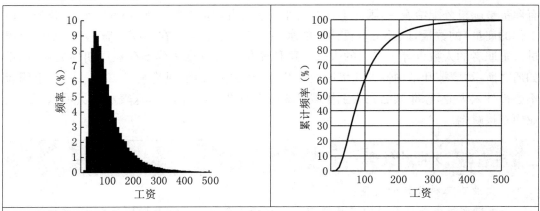

设平均工资为 100,设对数正态分布的标准差为 0.7。该分布与专栏 7.8 中我们观察到的相一致:64% 的雇员工资低于均值,位于顶部十分位(前 10%)的雇员的工资高于均值的两倍(图中包含 99.6% 的雇员,因为余下 0.4% 的工资超过均值的 5 倍,因此超过了图的边缘)。

图 7.4 模型的结果:由模型生成的工资分布的示例

7.2.2 第二阶段:工作搜寻

平均每个雇主对应 10 个雇员,以反映在吉尔福德观察到的平均水平,但雇主的规模服从参数为 −1 的幂律分布,见专栏 7.9。

专栏 7.9 吉尔福德:劳动力需求

模型假设

雇主的数量	每个雇主的雇员数均值	雇员总数	雇主百分比	雇员百分比
1	100	100	2	20
1	97	97		
3	50	150	3	15
4	30	120	4	12
27	15	405	27	41
64	2	128	64	13
100	10	1 000	100	100

$$y = 213.3 x^{-1.1}$$
$$R^2 = 0.92$$

至此，我们已经安排好了雇员（工资已被分配）以及雇主（需要特定数量的雇员）。所有雇员被随机分配给雇主，因此不存在失业。建模者设定求职者（job-seekers，寻找另一份工作的雇员）的数量，以及工资灵活性的水平。模型中总是存在 100 个雇主和 1 000 个雇员。求职者的人数也等于空缺的人数。这种简化的假设意味着不存在周期性失业，但正如后文所示，摩擦和结构性失业依旧会产生（关于失业类型，见专栏 7.10）。注意，求职者不会被计入失业，除非其已完成工作搜寻的过程但仍未找到工作，这表示雇员可以不经失业而直接跳槽。

专栏 7.10 失业的类型

失业有三种公认的类型：

● 摩擦性失业。雇员自愿离职以寻找更好的职位。这就是摩擦性失业，被视为一个有流动性的劳动人口的健康经济体的标志。这解释了即使有职位空缺，却还总存在失业的现象。

● 结构性失业出现在雇员的技能和工作要求不匹配之时。

● 周期性失业，也叫需求不足型失业（demand-deficient unemployment）出现在产出低于总产能，即失业源于总需求下滑之时（见 Begg et al.，2011，pp.531—533）。

雇主需要填补职位空缺，求职者需要新的工作。模型如何才能结合两者？工作搜寻可以由两方面发起：有职位空缺的雇主，或者进行求职的雇员。在这个简单示例中，我们采用由雇主主导的过程：雇主宣传其职位空缺，支付与离职雇员相同的工资。选择这种方法主要出于技术性的理由：编程稍微简单一点，也比较容易添加雇主的偏好，比如雇主偏爱失业时间较短的雇员。

雇主不调整所提供的工资，雇员只能在接受工作和持续失业中选择。雇员是"价格接受者"，即他们必须接受对方提供的工资且不能谈判。但雇员能接受的工资必须在其过往工资的某个范围内。

建模者决定工资的灵活性，即设定任何求职者可接受的最高工资增幅和最大工资降幅。设定的工资范围对所有雇主相同。因此，若两者均为 0，则工资无灵活性，且雇员只能接受与前一份工作完全相同的工资。但如果两者均为 10%，那么雇员会接受前一份工作的 90% 至 110% 的工资。雇员接受工资更低的工作，其原因可能有很多：离家更近，更低的通勤成本，或者新工作的某些方面更优。将最大工资降幅设置为 0 可以模拟"工资黏性"，这是"新凯恩斯主义"（new Keynesian）模型的一个关键特征，后者指出无法通过降低工资来使得劳动市场出清并达到充分就业。

这个过程从提供最高工资且有职位空缺的雇主开始。在空缺所在的工资范围内，雇主检视所有正在求职的雇员，随后选择过往工资最高的雇员，因为这是雇主唯一能掌握的质量指标。但雇主支付的是空缺职位的工资，而非雇员过往的工资。视情况不同，这可能高于或低于雇员的过往工资。模型下一步则填补工资第二高的职位空缺，以此类推。从最高工资的职位空缺开始考察似乎是一个奇怪的假设，但考虑到工资分布的形式（见图 7.4），与工资较低的雇员相比，"打工皇帝"的就业选择范围很小，因此优先考虑他们可以使其求职机会最大化。模型也可以采用其他假设。由于该模型理论上反映的是一个小镇的劳动市场,任何雇员会接受除前任雇主外的任何雇主的工作,以确保求职者不会单纯地被前任雇主再次雇佣。

模型的详情,以及如何验证具有如此复杂交互行为的模型的一些建议,见附录 7.A。

模型重复该过程 100 次,每次使用一组新数据,然后报告超 100 次运行的均值。尽管模型很简单,但结果相当有趣。

图 7.5 上半部分显示了部分结果:高失业率伴随着较低的跳槽者平均工资变化。进一步的研究显示,当模型禁止工资向下调整时:

● 如中间部分的左图所示,所允许的最高工资增长(由建模者设定)与由此产生的跳槽者的平均工资增长之间,呈半对数关系。

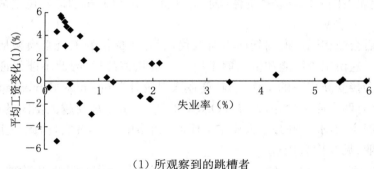

（1）所观察到的跳槽者

禁止工资向下调整

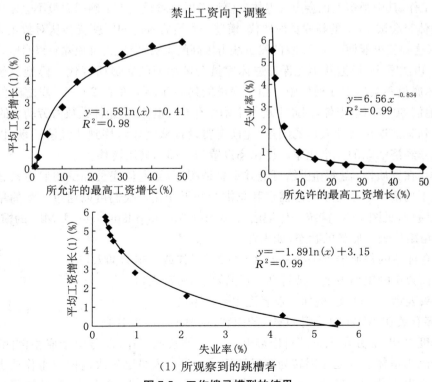

（1）所观察到的跳槽者

图 7.5　工作搜寻模型的结果

- 如中间部分的右图所示,模型所允许的最高工资增长(由建模者设定)与由此产生的失业率,呈幂律关系。
- 如下半部分所示,失业率与所观察到的跳槽者的平均工资变化,呈半对数分布。

这些结果符合逻辑,更高的工资灵活性导致更低的失业率。因此该模型与理论大体吻合,但这两者的精确关系是否可靠则另当别论。该模型旨在阐明基本的过程,以便将其纳入一个更现实的模型,这正是我们下一步的工作。

7.2.3 第三阶段:吉尔福德劳动市场

至此,我们只是简单地让建模者决定求职者的数量,并以此创造职位空缺。现在我们扩展该模型,使雇主倒闭以及雇员退休或退出劳动市场,以此来创造职位空缺。模型采用的时间周期是一个季度。

雇主倒闭后会被相同规模的新雇主所取代,后者所提供的工资由模型从对数正态分布中随机抽取。这份工资可能和倒闭雇主所开工资相去甚远,因此不能保证因雇主倒闭而失业的雇员会接受新雇主的工作。与“商业人口统计”(business demographics)的观察一致,每个季度有两个雇主“关门大吉”(ONS,2012)。由于规模越大倒闭的可能性越小,因此只有小型雇主会倒闭,并且三大雇主中任何一个倒闭都不现实,由此产生的失业可被视为结构性失业(见专栏 7.10)。

雇员年龄从 20 岁到 59 岁不等。这只是出于简单起见而作的假设,因为现实中的大学生更晚参加工作,其中很多人也会更晚退休。模型考虑年龄只是为了确保雇员不会永生。雇员 60 岁时退休时会被 20 岁的新雇员所取代,模型分配给后者的期望薪资会从对数正态分布中随机抽取(这确实可能使一个 20 岁的雇员获得极高的工资,但这也可免除对终身收入的更复杂假设)。再次重申,模型并不能保证退休雇员会被相似的雇员所替代。模型只包括劳动人口,退休雇员不会出现在模型中。由于雇员的初始年龄分布在 20—59 岁之间的 3 个季度中,且他们 60 岁时会退休,因此平均每个季度有 6 人退休,即退休人数占劳动力的 0.6%。

考虑到其他退出劳动人口的因素,建模者要设置从就业转移到非经济活动,以及从失业转移到非经济活动的 2 个比率。将比率设置为 0 即为禁用转移。

由于存在异质性,需求和供给可能并不总是相等,如退休雇员和倒闭雇主被替代时都可能产生不均衡。但是劳动力总需求和总供给并无变化。我们可以通过一个简单的活动图总结该模型,见图 7.6。按统一标记语言(unified markup language,UML)的惯例:

- 圆角矩形表示雇员的状态,如失业。
- 带有标签的菱形表示一项决策,例如搜寻工作或退出劳动人口。
- 扁长圆角的矩形表示一项行动,例如转变为劳动人口。
- 箭头表示一项转变,例如就业者退出劳动市场。

(更多有关在 ABM 中采用 UML 的内容,见 Bersini,2012)

在季度之初,部分在职雇员自愿离开职位搜寻其他工作,部分由于雇主倒闭而失业,另一部分因为退休或其他原因转为非经济活动。失业人员已经决定搜寻工作或退出劳动人口。所有退出劳动人口的人(无论之前属于就业还是失业)离开模型,并被寻找工作的

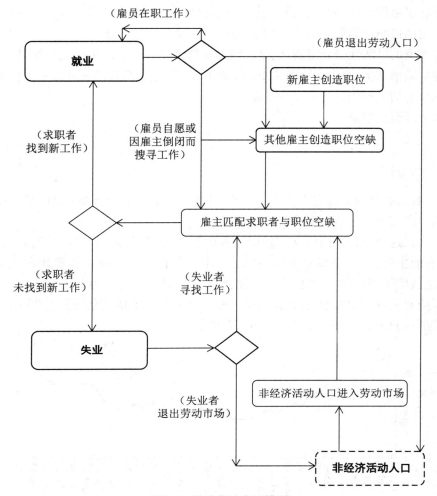

图 7.6　简单劳动市场模型

新雇员替代。新雇主替代倒闭的雇主并创造就业空缺,其他雇主设置空缺以替代离职的人员,所以劳动力总供给等于总需求。如前文所述,雇主利用求职者填补职位空缺。匹配过程完成后,部分求职者会找到新的工作,而另一部分则会失业。和之前一样,只有在匹配过程完成后仍然找不到工作的求职者,才会被视为失业者。这表明,在一个季度内从就业转为失业但又转回就业状态的人不会出现在失业统计中,正如 LFS 的流量数据所示。

　　动态过程必须经过"磨合"(run-in)才能稳定。除了季度数、磨合时间和运行次数以外,建模者还像先前那样设定工资灵活度以及三个概率:

- 雇员离职的概率;
- 就业雇员退出劳动人口的概率;
- 失业雇员退出劳动人口的概率。

　　除了被裁员,雇员离职的概率还包含不经失业状态的直接跳槽,因此此概率会比图 7.3 所示更高。如前所述,Gomes(2009)估计平均每季度有 2.9% 的在职雇员直接跳槽。但这个估计基于 2008 年危机前的数据,并且公认的是,当失业率较高时人们不太可能自愿离职。因此除了退休之外,雇员退出劳动人口的概率——无论之前是就业还是失业——以及雇主倒闭的概率可能低于图 7.3 中的示例。

尽管工资的灵活性受到限制,但是模型的确能让雇员在不同工作之间流动。例如,如果一个雇员跳槽三次,每次工资提高 10%,则其工资将会比最初高三分之一。但所有在职雇员的总体平均工资仍保持在 100 左右。

模型的详情见附录 7.A。

7.2.4　结果

经过测试,磨合期被选定为 100 个季度,以确保系统稳定。结果取自随后 100 个季度的平均值。即模型运行 200 个季度。

为了测试这个模型以确保其实现设计者的意图,模型包含一个"同质"情境。在此情境下,所有雇主都相同,都拥有 10 名雇员(即平均规模),所有雇员也都相同。雇员会退休,雇主也会倒闭,但每个人都能在本季度找到工作,所以失业率为零。

为了应对更现实的情景,我们试图重现经济平稳时期英格兰东南部的失业情况,因此我们研究的区间为 2009—2013 年,见图 7.7 和专栏 7.11。

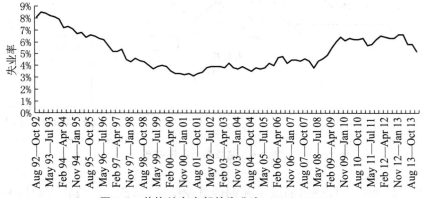

图 7.7　英格兰东南部的失业率:1992—2013

资料来源:ONS(2014)。

专栏 7.11　自 2009 年起的失业数据

失业率(%):英格兰东南部*,从 2009 年 5 月到 2013 年 10 月

季度数	21
平均	6.1
最大	6.6
最小	5.2
区间	1.4

注:* 吉尔福德的数据不可得。
资料来源:ONS(2014)。

每季度的风险率(%):英国*,2009 年第二季度到 2013 年第三季度

		均值/标准差			
		从			
	就业		失业		非经济活动
到					
就业			22.2	(*1.2*)	4.8 (*0.4*)
失业	1.5	(*0.1*)			5.7 (*0.3*)
非经济活动	1.8	(*0.2*)	15.9	(*1.4*)	

注:*吉尔福德以及英格兰东南部的数据不可得。
资料来源:ONS(2013c)。

表 7.2 显示了运行 30 次仿真的主要结果以及背后的假设。工资灵活性越高,失业率就越低,长期失业者占所有失业者的比例也越低,从失业状态回归就业的概率就越大,这些都符合预期。但是在模型中,离职的雇员越少,失业率就越高。这是因为就业市场的活动较少,因此就业机会也较少,找到合适工作的可能性也较低。在有限的工资灵活性和 2%—3% 的离职率下,运行结果似乎最接近专栏 7.11 的观察值:失业率约为 6%,从失业到就业的风险率约为五分之一。但模型得出的长期失业比例低于观察值。

表 7.2　简单劳动市场模型的结果

假设
每季度从就业状态退出劳动人口的比例
每季度从失业状态退出劳动人口的比例
关键结果(运行 30 次)

					均值(标准差)
	离开工作的雇员的比例*				
	1	2	3	4	5
工资灵活性:最大工资增幅:5%,最大工资降幅:0					
失业率(%)	5.98(*0.35*)	5.84(*0.29*)	5.49(*0.38*)	5.49(*0.21*)	5.46(*0.32*)
长期失业率(%)	23.46(*1.17*)	21.77(*1.19*)	20.16(*1.08*)	18.98(*1.32*)	17.91(*1.30*)
风险率:U 到 E(%)	18.14(*0.92*)	19.91(*0.89*)	21.90(*0.99*)	23.04(*1.14*)	24.63(*1.28*)
工资灵活性:最大工资增幅:10%,最大工资降幅:10%					
失业率(%)	2.31(*0.21*)	2.16(*0.20*)	2.0(*0.21*)	1.85(*0.20*)	1.77(*0.22*)
长期失业率(%)	13.01(*2.89*)	12.09(*2.94*)	11.31(*2.36*)	11.99(*3.14*)	11.73(*2.52*)
风险率:U 到 E(%)	34.98(*3.19*)	38.1(*3.33*)	40.68(*3.24*)	41.72(*4.21*)	43.41(*3.81*)

注:*包含退休和雇主倒闭。

7.3 讨论

我们提出一个简单的模型以说明劳动市场背后的动态过程,但该模型所需的明确假设有很多:

- 以职位数量和雇员数量来衡量,供给和需求保持不变且初始为均衡状态,即充分就业。
- 工资服从对数正态分布,以反映在吉尔福德地区所观察到的数据。
- 雇主规模的分布服从指数为−1的幂律分布,以反映在吉尔福德地区所观察到的值。
- 雇主的"死亡率"为每季度2家,由模型随机选择。
- 雇员在20—60岁之间平均分布,60岁的人退休,并由20岁的雇员代替。
- 除了退休和雇主倒闭之外,雇员们也会被随机选中而离职。
- 工作搜寻由雇主发起,最高薪工作首先被填补。
- 雇主不会改变他们的工资报价。
- 在工作搜寻过程中,雇员之间只有工资的区别。
- 雇员是工资的接受者。

另外,还有隐含的假设。例如:

- 雇员可以选择不工作,这就暗示他们具有某些维持生计的手段,可能是个人财产或者政府福利。
- 劳动市场是孤立的,因此雇员必须在其内部寻找工作。
- 模型中没有周期性失业。

建模者只需设定5个参数:

- 雇员离职并寻找新工作的概率。
- 雇员从在职或失业状态转向非经济活动状态的概率。
- 工资灵活性的程度:工资所允许的最大增幅和最大降幅。

雇主和雇员都没有明确地进行最优化。雇主只是试图保有合意的劳动力,雇员试图获得特定范围内的工资。尽管如此简单,但模型依然可以重现近年来吉尔福德和英国东南部的失业情况。此外,对仿真范例的检查表明(图7.8),失业率也存在波动,显示即使对雇员的总需求没有变化,周期性依然存在。这些波动并非由需求变化导致的"周期性失业",而是在"呈现周期性"意义上的周期性失业。观察到的失业是摩擦性和结构性的,完全源自错配和异质性。

当然,这只是个简单的模型,因此实验结果无法非常贴合观察值。雇员之间只有一种差异,即工资。模型并未考虑年龄、性别、教育水平或者失业时间,特别是没有考虑到长期失业者重返工作职位的机会与其他失业者相比较低,因此模型会低估长期失业者的比例则在预料之中。增加这些特征会使模型变得极为复杂,也会需要更多假设。而本节旨在创建最简单的模型,以体现劳动市场的基本动态。

有人说,该模型不过生成了一条带有一些随机变化的直线,更简单的模型同样也能与数据匹配,但是更简单的模型无法模拟劳动市场背后的复杂流动。想想天鹅(不论黑色还

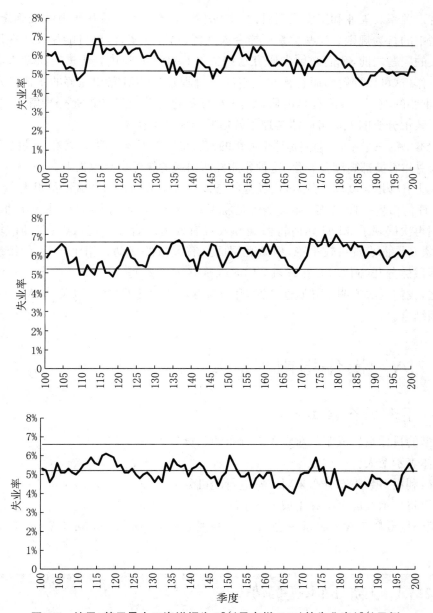

图 7.8 结果:基于最大工资增幅为 5%(见专栏 7.11)的失业率(%)示例

注:细线表示观察到的失业率范围。

是白色)滑过湖面,其水下的湍流并不可见,但我们如果不理解鹅掌拨水的动态,就无法理解天鹅为何能够滑行。

尽管我们致力于"保持简单",但编程已经相当复杂,凸显出对劳动市场进行建模需要的细节程度。确定模型实际在做什么至关重要,这不仅仅是验证和确认的问题,而且是对任何特定经济活动进行建模时,如何恰当评估不同建模方法的影响的问题。仅仅说"我们可以匹配这些观察结果"是不够的。特定的观察值往往可以用多种方式进行匹配。如我们在图 7.5 中所展示的,对于工作搜寻所采用的简单建模方法如何得出工资增幅和失业率之间的特定关系。失业和工资灵活性之间的幂律和半对数关系并非由编程确定,而是涌现自模型中的行为规则。这些关系可能令人满意、贴近现实,但也可能相反。在用模型来回答更大的问题之前,我们必须先研究这些关系。对于那些热衷于进行激动人心的政策导向的工作(这可以理解),而忽视对基本经济过程建模的研究和理解的主体基建模者来说,这是重要的教训。要在公认的假设之上构建经过充分测试和被充分理解的组件,使得将其用于政策分析的人员可以清楚地了解他们的模型正在做什么。

回到本书的三个主题,即使是这个简单的模型也展现了异质性、动态和互动的重要性:

- 雇主和雇员都高度差异化,这种异质性所引起的错配会导致失业。
- 劳动市场是高度动态的:进出就业状态以及进出劳动人口的流量都很大。
- 与任何市场一样,买家(本案例中是雇主)和卖家(本案例中雇员)进行互动。

我们再次展现了 ABM 如何将微观和宏观有效地结合在一起,这对劳动市场尤其重要,因为宏观层面表现得较平稳,但微观层面具有大量的活动。相比之下,传统教材将微观和宏观截然分开(例如 Begg et al., Chapters 10 and 23)。

总之,我们再次说明了异质性、动态和直接互动建模的重要性,以及 ABM 如何将微观和宏观相结合。

附录 7.A　操作指南

7.A.1　工资分布模型

目标:模型的目标是生成服从对数正态分布的工资分布。

实体:主体表示个人。

随机过程:利用对数正态分布来对工资进行随机分配。

结果:结果将显示在屏幕上并生成 csv 文件。

伪代码见专栏 7.A.1,截屏见图 7.A.1。完整代码见网页:Chapter 7-Wage Distribution Model。

专栏 7.A.1　工资分布模型的伪代码

```
Create 1000 workers.
Repeat 100 times:
    Allocate wages.
    Allocate a wage drawn randomly from a log-normal distribution to workers.
    Calculate the average wage and normalise it to 100.
    Recalculate workers' wages.
Data collection:
    Record the key points on the wage distribution: bottom decile, bottom 20%, bot-
        tom 40%, median, bottom 60%, bottom 80% and top decile.
```

> For each，calculate the cumulative difference squared from the target(to measure goodness of fit).
>
> Collect the data for each run.
>
> Take the averages over the 100 runs.
>
> Plot the wage distribution for all runs.
>
> Plot the results of the model against the target over 100 runs.
>
> Send the output to a csv file.

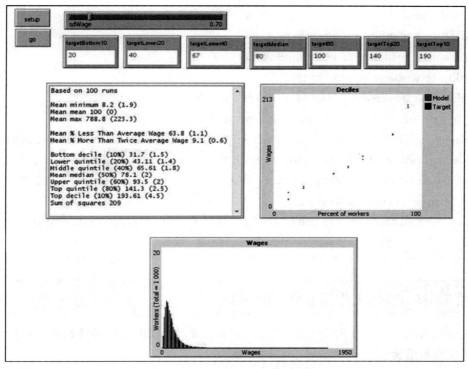

图 7.A.1　工资分布模型的截屏

探索工资分布模型:

利用滑块生成不同的分布。

7.A.2　工作寻索模型

目标:为工作搜寻建模。

实体:两类主体:雇主和雇员。

随机过程:工资分布、把雇员与雇主匹配以及对求职者的选取。

初始化:建模者选择求职者的数量,并选择工资灵活性的水平(确定所有求职者能接受的最大工资涨幅和最大工资降幅)。

结果:结果将显示在界面上并生成 csv 文件。

伪代码见专栏 7.A.2。工作搜寻模型涉及部分很复杂的编程,如何确保模型能实现我们的意图? 专栏 7.A.3 解释了该如何验证模型。截屏见图 7.A.2。完整代码见网站: Chapter 7-Job Search Model。

专栏 7.A.2　工作搜寻模型的伪代码

Create a world 315×315.

Create 1000 agents to represent workers and 100 to represent employers and distribute them randomly across the world.

For each run:

　　Allocate a wage to each worker.

　　Allocate a firm size to each employer.

　　Allocate workers to employers.

　　Select the required number of workers to seek new jobs.

　　The employers of the job-seekers create vacancies.

Vacancies are filled, starting with the best paid and working down the wage distribution. Employers fill their vacancies with the highest paid eligible worker.

Verification checks are carried out(see Box 7.A.4)

Data from each run is collected.

Means over all the runs are calculated and shown on the screen and printed to a csv file.

专栏 7.A.3　验证工作搜寻模型的注解

要测试模型是否按设计运行,模型就需要包含对微观和宏观层面的一系列检查:

在微观层面:

雇员:

● 求职者是否获得超范围的工资增长? 如果是,则对工资限制的建模有误。

● 是否有任何雇员被上一任雇主重新雇佣? 这种情况不应发生,否则求职者只需简单地回到刚刚离开的职位即可。

雇主:

● 雇员和空缺之和,是否等于雇主的规模? 是否存在任何雇主,其未能填补的空缺和新雇员之和不等于原有的空缺? 如果是,则对雇佣过程的建模有误。

在宏观层面:

● 总空缺数是否等于无雇主的雇员的总数? 如果不是,则有误,因为模型设定劳动力总需求等于总供给。

● 新雇员的总数是否等于刚找到工作的雇员数之和? 如果不是,则对雇佣过程的建模有误。

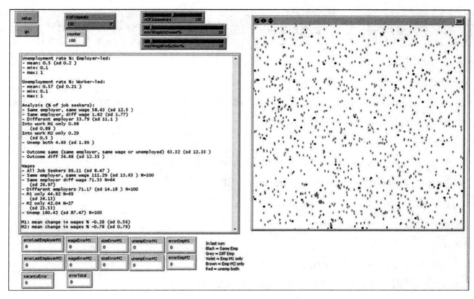

图 7.A.2　工作搜寻模型的截屏

探索工作搜寻模型

利用滑块检验不同水平的工资灵活性的影响。

进阶探索(需要修改程序)：

- 如果搜寻过程不以最高工资的职位空缺或求职者开始会如何？
- 设计不同的工作搜寻机制。

7.A.3　吉尔福德劳动市场模型

目标：基于吉尔福德的一个简单的劳动市场模型。

实体：两类主体：雇主和雇员。

随机过程：工资分布、年龄分布、将雇员与雇主匹配、对求职者的选取以及对退出劳动人口的雇员的选取。

初始化：

- 工资灵活性，同工作搜寻模型。
- 一名雇员离职(除因公司倒闭而失业外还包括在工作之间跳槽而不经历失业)的概率。
- 除退休外，就业雇员退出劳动人口的概率。
- 除退休外，失业雇员退出劳动人口的概率。
- 季度数和磨合时间。
- 运行次数。

结果：结果将显示在界面上并生成 csv 文件。首次实验的绘图会生成另一个 csv 文件。

伪代码见专栏 7.A.4，截屏见图 7.A.3。完整代码见网站：Chapter 7-Guildford Labour Market Model。

专栏 7.A.4　吉尔福德劳动市场模型的伪代码

Create a world 315×315.

For each run：

Create 1000 agents to represent workers and 100 to represent employers and distribute them randomly across the world.

Workers are allocated：

- A wage-see wage distribution model above.
- An age，distributed evenly between 20 and 59.75.

Allocate a firm size to each employer.

Allocate workers to employers.

Dynamics：

Clear past records as appropriate.

Employers 'die' making their workers redundant.

New employers are created with vacancies at wages selected from the log-normal distribution. Workers age and retire if aged 60 and are replaced by 20-year-olds.

Workers leave their job to seek new jobs：number set by slider.

Workers leave the labour force：numbers set by sliders.

All those who leave the labour force are replaced by new workers，who are allocated awage at random from the log-normal distribution.

Employers create vacancies to replace the workers who have left，offering the same wage as paid to those who have left.

Employers fill vacancies，as in the job search model.

Data collection at the end of the quarter：

- The unemployment rate and various flows are measured.
- The overall wage level is also monitored.
- Averages are collected.

Data from each run is collected.

When all runs are completed，means over all the runs are calculated and shown on the screen and printed to a csv file.

探索吉尔福德劳动市场模型

利用滑块检验不同水平的工资灵活性和流动的影响。

进阶探索（需要修改程序）：

- 允许雇主偏好新近离职者，歧视长期失业者。
- 让离职的概率取决于年龄。
- 添加教育水平。
- 把由雇主主导的工作搜寻机制替换为由雇员主导的机制。
- 允许雇员在提交辞呈之前搜索工作，即职位空缺的创造有时滞。

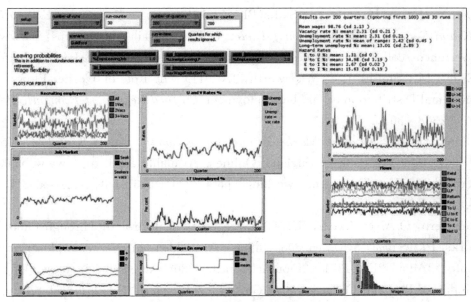

图 7.A.3 吉尔福德劳动市场的模型

参考文献

Axtell，R. L.（2001）Zipf Distribution of U. S. Firm Sizes. *Science*，293（5536），pp.1818—1820.

Axtell，R. L.（2013）*Endogenous Firms and Their Dynamics*. Presented at ESRC Conference on Diversity in Macroeconomics：New Perspectives from Agent-based Computational，Complexity and Behavioural Economics 24—25 February 2014，University of Essex［Online］. Available at：http://www.acefinmod.com/docs/ESRC/Axtell-Firms.pdf［Accessed 28 December 2014］.

Bank of England（2013）*Forward Guidance*（7 August）［Online］. Available at：http://www. bankofengland. co. uk/monetarypolicy/pages/forwardguidance. aspx［Accessed 3 January 2015］.

Begg，D.，Vernasca，G.，Fischer，S. & Dornbusch，R.（2011）*Economics*. Tenth Edition. London：McGraw-Hill Higher Education.

Bersini，H.（2012）UML for ABM. *Journal of Artificial Societies and Social Simulation*，15（1），9［Online］. Available at：http://jasss. soc. surrey. ac. uk/15/1/9. html［Accessed 3 January 2015］.

Clegg，R.（2012a）*Interpreting Labour Market Statistics*. Office for National Statistics［Online］. Available at：http://www.ons.gov.uk［Accessed 17 July 2014］.

Clegg，R.（2012b）*Guide to Labour Market Statistics*. Office for National Statistics［Online］. Available at：http://www.ons.gov.uk［Accessed 17 July 2014］.

Department for Business and Skills(BIS)(2013) *Business Population Estimates for the UK and Regions 2013. Additional Tables*[Online]. Available at: https://www.gov.uk/government/collections/business-population-estimates[Accessed 3 January 2015].

Elsby, M., Smith, J. & Wadsworth, J.(2011) The Role of Worker Flows in the Dynamics and Distribution of UK Unemployment. *Oxford Review of Economic Policy*, 27(2), pp.338—363.

Gomes, P.(2009) *Labour Market Flows: Facts from the United Kingdom*. Working Paper, 367. London: Bank of England[Online]. Available at: http://www.bankofengland.co.uk/research/Documents/workingpapers/2009/wp367.pdf[Accessed 3 January 2015].

Guerrero, O.A. & Axtell, R.L.(2013) Employment Growth Through Labor Flow Networks. *PLOS One*, 8(5), e60808[Online]. Available at http://www.plosone.org/article/info%3Adoi%2F10.1371%2Fjournal.pone.0060808[Accessed 3 January 2015].

Guildford Borough Council(2009) *Guildford Economic Development Study*. Prepared for the Guildford Borough Council and Guildford Business Forum, Department of Economics of the University of Surrey[Online]. Available at: http://www.guildford.gov.uk/CHttpHandler.ashx?id=5581&p=0[Accessed 3 January 2015].

H.M. Government(1944) *Employment Policy*. Ministry of Reconstruction. Cmnd, 6527. London: HMSO.

Lewkovicz, Z., Domingue, D. & Kant, J.D.(2009) An Agent-based Simulation of the French Labour Market: Studying Age Discrimination. *The 6th Conference of the European Social Simulation Association*, Guildford[Online]. Available at: http://www-desir.lip6.fr/~sma-site/seminaires/Exposes/ZL_DD_JDK.pdf[Accessed 3 January 2015].

Marshall, A.(1890/1920) *Principles of Economics*. London: Macmillan & Co. Ltd.[Online]. Available at: http://www.econlib.org/library/Marshall/marP27.html#IV.XIII.9[Accessed 3 January 2015].

Newman, M.E.J.(2005) Power Laws, Pareto Distributions and Zipf's Law. *Contemporary Physics*, 46(5), 323—351[Online]. Available at: http://arxiv.org/pdf/cond-mat/0412004.pdf[Accessed 3 January 2015].

NHS(2015) *NHS in England*[Online]. Available at: http://www.nhs.uk/NHSEngland/thenhs/about/Pages/overview.aspx[Accessed 23 March 2015].

Office for National Statistics(ONS)(2012) *Business Demography, 2011*. [Online] Available at www.ons.gov.uk[Accessed 30 January 2013].

Office for National Statistics(ONS)(2013a) *Labour Market Statistics, August 2013*[Online]. Available at: http://www.ons.gov.uk/ons/rel/lms/labour-market-statistics/august-2013/statistical-bulletin.html[Accessed 3 January 2015].

Office for National Statistics(ONS)(2013b) *Annual Survey of Hours and Earnings*

〔Online〕. Available at：http：//www. ons. gov. uk/ons/rel/ashe/annual-survey-of-hours-and-earnings/index. html〔Accessed 19 March 2013〕.

Office for National Statistics(ONS)(2013c) *Full Report： Moving Between Unemployment and Employment* 7 November〔Online〕. Available at：http：//www.ons.gov.uk 〔Accessed 26 March 2013〕.

Office for National Statistics(ONS)(2013d) *UNEM01： Unemployment by Age and Duration*〔Online〕. Available at：http：//www.ons.gov.uk〔Accessed 22 September 2013〕.

Office for National Statistics(ONS)(2014) *NOMIS： Official Labour Market Statistics*〔Online〕. Available at：http：//www.nomisweb.co.uk/〔Accessed 26 March 2013〕.

Rogerson，R. & Shimer，R.(2010) *Search in Macroeconomic Models of the Labor Market.* Working Paper，15901. Cambridge，MA：National Bureau of Economic Research〔Online〕. Available at：http：//www. nber. org/papers/w15901〔Accessed 24 September 2013〕.

Royal Surrey County Hospital NHS Foundation Trust(2013) *Annual Report and Accounts for the Period 1 April 2012 to 31 March 2013*〔Online〕. Available at：http：//www.royalsurrey.nhs.uk/〔Accessed 11 March 2014〕.

Smith，J.C.(2011) The Ins and Outs of Unemployment. *The Economic Journal*，121，402—444.

Tam，H.(2010) Characteristics of the Underemployed and the Overemployed in the UK. *Economic & Labour Market Review*，4(7)，8—20.

Tesco(2014) *Tesco UK—About Us*〔Online〕. Available at：http：//www. tescoplc. com/index.asp?pageid=282〔Accessed 3 January 2015〕.

University of Surrey(2013) *University of Surrey Financial Statements 2012—2013* 〔Online〕. Available at：http：//www. surrey. ac. uk/about/.../university_of_surrey_accounts_2012-13.pdf〔Accessed 11 March 2014〕.

Varian，H.(2010) *Intermediate Microeconomics.* Princeton：Princeton University Press.

►8

国际贸易

8.1 引言

"考古学的证据显示,我们的祖先在几万年以前的冰河世纪就已经开始贸易。考古学家在克罗马农人的遗址里……发现了波罗的海的琥珀、地中海的贝壳,它们随着贸易深入到千里之遥的内陆"(Diamond,2012,p.60)。时至今日,国际贸易已是世界经济健康运行的关键。2012 年,OECD 的出口占其 GDP 的比例已达 29%,在英国,出口占其 GDP 的比例为 32%。但不同国家之间差异很大,见表 8.1。在表的最上方,美国和日本是相对封闭的经济体,国际贸易的占比较低;而在另一边,荷兰和比利时开放程度就非常高。

表 8.1　2012 年物品和服务的国际进出口占 GDP 比重(%)

	进口	出口
美　国	17	14
日　本	17	15
希　腊	32	27
中　国	25	27
英　国	34	32
瑞　士	42	52
德　国	46	52
荷　兰	80	88
比利时	85	86
欧元区	43	46
全欧洲	43	45
OECD	30	29

资料来源:OECD(2014a)。

国际贸易的研究领域非常广泛,如国家之间为何贸易以及如何开展贸易等。本章我们着重研究汇率(exchange rates),特别是英镑、美元和欧元。我们先从一个简要的介绍开始[更基础的解释见 Begg 等人(2011);进阶的材料见 Feenstra 和 Taylor(2011);针对欧元区的研究见 Baldwin 和 Wyplosz(2012)]。

8.1.1 汇率的定义

汇率是以其他货币来表示的一种货币的价格。我们首先解释名义汇率（nominal exchange rates）的表示方法，以及有效汇率（effective exchange rates）和实际汇率（real exchange rates）的计算方法。

名义汇率

术语"汇率"表示两种货币之间的兑换比例。汇率可以用两种方式中的任意一种来表示，见专栏8.1。明确使用哪种比率非常关键。本章使用的缩写，如€/£（欧元/英镑），表示1英镑可以购买的欧元的数量。这也是人们在旅行时使用的汇率。

专栏 8.1　汇率的定义

让我们以欧元和英镑之间的汇率为例：

● 本国货币的国际价格，是每单位本国货币所能兑换的外币的数量：如对于英国居民而言是 1.3 欧元/英镑。

● 外币的国内价格，是每单位外币所能换取的本货的数量：如对于英国居民而言是 1 英镑/1.3 欧元，或者 0.77 英镑/欧元。

举例：

● 英国从德国进口一辆汽车，价格为 30 000 欧元。

汇率是外币在英国国内的价格：0.77 英镑/欧元

这辆车在英国的价格为 30 000 欧元×0.77＝23 100 英镑

● 德国从英国进口一辆汽车，价格为 23 100 英镑。

汇率是英国货币的国际价格：1.3 欧元/英镑

这辆车在德国要花费 23 100 英镑×1.3＝30 000 欧元。

［更多细节见 Begg 等人（2011，pp.549—550）以及 Feenstra 和 Taylor（2011，pp.422—425）。］

有效汇率

但由于国家之间总是进行多边贸易，因此两种货币之间的汇率能为经济分析提供的信息很有限。有效汇率则考虑了多边贸易，这是以两国间贸易水平为权重的一篮子汇率的平均值，因此可以衡量一种货币的总体购买力。当然，贸易的模式时刻发生变化，所以有效汇率也会随着权重的变化而改变［关于有效汇率的更多信息见 Begg 等人（2011，pp.551—552）和英格兰银行（2014）］。

实际汇率

我们在前文讨论了名义汇率。相对的，把两国境内的一篮子物品和服务的价格用同一种货币来表示，并在此基础上进行比较就得到实际汇率。实际汇率取决于各国内部的价格以及名义汇率。如果一个国家的实际汇率下降，那么这个国家的竞争力就会上升，因为其物品在外国买家眼中降价了。这可能是源于出口国价格下降、贸易伙伴国价格上涨，或者名义汇率下降。如果一国价格上涨，实际汇率不变，那么汇率必定下降，使得该国货币只能购买更少的他国货币，见专栏8.2。

专栏8.2　实际汇率的计算

实际汇率的定义如下：

$$\frac{\text{本国价格} \times \text{国际价值名义汇率}}{\text{外国价格}}$$

假设一篮子物品在英国价值100英镑，在欧元区价值125欧元，并且国际汇率是1.3欧元/英镑。

以欧元来表示，实际汇率就是：

$$\frac{\text{一篮子物品在英国的价格（以欧元表示）}}{\text{一篮子物品在欧元区的价格（以欧元表示）}} = \frac{100 \text{英镑} \times 1.3}{125 \text{欧元}} = 1.04$$

以英镑来表示，实际汇率就是：

$$\frac{\text{一篮子物品在英国的价格（以英镑表示）}}{\text{一篮子物品在欧元区的价格（以英镑表示）}} = \frac{100 \text{英镑}}{125 \text{欧元} \times 0.77} = 1.04$$

如果英国的价格水平上涨10%，其他条件保持不变，那么实际汇率就会提高大约10%，这会使英国的竞争力下降：

$$\frac{110 \text{英镑} \times 1.3}{125 \text{欧元}} = 1.14$$

名义汇率需要下降大约10%到1.18欧元/英镑，才能恢复原来的实际汇率：

$$\frac{110 \text{英镑} \times 1.18}{125 \text{欧元}} = 1.04$$

名义汇率的这种变化表现为英镑的贬值，它会通过降低英国物品在欧元区的价格以及增加英国从欧元区进口物品的成本来改善英国的贸易差额（balance of trade）。

［更多信息，见 Begg et al.(2011, pp.556—557)或者 Feenstra 和 Taylor(2011, pp.462—463)。］

8.1.2　购买力平价

如果实际汇率大于1，则这种货币"被高估"；若实际汇率小于1，则"被低估"（见专栏8.2）。若实际汇率等于1，该货币就达到购买力平价（purchasing power parity，PPP）。换言之，当用同一种货币来衡量时，一篮子物品在两个国家的价格相等，这种情况就被称为PPP。从数学的角度看，两国间货币的名义汇率等于两国价格之比，即为PPP。PPP原理指出，市场的力量会让贸易国之间的价格随时间趋于一致。专栏8.3给出进一步的解释，并提供一个示例。

专栏 8.3　购买力平价

$$真实汇率＝\frac{国内价格×国际价值名义汇率}{国外价格}$$

令真实汇率为 1,整理得:

$$国际价值名义汇率＝\frac{国外价格}{国内价格}$$

例如,如果一篮子物品在英国价值 100 英镑,在欧元区价值 120 欧元,当英镑的国际价值名义汇率为 1.2 时,它就达到了 PPP,这被称为 PPP 汇率。

(更多信息见 Begg et al., 2011, p.557。)

PPP 的概念很有用,因为如果价格会趋同,那么实际汇率会趋向 1,则 PPP 就可以被用来预测未来的汇率。但证据表明实际汇率的短期波动非常剧烈(见专栏 8.4)。短期内,相对价格水平和汇率可以发生 20% 甚至更大的波动。引发波动的原因有很多:例如并非所有物品都可供贸易、存在物流成本以及合约价格的调整需要时间。收敛到 PPP 的过程非常缓慢,速度是每年约 15%(Feenstra and Taylor, 2011, pp.466—468; Rogoff, 1996)。

专栏 8.4　比较价格水平

表格展示了部分 OECD 国家的比较价格水平(CPL)的月度估计值,并以此来衡量国家之间的价格水平的差异。CPL 的定义是私人最终消费支出的 PPP 与汇率的比值。每一列的数字表示在对应的国家需要多少单位的指定货币才能购买同样的具有代表性的一篮子物品和服务。每种情况下代表性篮子的价格都是 100 单位的该国货币。

CPL 的示例:2014 年 9 月

国家/货币	德国	希腊	荷兰	英国	美国
	欧元	欧元	欧元	英镑	美元
德国	100	114	94	83	106
希腊	87	100	81	73	92
荷兰	108	123	100	90	114
英国	120	137	111	100	127
美国	95	108	88	79	100

资料来源:基于 OECD(2014b)的数据。

英国和美国价格的比较

在英国列,美国对应的数字是 79,这表示在英国价值 100 英镑一篮子物品和服务,在美国花费 79 英镑才能购买到。相对地,美国列显示,在美国价值 100 美元的一篮子物品和服务,在英国花费 127 美元才能购买到。这表示要达成 PPP,汇率应该是 1.27 美元/英镑。实际上,该月的日均即期汇率是 1.63 美元/英镑(Bank of England, 2014)。

欧元区价格的比较

在英国列,德国对应的数字是 83,这表示在英国价值 100 英镑的一篮子物品和服务,在德国花费 83 英镑才能购买到。相对地,在德国价值 100 欧元的一篮子物品在英国花费 120 欧元才能购买到。这表示要达成 PPP,汇率应该是 120 欧元/英镑。实际上,该月的日均即期汇率是 1.267 8 欧元/英镑(Bank of England,2014),和 PPP 汇率非常接近。

但是希腊的情况就非常不同:在希腊,你要花费 73 英镑来购买在英国价值 100 英镑的一篮子物品和服务,这意味着 PPP 汇率是 1.37 欧元/英镑。但同在欧元区内,希腊和德国的汇率都是 1.267 8 欧元/英镑。

希腊的价格明显较低,但荷兰的价格就较高:在荷兰价值 100 欧元的一篮子物品和服务,在德国价值 93 欧元,而在希腊价值 81 欧元。虽然德国、希腊和荷兰三个国家都在欧元区内,但是价格却有显著的差异。

8.1.3　利率平价

正如贸易能使得价格在各国之间趋同,资本自由流动也会使得国家之间的利率趋同。在资本自由流动的情况下,投资者会把资金投入回报率最高的地方。如果一个国家的利率较高,资金会流入该国,从而导致汇率上升。一旦汇率提高到一定程度,预期的未来贬值会抵消投资周期内高利率带来的收益,那么利率平价(interest rate parity)就会达成,资本流入就会停止。所以当投资者考虑将资金投入另一种货币时,他们就必须考虑汇率变化的可能。例如,若投资者投资外国的回报率是 4%,投资本国的回报率只有 2%,只要他们预计汇率的变化不会耗尽高利率带来的收益,那么他们就会转移资金,市场会迅速达成利率平价[更多信息见 Baldwin 和 Wyplosz(2012,p.363);Begg et al.(2011,pp.561—562)]。

8.1.4　汇率制度

货币供给和需求之间的相互作用决定了汇率,而其具体运作则取决于所采用的汇率制度。汇率政策(exchange rate regimes)的选项可以被总结成著名的"三元悖论"(the Trilemma)。要实现金融稳定,一个国家能且只能在以下 3 个选项中选择 2 项:

- 固定汇率;
- 设定利率;
- 允许资本自由流动。

如果一国政府试图同时实现三者,如 1992 年的英国政府,那么一场金融危机将在所难免。当时的英国政府试图实现一个半固定的汇率,将英镑和欧洲汇率机制(ERM,即欧元的前身)挂钩,自己设定利率,并允许资本自由流动。事实证明这不可维持,英国只能脱离 ERM。

2014 年,英国、欧元区和美国允许汇率浮动,也允许资本自由流动。对其运作的简单解释如下。例如,一家英国公司想要从德国进口一辆汽车,德国的出口商希望接收欧元,所以英国公司要把英镑换成欧元,即买入欧元。相对地,德国公司想要从英国进口机器就要用欧元换英镑,即买入英镑。但是由于资本自由流动的存在,对货币的需求和供给并不只受贸易的影响,也受资金流动的影响。投资者在全球寻找最佳回报。因此,若一名英国投资者想购买美国的长期国债,投资者会用英镑买入美元,这增加了对美元的需求。因此对一种货币的需求取决于想要从该国进行采购或者对该国进行投资的人,而供给则取决于该国的买家以及希望在海外进行投资的人。买卖双方在外汇市场齐聚一堂,这是"世界上规模最大且最具流动性的市场之一"。市场决定"即期"(spot)价[也被称为"定价"(fixes)],以确定两种货币之间的相对价格。40％的国际外汇交易在伦敦进行(FCA,2014)。

在浮动汇率下,任何经常账户(current account)的赤字都会被金融账户(financial account)中的资本流动抵消,正如英国的情况(见专栏8.5)。如果一国产生了贸易赤字,央行可以通过提高利率吸引资本流入的方法来平衡账目。总的来说,在浮动汇率和资本流动的情况下,一国央行可以决定利率,而汇率则由市场决定。但从2008年到2014年,包括英国、欧元区和美国在内的许多国家为了刺激经济,已将其利率设为接近0,因此利率已不再能被用作管理汇率的政策工具(更多有关该主题的信息见Feenstra and Taylor,2011,pp.519—521 and pp.687—691)。

专栏8.5 英国的国际收支(balance of payments)

国际收支可以被分为三个部分:
- 经常账户:物品和服务的进出口,以及在国外投资的收益。
- 资本账户(capital account):固定资产、无形资产(例如专利)和一些其他项目的转移。
- 金融账户:股票、证券和其他金融资产的交易(ONS,2014a)。

按照定义,在浮动汇率下,国际收支必然平衡。在英国,资本账户非常小,经常账户的赤字被金融账户的盈余抵消。换言之,英国的进口多于出口,并且通过出售金融资产来支付。

重要的一点是,经常账户盈余实际上只表示两个巨大数字之间的差额十分微小:2013年,英国物品和服务的出口价值5 110亿英镑,进口价值5 430亿英镑,两者都约为GDP的三分之一,见表8.1。因此,贸易差额,即这两个数字之差,是-3 200万英镑,只占GDP的1.8％。经常账户的其余部分为-4 000万英镑,属于净投资收益(net investment income)等项目。

2013年英国的国际收支

		百万英镑
经常账户余额		
商品和服务的出口	511 275	
商品和服务的进口	543 375	
贸易差额		-32 100
其他变化		-40 295
经常账户		-72 395
资本账户		530
金融账户		62 592
净误差和遗漏		9 273
合计		0

资料来源:ONS(2014b)。

曾几何时,西方经济体更多采用固定汇率。从第一次世界大战到20世纪20年代和30年代早期,很多国家采取金本位制度。在此制度下,货币的价格以黄金来表示,且资本流动没有限制。因为货币必须由黄金支撑,所以央行无法通过调整货币供给来决定利率。

第二次世界大战之后,金本位制度被布雷顿森林协定所取代,这个体系一直延续到1970年代早期。尽管存在非经常性的法定升值(revaluation)或者法定贬值(devaluation),但汇率是固定的。如果汇率固定且允许资本自由流动,随着投资者在全球寻找最佳回报,一国的利率将由市场决定。若国家想要在固定汇率的同时决定利率,则在布雷顿森林协定下资本流动会受严格的限制。央行必须通过买卖本币来确保市场出清。

尽管欧元作为一个整体是浮动的,但是欧元区成员国的情况则各不相同,因为它们之间的汇率是固定的。一个欧元区国家必须接受在市场上通过浮动欧元决定的任何价格,而这个价格由欧元区其他所有国家的状况共同决定。欧洲央行为整个欧元区设定一个利率,资本可以自由流动。因此欧元区国家只可以用剩下的财政政策——公共支出和税收——来管理他们的经济。

图8.1总结了3个选项以及曾被采用过的几种体系[更多关于汇率制度和三元悖论的信息见Begg等人(2011,Chapter 29)以及Feenstra和Taylor(2011,pp.540—544),欧元区则可参考Baldwin和Wyplosz(2012,pp.361—363 and pp.380—381)]。

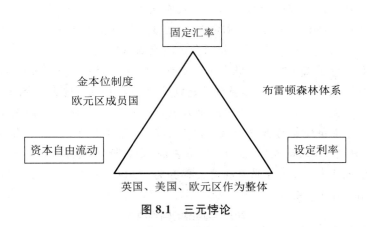

图8.1　三元悖论

8.1.5　英镑、美元和欧元的经验

基本面稍有变化,浮动汇率就会起伏不定,短期之内尤甚(Cheung et al.,2004;Feenstra and Taylor,2011,p.530)。图8.2显示了英镑、欧元和美元之间汇率的波动。上半部分显示自1999年以来即期汇率的年度均值的波动情况。

● 欧元/英镑的汇率从1.6左右跌至1.2左右。这个下跌被称作英镑对欧元的贬值(也是欧元的升值),同时也表明英国的商品在欧元区更便宜,但是欧元区的商品(以及假期)对于英国居民来说更加昂贵了。

● 美元/英镑的汇率在1.44和2.00之间波动。

自 1999 年以来，美元和欧元的年均即期汇率

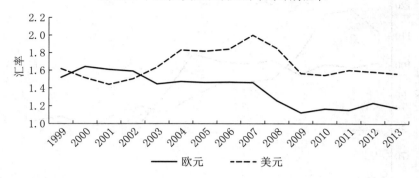

2013 年的即期汇率

欧元　　　　　　　　　　　　　　　美元

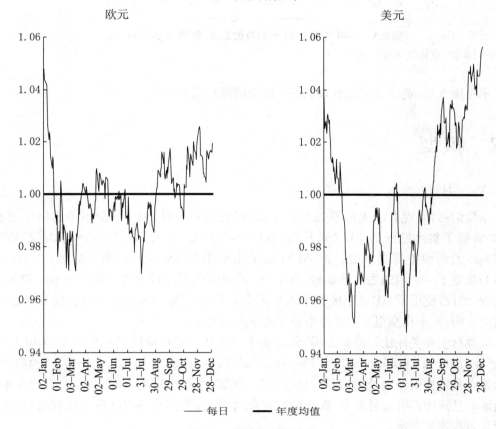

—— 每日　—— 年度均值

图 8.2　英镑汇率的波动

资料来源：英格兰银行（2014）。

　　但汇率在一年内的波动也相当剧烈，见图 8.2 下半部分：2013 年，欧元兑英镑汇率在年均值的 +5% 和 -3% 之间波动，英镑兑美元的汇率在年均值的 +5% 和 -6% 之间波动。

　　如前文所述，有效汇率是一篮子货币的加权。根据英格兰银行的计算，英国的有效汇率在 2007—2013 年之间下降了五分之一，反映了英镑对欧元和美元的下跌，见图 8.2 下半部分（当前欧元的权重是 46.2，美元的权重是 17.5，总权重是 100）。英镑、欧元和美元的有

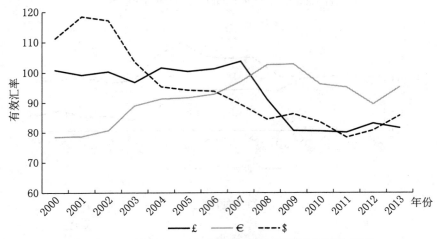

图 8.3　2000 年至 2013 年的有效汇率：英国、美国和欧元区

资料来源：英格兰银行（2014）。

效汇率见图 8.3。英镑和美元有效汇率下跌的同时欧元上升了。

8.2　模型

8.2.1　引言

　　据我们所知，现有的主体基宏观模型都假设经济是封闭的——即不考虑国际贸易。例如，囊括了整个欧洲的 EURACE 模型（Dawid et al.，2012）以及 Salle 等人（2013）的 NetLogo 宏观模型都是如此。但 ABM 也被用于探索国际贸易的某些领域，如 Gulden（2013）建立了一个两国之间互动的 NetLogo 模型以研究比较优势。De Grauwe 和 Kalt-wasser（2012）使用了 ABM 来模拟个人外汇交易者的行为。De Grauwe（2012 and 2014）的研究表明，汇率模型很容易变得不稳定甚至走向混沌。

　　但教材主要关注比较静态分析，假设系统突然从一个均衡跳跃到另一个均衡［见，如 Begg et al.（2011，pp.571—573），Feenstra and Taylor（2011，pp.665—687）］。他们所提出的论点是定性而非定量的，意在"讲故事"。例如，某个国家实行固定汇率、其资本不能自由流动且该国具有贸易赤字，那么"故事"就可能是：提高利率以降低产出和进口，进而使贸易差额恢复平衡。

　　我们选择一种非常简单的方法来研究背后的动态。我们关注长期的基本面，而非日常波动。Begg 等人（2011，p.567）断言，长期汇率由经常项目决定。我们的视野更聚焦，只关注贸易差额。为简单起见，我们的模型中不包含利率和资本流动，如前文所述，发达国家的利率现在正被用于刺激经济而非管理汇率。

　　大部分 ABM 都会用具体的周期来衡量时间，如季度或者年。但这个模型中的动态过程按"阶段"（stage）来进行，并不特指某个时间周期。

8.2.2 假设

模型中存在两个主体,分别表示本国以及世界的其他地区(简称"世界")。因此,如前文所述,汇率就等于有效汇率。根据本章前述的约定,汇率表示每单位本币所能兑换的外币数量。

在这个模型里,出口的价格由本国价格来决定,而本国的价格不影响全球的价格水平。这是一个简化的假设,因为有些物品的市场是全球化市场,因此价格不由某个单一国家决定。石油就是明显的例子:当油价下跌的时候,石油产出国的汇率会发生什么变化呢?2014 年俄罗斯卢布忽然下跌的例子可见一斑。

本国可以被设置成以下五类国家之一:

● 英国,经济相当开放的浮动汇率国家;

● 美国,也是浮动汇率国家,但是经济相对封闭;

● 一个基于德国的"强"欧元区国家,一个相当开放的经济体,采用固定汇率并且有贸易顺差;

● 一个基于希腊的"弱"欧元区国家,经济开放度近似英国,但是有巨大的贸易逆差(按 GDP 的比例来衡量),采用固定汇率;

● 一个基于荷兰的"开放"的欧元区国家,有贸易顺差,采用固定汇率。

假设和初始计算的结果见表 8.2,从这些数据中计算出初始汇率的过程见专栏 8.6。对于欧元区国家,汇率以欧元区整体来进行计算(如同英国和美国计算其浮动汇率)。这个汇率会应用于三个欧元区国家,而不考虑他们各自的经济状况。

表 8.2　模型的假设和初始值

	英国	美国	欧元区	欧元区国家		
				强	弱	开放
汇率制度	浮动	浮动	浮动	固定	固定	固定
产出(Y)	100	100	100	100	100	100
出口份额(X)[a]	32	14	46	52	27	85
进口份额(M)[a]	34	17	43	46	32	80
政府支出(G)	50	50	50	50	50	50
国内私人需求($C+I$)[b]	52	63	n.a.	44	55	45
本国产品价格[c]	1.2	0.8	n.a.	1.0	0.8	1.1
本国价格指数[d]	1.18	0.78	n.a.	1.03	0.87	1.08
汇率[e]	0.885	1.518	0.935	0.935	0.935	0.935
实际汇率	1.040	1.178	n.a.	0.965	0.828	1.006
贸易差额	−0.2	0	n.a.	2.8	−12.6	7.9

注:n.a. 为不可用。

a 基于表 8.1。

b 基于标准国民收入核算计算:$Y=(C+I)+G+(X-M)$,其中 Y 为 GDP;C 为消费;I 为投资;G 为政府支出;X 为出口;M 为进口。

c 基于专栏 8.4。世界价格被标准化为 1。

d 进口物品的本国价格和本国产品价格的加权平均。

e 计算见专栏 8.6。

专栏 8.6　模型中的汇率决定

名义汇率

对本币的需求＝本国出口的价值

$$=Q_H^X \times P_H^X$$

其中 Q_H^X＝本国的出口量，P_H^X＝本国出口的价格。

本币的供给＝本国进口的价值

$$=Q_H^M \times P_H^M$$

其中 Q_H^M＝本国的进口量，P_H^M＝本国进口的价值

但本国进口的价格取决于汇率和世界价格，即

$$P_H^M = \frac{P_W}{E_{W/H}}$$

其中 P_W＝世界价格，$E_{W/H}$＝名义汇率，用一单位本币所能换取的外币数量来表示。

要达到平衡，

$$Q_H^X \times P_H^X = Q_H^M \times \frac{P_W}{E_{W/H}}$$

因此

$$E_{W/H} = \frac{Q_H^M \times P_W}{Q_H^X \times P_H^X} = \frac{\text{以世界价格计算的本国进口的价值}}{\text{以本国价格计算的本国出口的价值}}$$

示例：英国（来自表 8.2）

- 进口量：$Q_H^M = 34$
- 世界价格：$P_W = 1$
- 出口量：$Q_H^X = 32$
- 本国价格：$P_H^X = P_H = 1.2$（其中 P_H＝国内价格）

名义汇率

$$E_{W/H} = \frac{Q_H^M \times P_W}{Q_H^X \times P_H^X} = \frac{34 \times 1}{32 \times 1.2} = 0.885$$

实际汇率

价格水平是

（进口物品的价格×进口份额）＋（本国产品的价格×（1－进口份额））

$$= \left(\frac{1}{0.885} \times 0.34 \right) + (1.2 \times 0.66) = 1.18$$

所以实际汇率是

$$\frac{\text{一篮子物品的本国价格，以世界货币计价}}{\text{一篮子物品的国际价格，以世界货币计价}} = \frac{P_H \times E_{W/H}}{P_W} = \frac{1.18 \times 0.885}{1.00} = 1.04$$

英国的贸易余额

- 进口：$Q_H^M \times \left(P_W \times \dfrac{1}{E_{W/H}} \right) = 34 \times \left(1 \times \dfrac{1}{0.885} \right) = 38.4$

- 出口：$Q_H^X \times P_H^X = 32 \times 1.2 = 38.4$

贸易余额＝出口－进口＝38.4－38.4＝0

考虑四种情景：

- 通胀（或者通缩）；
- 贬值（或者升值）的影响；
- 出口需求的外生变化；
- 财政政策的变化。

建模者可以选择变化的幅度以及进口和出口的价格弹性。下列结果都基于10％变化以及－1的价格弹性。这个模型没有随机的因素，是一个纯确定性模型，因此不需要运行多次仿真。

8.2.3 通胀

我们首先分析一国通胀高于其贸易伙伴的情况。如果本国价格增速高于世界，那么该国价格对贸易的影响就取决于该国汇率是浮动还是固定。

如果汇率浮动且价格或者名义汇率的调整不存在"黏性"，则汇率会贬值，出口的世界价格保持不变。但是贬值会导致本国进口的价格上涨，它对贸易差额和本国价格的影响则取决于进口的价格弹性。模型假设弹性为－1，因此尽管价格上涨，支出仍保持不变，进口量下降，贸易差额获得改善，产出会增加。因此，对于浮动汇率：

- 阶段1：出口价格和汇率调整。
- 阶段2：进口价格上涨。

一个基于英国的例子见专栏8.7。

专栏8.7　浮动汇率下通胀的效应

初始状态

根据专栏8.6中英国的例子

- 进口量：$Q_H^M = 34$
- 世界价格：$P_W = 1$
- 出口量：$Q_H^X = 32$
- 本国价格：$P_H^X = P_H = 1.2$（其中 P_H＝国内价格）

名义汇率

$$E_{W/H} = \frac{Q_H^M \times P_W}{Q_H^X \times P_H^X} = \frac{34 \times 1}{32 \times 1.2} = 0.885$$

本国出口的世界价格为

$$P_H^X \times E_{W/H} = 1.2 \times 0.885 = 1.06$$

因此本国进口的价格为

$$P_H^M = \frac{P_W}{E_{W/H}} = \frac{1}{0.885} = 1.13$$

价格上涨且汇率下降……

如果本国价格上涨 10%，出口价格上涨 10%，那么

$$P_H^X = P_H = 1.2 \times 1.1 = 1.32$$

如果全部变化都能完全传递，且名义汇率完全调整，则

$$E_{W/H} = \frac{Q_H^M \times P_W}{Q_H^X \times P_H^X} = \frac{34 \times 1}{32 \times 1.32} = 0.805$$

这个贬值使得本国出口的世界价格保持不变

$$P_H^X \times E_{W/H} = 1.32 \times 0.805 = 1.06$$

到世界的出口量保持不变，因此以本国货币计价，出口的收入提高 $Q_H^X \times P_H^X = 32 \times 1.32 = 42.24$。

……提高进口价格

本国的进口价格提高 10%

$$P_H^M = \frac{P_W}{E_{W/H}} = \frac{1}{0.805} = 1.242$$

对贸易差额的影响，取决于本国对进口物品需求（由进口价格提高引起）的变化。如果进口的价格弹性为 -1，则本国的进口量会下跌到原来的 90%，进口的成本变成

$$Q_H^M \times \frac{P_W}{E_{W/H}} = (34 \times 0.90) \times \left(\frac{1}{0.805}\right) = 38.01$$

因此贸易余额为 $+4.2$。

……提高实际汇率

价格水平会从 1.2 提高到 1.29

（进口的价格×进口份额）＋（本国产品的价格×（1－进口份额））

$$= (1.13 \times 1.1 \times 0.34) + (1.2 \times 1.1 \times 0.66) = 1.29$$

因此实际汇率会回到 1.04

$$\frac{\text{一篮子物品的本国价格，以世界货币计价}}{\text{一篮子物品的世界价格，以世界货币计价}} = \frac{P_H \times E_{W/H}}{P_W} = \frac{1.29 \times 0.805}{1.00} = 1.04$$

……假设其他条件保持不变，GDP 会因为进口下降而提高

$$Y = D + G + (X - M) = 52 + 50 + 32 - 30.6 = 103.4^*$$

注：* 该公式见表 8.2 的注释 b。

但是,对于欧元区国家,汇率并不会随着某一个国家的通胀而调整。相反,出口价格的上涨会传导到世界其他地区,使需求下降。因此对于欧元区国家:

- 阶段 1:出口价格上涨。
- 阶段 2:出口量下降。

5 个国家的实验结果见表 8.3。对比浮动汇率国家和欧元区国家的经验,以下两点差异一直存在:

- 在浮动汇率国家,名义汇率下降,因此实际汇率不变。在欧元区国家,名义汇率不变,实际汇率上升,这表明他们的竞争力下降了。
- 浮动汇率国家的 GDP 增加,因为名义汇率下降使出口量保持不变,且使进口下降。但在欧元区国家,出口下降而进口没有变化,因而产出下降(见表 8.2 的注释 b)。最终,出口下降会导致进口以及通胀压力的下降。但是要研究这些效应,我们还需要一个更完善的模型。当然,如果欧元区出现普遍的通胀,那么汇率的变化就会与英国和美国的情况类似。

表 8.3 运行结果:通胀情景:价格上涨 10%

假设

进口价格弹性 -1
出口价格弹性 -1

	英国	美国	欧元区		
			强	弱	开放
贸易差额					
初始	-0.2	0	2.8	-12.6	7.9
最终	4.2	1.2	8	-10.5	17.3
变化百分数(%)					
汇率	-9	-9	0	0	0
实际汇率	0	0	5	6	2
价格	10.0	10.0	5.2	6.2	2.0
产出 *	3.4	1.7	-5.2	-2.7	-8.4

注:* 假设其他条件不变。

在欧元区内,各国对出口的依赖程度不同,其经历也会不同:出口占比越高,产出下降越多,价格上涨也越多。

图 8.4 描述了英国的动态。

该分析假设充分调整会迅速实现,但现实情况可能并非如此,我们会在下一个情景深入研究这个问题。

8.2.4 贬值

在固定汇率下,阶梯式贬值(step depreciations)(通常被称为法定贬值)会通过降低出

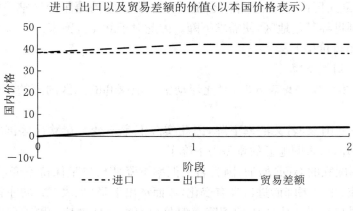

进口、出口以及贸易差额的价值（以本国价格表示）

图 8.4　结果：英国的价格水平提高 10% 所产生的效应的动态（基于表 8.3 的数据）

口的价格来提升出口需求，因而往往可被用来改善贸易差额。1976 年，处于布雷顿森林汇率制度下的英国发生了一个相当著名的事件。首相哈罗德·威尔逊（Harold Wilson）在电视上对全国广播：

> 从今天开始，相对其他国家的货币，英镑的价值将会降低 14% 左右。当然，这并不意味着英国本土的英镑和在你裤兜里、钱包里或者银行里的英镑贬值了。

除此以外，如果进口的价格上涨，进口的需求会下降。回到 1967 年，理论上，通过"购买英国货"（buying British）以及政府控制价格和收入，这种情况可以被避免。

但现实并没有这么简单直接。贸易差额在初期的变化可能和预期相反。其产生的效应被称为"J 曲线"，其原因可能是时滞、价格黏性或者变化未能被传导。例如，进口价格的变化幅度可能不及汇率。2005 年的一项研究发现，一次 10% 的贬值会导致一年内的零售价格提高 4%。这可能是因为存在已签订的合约，也可能是因为进口物品的部分价格反映的是港口到商铺之间的运输成本。类似地，出口物品价格的下降也可能无法完全被传导。有证据显示，1967 年英镑贬值 14%，这让出口商可以提高利润而非降低价格。如果进口量和出口量对于汇率的变化反应很慢，出口需求没有提高且进口需求没有下降，那么贸易赤字实际上还可能会恶化（Begg et al.，2011，pp.580—581；Feenstra and Taylor，2011，p.660）。

为了对这些现象建模,我们假设调整按 3 个阶段进行:

● 阶段 1:汇率降低使进口价格提高,但幅度只有预期的一半,其他因素保持不变。价格提高而需求没有下降,会导致贸易差额恶化。

● 阶段 2:出口价格提高,但出口量的调整幅度只有根据价格弹性计算出来的一半。阶段 1 价格的提高导致进口需求下降,贸易差额获得改善。

● 阶段 3:进口价格提高的幅度完全反映了汇率的贬值和进口需求的下降。出口需求充分调整。贸易差额此时完全反映了贬值的好处。

专栏 8.8 用弱欧元区国家的结果来描述 J 曲线。其价格的提高抵消了汇率的下跌,因而实际汇率没有变化,但是进口的需求提高了,贸易差额获得改善。

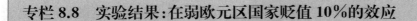

专栏 8.8　实验结果:在弱欧元区国家贬值 10%的效应

假设:进口需求弹性为 -1,出口需求弹性为 -1

进口、出口和贸易差额的价值(以本国价格表示)

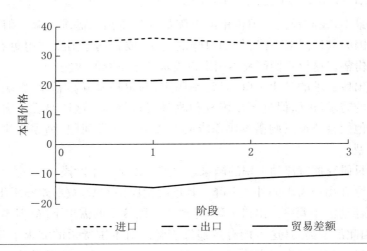

名义和实际汇率

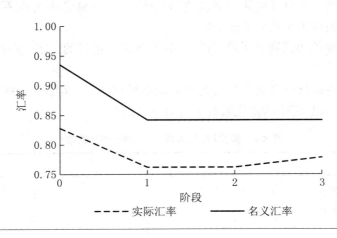

完全调整后的变化的总结

贸易差额	
初始	—12.6
最终	—10.2
变化百分比(%)	
汇率	—10
实际汇率	—6
产出	6.2
价格	4.4

8.2.5　出口需求的外生下降

在通胀情景中,我们看到本国价格的上涨如何使得出口需求下降。但是本国出口的需求也可能会因为其他因素下降:例如口味的变化,或者其他国家变得更有竞争力,以及获得更多市场份额。这里我们研究本国出口需求外生下降的效应。

如果发生出口需求的外生下降,且汇率固定,则贸易差额会恶化,影响产出。这反过来会降低进口的需求,进而促进产出恢复和改善贸易差额。这还要看一国政策制定者如何反应:例如,他们会减税以刺激本国需求吗?要回答这类问题,则需要建立一个完整的宏观经济学模型。

此处我们只研究拥有浮动汇率的国家。模型有以下 3 个阶段:

● 阶段 1:存在出口需求的外生下降。其他因素保持不变,贸易差额恶化。

● 阶段 2:浮动汇率调整。出口下降,导致对本国货币的需求下降,但本国对世界货币的需求不变,因此汇率提高(这可能有点违反直觉。对本国货币的需求下降,本国货币的价格也会下降吗?这是因为汇率的表示方式是每单位本国货币能够兑换的世界货币。如果我们用每单位世界货币可兑换的本国货币来表示,汇率就会因为世界需要更少的本国货币而下跌),这使得贸易差额再次平衡。

● 阶段 3:汇率的提高降低了进口的成本,增加了对进口的需求,这导致贸易的差额再向赤字方向移动。

英国和美国的运行结果见表 8.4,英国的动态见图 8.5。实际上这些变化在某种程度上是同时发生的,而且汇率的变化被资本流动所抵消。

表 8.4　实验结果:需求外生下降 10% 的效应

假设	
进口价格弹性	—1
出口价格弹性	—1

（续表）

	英国	美国
贸易差额		
初始	−0.2	0
最终	−7.3	−2.1
变化百分比（%）		
汇率	11	11
实际汇率	7	10
价格	−3.3	−1.4
产出 *	−10.0	−4.5

注：* 假设其他条件不变。

进口、出口和贸易差额的价值（以本国价格表示）

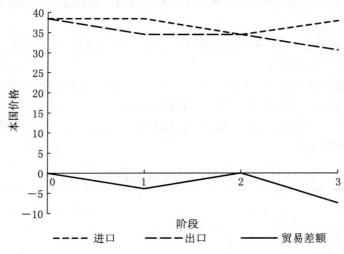

名义和实际汇率

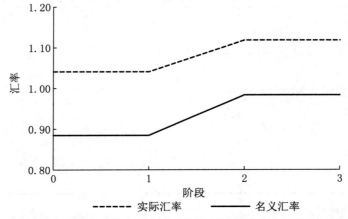

图 8.5　实验结果：英国需求发生 10%外生下降的效应的动态（基于表 8.4 的数据）

8.2.6　财政变化

我们在引言里说到,欧元区国家,乃至现今的浮动汇率国家,仅有的政策手段是财政政策,货币政策的运用受到限制。因此对于最后这一个情景,我们研究财政政策可能产生的影响。

政府在经济中的重要性在于前者决定了财政政策影响:政府占比越大,影响就越大。OECD(2013)数据显示,2011 年,英国、德国、荷兰和希腊政府的总体支出占 GDP 的 50%,美国的比例接近 40%。财政政策对于产出的影响,按财政支出变化的百分比和政府支出占 GDP 比重的乘积计算。这里假设政府支出的任何变化不影响税收,即只影响政府的借款条件。例如,若政府支出降低 10%,并且政府支出占 GDP 的一半,那么产出下降 5%。假设边际进口倾向等于平均水平,且政府的进口倾向等于整个国家的进口倾向,即进口的初始份额。因此,举例来说,如果进口份额是三分之一,产出下降 5%将会导致进口下降,其幅度为产出的 1.6%。对于固定汇率国家,这就是第一轮的影响:削减政府支出会降低进口需求。

但是对于浮动利率国家,进口的变化也会引起汇率的变化,这反过来会改变进口和出口的价格及需求。总结如下:

- 阶段 1:政府支出的变化会改变产出,进而改变进口的需求和浮动汇率。
- 阶段 2:汇率的变化会影响进口和出口的需求。

表 8.5 显示 2 个浮动汇率国家的政府支出减少 10%的实验结果:贸易差额得以改善;图 8.6 显示了英国的动态。

表 8.5　实验结果:财政政策的情景:政府支出减少 10%

假设		
进口价格弹性	−1	
出口价格弹性	−1	
	英国	美国
贸易差额		
初始	−0.2	0
最终	3.9	0.9
变化百分比(%)		
汇率	−5	−4
实际汇率	−3	−3
价格	1.7	0.6
产出*	0	−2.1

注:* 假设其他条件不变。

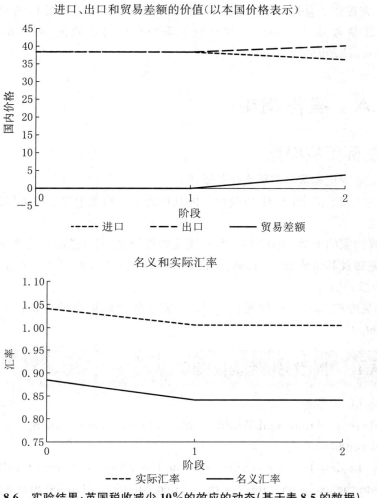

图 8.6 实验结果：英国税收减少 10% 的效应的动态（基于表 8.5 的数据）

8.3 讨论

国际贸易理论发展得相当充分，但它很大程度上依赖于比较静态分析和定性的描述。正如本章所述，我们难以对国际贸易进行建模，这也解释了为什么建模者总是局限于封闭经济体。同时，对贸易冲击的反应以及贸易政策变化所产生的影响，似乎都缺乏数据。

因此，这个模型旨在研究不同经济情况的国家之间的不同汇率制度。从这个角度而言，异质性被允许存在。这个模型采用简单动态过程，不存在随机变化。互动发生在本国及其世界的其他地区之间。但关键的特征还是动态。当然，模型也可以对动态过程作其他假设，但模型想要告诉我们的是，要研究这些过程，这种建模方法的确行之有效。再者，即使是这个简单的模型也强调了浮动汇率国家和欧元区国家之间的不同，展现了一个欧元区国家的经济状况偏离欧元区多数国家时将会面临的问题。

这同时也展示了要对开放经济体进行建模有多么困难，经济体的不同部分之间存在太多互动，而变化发生的时点也有太多不确定性。我们这个简单且有限的模型为更加细致的研究提供了基础,我们也在"探索"小节里给出了诸多可行的建议。想要进一步研究,可以参考 de Grauwe(2014)的《汇率与全球经济政策》(*Exchange Rates and Global Financial Policies*)。

附录 8.A　操作指南

8.A.1　国际贸易模型

目标:研究汇率变化和贸易差额变化的动态。

实体:两个主体表示国家:本国,以及世界的其他地区。模型中有 5 种类型的国家。

动态过程:无。

初始化:选择国家的类型、要研究的情景、变化的百分比,以及进出口的价格弹性。

输出:贸易差额及其组成部分、汇率、价格和总产出的数据,会在屏幕上显示,也会被保存成 csv 文件。

伪代码见专栏 8.A.1,截屏见图 8.A.1。完整的代码见网站:Chapter 8-International Trade Model。

专栏 8.A.1　国际贸易模型的伪代码

Create world 41×41.

Create 2 breeds—Home and World—and create one agent of each.

Set initial conditions

　Specify the data for each country and the Eurozone(as shown in Table 8.2).

　Calculate the exchange rates for the United Kingdom, United States and Eurozone as a whole(as illustrated in Box 8.8).

　Allocate the Eurozone exchange rate to the Eurozone countries.

　Calculate the real exchange rate, price index and trade balance.

For the inflation scenario

　For floating rates:

　Stage 1: Export prices and exchange rate adjust(as illustrated in Box 8.7).

　Stage 2: Import prices rise.

　For Eurozone rates:

　Stage 1: Export prices rise.

　Stage 2: Export volumes fall.

　Recalculate the price index, output, real exchange rate and balance of trade.

For the depreciation scenario

　Stage 1: Import prices partly change.

　Stage 2: Export prices and volumes change.

Stage 3：Full adjustment.

For the exogenous export change scenario

Stage 1：Volume of exports changes.

Stage 2：Exchange rate changes：no volume changes.

Stage 3：Volumes change.

For the fiscal policy scenario

Stage 1：Volume of imports and exchange rate change.

Stage 2：Demand for imports and exports changes.

Output stage-by-stage results to the screen and plot the graphs.

At the end print，summary information and the plots to a csv file.

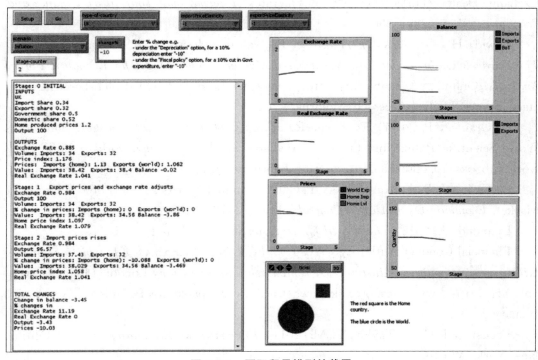

图 8.A.1　国际贸易模型的截屏

探索国际贸易模型

对于具有不同进出口价格弹性的国家，研究不同类型变化的影响。

进阶探索（需要修改模型）：

● 改变国家的特征。

● 扩展模型，纳入金融交易和货币政策。

● 改变动态，增加更多的阶段。例如，允许价格受产出缺口的影响；看看汇率如何趋向于 PPP。

● 允许部分出口的价格由国际市场决定。

参考文献

Baldwin, R. E. & Wyplosz, C. (2012) *The Economics of European Integration*. Fourth Edition. Maidenhead: McGraw-Hill Education.

Bank of England (2014) *Statistical Interactive Database* [Online]. Available at: http://www.bankofengland.co.uk. For Effective Exchange Rates http://www.bankofengland.co.uk/statistics/pages/iadb/notesiadb/Effective_exc.aspx [Accessed 16 November 2014].

Begg, D., Vernasca, G., Fischer, S. & Dornbusch, R. (2011) *Economics*. Tenth Edition. London: McGraw-Hill Higher Education.

Cheung, Y.-W., Chinn, M.D. & Marsh, I.W. (2004) How do UK-based Foreign Exchange Dealers Think Their Market Operates? *International Journal of Finance and Economics*, 9, pp.289—306.

Dawid, H., Gemkow, S., Harting, P., van der Hoog, S. & Neugart, M. (2012) *The Eurace@Unibi model: An Agent-based Macroeconomic Model for Economic Policy Analysis* [Online]. Available at: http://www.wiwi.uni-bielefeld.de/lehrbereiche/vwl/etace/Eurace_Unibi/ [Accessed 3 February 2015].

De Grauwe, P. (2014) *Exchange Rates and Global Financial Policies*. Singapore: World Scientific Publishing [Online]. Available at: http://www.worldscientific.com/worldscibooks/10.1142/8832 [Accessed 5 February 2015].

De Grauwe, P. & Kaltwasser, P. (2012) Animal Spirits in the Foreign Exchange Market. *Economic Dynamics & Control*, 36, pp.1176—1192.

Diamond, J. (2012) *The World Until Yesterday*. London: Penguin.

Financial Conduct Authority CA (2014) *FCA fines five banks £1.1 billion for FX failings and announces industry-wide remediation programme*, London [Online]. Available at: http://www.fca.org.uk/news/fca-fines-five-banks-for-fx-failings [Accessed 3 January 2015].

Feenstra, R.C. & Taylor, A.M. (2011) *International Economics*. Second Edition. New York: Worth.

Gulden, T.R. (2013) Agent-based Modeling as a Tool for Trade and Development Theory. *Journal of Artificial Societies and Social Simulation*, 16 (2) [Online]. Available at: http://jasss.soc.surrey.ac.uk/16/2/1.html [Accessed 12 October 2014].

Organisation for Economic Co-operation and Development (OECD) (2013) Total General Government Expenditure. In *National Accounts at a Glance 2013*. Paris: OECD Publishing [Online]. Available at: http://www.oecd-ilibrary.org/economics/national-accounts-at-a-glance-2013/total-general-government-expenditure_na_glance-2013-table55-en [Accessed 28 November 2014].

Organisation for Economic Co-operation and Development (OECD) (2014a) Share of international trade in GDP in OECD. In *OECD Factbook 2014: Economic, Environmental and Social Statistics*. Paris: OECD Publishing[Online]. Available at: http://www.oecd-ilibrary.org/economics/oecd-factbook-2014.factbook-2014-en[Accessed 14 October 2014].

Organisation for Economic Co-operation and Development(OECD)(2014b) *Monthly Comparative Price Levels*[Online]. Available at: https://stats.oecd.org/Index.aspx? DataSetCode=CPlinOECD. Stat http://stats.oecd.org/[Accessed 9 November 2014].

Office for National Statistics(ONS)(2014a) *An Introduction to the United Kingdom Balance of Payments*[Online]. Available at: www.ons.gov.uk[Accessed 14 October 2014].

Office for National Statistics(ONS)(2014b) *Statistical Bulletin: Balance of Payments, Q2 2014.* [Online]. Available at: www.ons.gov.uk[Accessed 28 November 2014].

Rogoff, K.(1996) The Purchasing Power Parity Puzzle. *Journal of Economic Literature*, 34(2), pp.647—668.

Salle, I., Yıldızoğlu, M. & Sénégas, M.-A. (2013) Inflation Targeting in a Learning Economy: An ABM perspective. *Economic Modelling*, 34, pp.114—128.

银行业

9.1 引言

在英国,银行已经成为绝大多数人生活中的一部分。如专栏 9.1 中典型事实:人们通过银行来进行日常交易、储蓄以及借贷。部分准备金制度(fractional reserve banking)是银行业的基础,这项强力的机制是本章的研究对象。

专栏 9.1　英国家庭的借款、储蓄和银行业务的典型事实

几乎所有家庭都有银行账户。

2008—2009 年,只有 2% 的成年人"居住在没有现金、没有基础银行账户或者没有储蓄账户的家庭中"(HM Treasury,2010)。

储蓄的分布高度偏斜:
● 三分之一的家庭完全没有储蓄。
● 40% 的家庭储蓄少于 10 000 英镑。
● 约 20% 的家庭储蓄大于等于 20 000 英镑。

资料来源:ONS 2010—2011 年的数据,2012,pp.37—38。

负债(2008/2010):
● 四分之一家庭的主要居所由抵押贷款购得,平均价值 92 000 英镑(ONS,2011,p.18)。
● 半数家庭有非房产贷款:平均为 7 000 英镑(ONS,2012,pp.13—15)。

9.1.1 部分准备金制度

部分准备金制度使银行可以创造货币,或者说创造信用。因为银行"发现把存款借给贷款者有利可图"(Ferguson,2008,p.49)。这早已有之,可追溯到 1656 年瑞典中央银行(Swedish Riksbank)的建立,亚当·斯密在 18 世纪对此也有过记述(1776/1861,Book II,Chapter II)。

部分准备金制度的运作方式如下。银行必须持有一定比例的存款以应付日常现金提取的需求,这个比例被称为准备金率(reserve ratio)。如果准备金率是 10%,则银行可以贷出存款的 90%。因此如果一家银行吸纳了 1 000 英镑存款,就可以贷出 900 英镑,此时流通中的总货币量为 1 900 英镑。这些贷款人用这 900 英镑来购物,将货币转移到零售商手中,零售商再把钱存入银行。现在银行又有了 900 英镑的存款,可以再对外贷出 810 英镑(900 英镑的 90%)。现在流通中的总货币量是 2 710 英镑(1 000 英镑加 900 英镑加 810 英镑),第四轮会再增加 729 英镑,使总额达到 3 439 英镑。如此类推,每一轮贷款额都会减少。50 轮以后,贷款额已小于 5 英镑。但此时最初的 1 000 英镑已经增长到了接近 10 000 英镑。银行的存款乘数(记录了总贷款额占最初贷款额的比例)为 10。这个过程见专栏 9.2 上半部分,计算过程见下半部分。总的来说,若部分准备金制度的准备金率是 10%,则初始的 1 000 英镑可以增加到 10 000 英镑(假设存在这么多的贷款需求)[更多信息见例如 Begg 等人(2011,p.424)]。

专栏 9.2　银行存款乘数

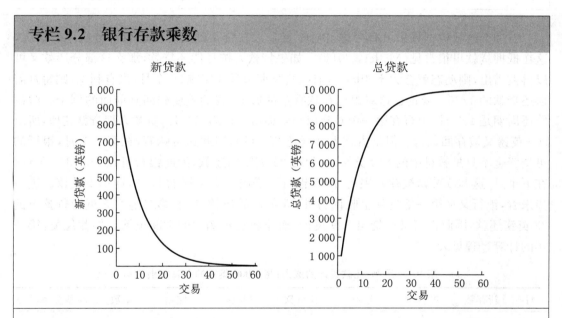

新贷款　　　　　　　　　　总贷款

假设银行系统存款为 D_0,准备金率为 ρ,则银行可以贷出 l_1,

$$l_1 = (1-\rho)D_0 \tag{9.1}$$

这会使存款增加,增额等于新贷款,因此新的总存款为:

$$D_1 = l_1 + D_0 = (1-\rho)D_0 + D_0 = (1+(1-\rho))D_0 \tag{9.2}$$

下一轮,银行可以贷出

$$l_2 = (1-\rho)D_1 = (1-\rho)[1+(1-\rho)]D_0 = [1+(1-\rho)+(1-\rho)^2]D_0 \tag{9.3}$$

以此类推。经过 t 个周期,总贷款 L 为:

$$L = \sum_{i=0}^{t} l_i = \sum_{i=0}^{t}(1-\rho)^i D_0 \tag{9.4}$$

这是一个几何级数,因此当 $t \to \infty$,总贷款 L 为:

$$L = \frac{D_0}{\rho} \qquad (9.5)$$

乘数 M 为总贷款 L 和最初的存款 D_0 的比例,即:

$$M = \frac{L}{D_0} = \frac{1}{\rho} \qquad (9.6)$$

例如

如果 $\rho = 8\%$,则由公式(9.6)可得乘数为:

$$M = \frac{1}{0.08} = 12.5$$

但标准的教科书算法没有考虑,例如,贷款人在贷款到期之前进行部分偿还的情况,这在抵押贷款里很常见(Mallet,2011)。如果贷款人按月偿还贷款,那么这部分还款又可以再被借出,则动态就会大不相同。例如,贷款期限是 3 年或 36 个月,没有利息,则每月需偿还贷款的 1/36。要论述这对银行存款乘数的影响,我们就要先回到前面的例子。假设偿还周期是 1 个月,银行在第一个月贷出 900 英镑。在第二个月,贷款人把贷款花掉,所以 900 英镑又被存回银行。但是借款人又偿还 25 英镑,因此这意味着,在第二个月,银行的可贷资金不只是教材中的 810 英镑,还包括 25 英镑的还款,因此银行可以贷出 835 英镑。在下个月,这 835 英镑被存入银行,所以银行可贷出 835 英镑的 90%,即 751 英镑。进一步来看,银行又从第一笔贷款里收回另外 25 英镑的还款,以及第二笔 835 英镑贷款里的 23 英镑还款,因此银行又可贷出 799 英镑,而非教材示例中的 729 英镑。如此反复,第一年的计算过程见表 9.1。

表 9.1　示例:还款累计的威力:将 1 000 英镑的存款贷出 3 年

月	新存款	准备金	还款	新贷款	总贷款	总储蓄	乘数	准备金率(%)
1	1 000	100		900	900	1 000	1.0	10
2	900	90	25	835	1 710	1 900	1.9	10
3	835	84	48	799	2 462	2 735	2.7	10
4	799	80	68	787	3 181	3 534	3.5	10
5	787	79	88	797	3 889	4 321	4.3	10
6	797	80	108	825	4 607	5 119	5.1	10
7	825	83	128	871	5 350	5 944	5.9	10
8	871	87	149	932	6 133	6 815	6.8	10
9	932	93	170	1 009	6 972	7 747	7.7	10
10	1 009	101	194	1 102	7 881	8 757	8.8	10
11	1 102	110	219	1 211	8 873	9 859	9.9	10
12	1 211	121	246	1 336	9 963	11 070	11.1	10

最初的一笔钱被反复地贷出和偿还。每月还款看起来很少,但是累积的效应却很显著。这个过程并没有因为 50 个月以后可贷资金被耗尽而终止,相反,新贷款在 4 个月后开

始增加,总贷款在 11 个月后接近 10 000 英镑,并持续增加。这表示,若无其他约束,银行存款乘数可以远高于教科书中的 10,甚至更高。约 2.5 年以后,乘数提高到了 100,见图 9.1。

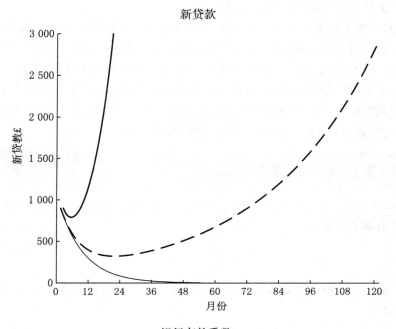

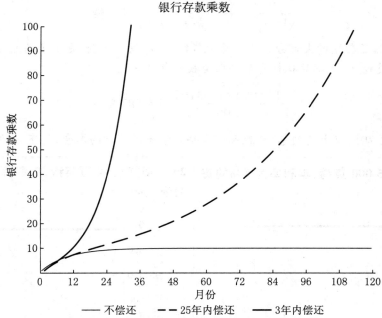

图 9.1 示例:还款累计的威力:初始存款是 1 000 英镑

显然,短期贷款的偿还速度要高于长期贷款。很多银行贷款都长于 3 年,因此还款的复利效应就会小得多。例如,如果有一笔 25 年的抵押贷款,其月供就是贷款总额的 1/300(而非 1/36)。则这笔贷款需要 18 个月才会让银行存款乘数达到 10,要接近 10 年才会让银行存款乘数达到 100。贷款时长对新贷款以及银行存款乘数的影响,见图 9.1。

上述所有计算隐含的假设是存在对这些贷款的需求（如专栏 9.1 所示，英国家庭似乎有很高的借款倾向），并且监管允许这种量级的贷款，我们会在本章的后文部分详谈这部分。同时，以上计算未考虑偿还利息的效应。

教科书的示例实际上表示了一个在贷款期末偿还的、零利率的无本金贷款（interest-only loan）。前文所述的偿还过程也假设贷款人不需要支付利息。如果要支付利息，则过程的动态又会有所不同。按照惯例，房贷通常采用每月等额本息的还款方式。对于长期贷款，早期还款的主要部分是利息，大部分本金的还款会延后，这个过程见专栏 9.3。其他条件不变，贷款期越长，资金的周转速度越慢，银行存款乘数也越小。尽管如此，偿还利息对于乘数过程的效应，取决于谁最终获得利息以及如何使用它。

专栏 9.3　包含利息的贷款偿还

如果每月以 r_m 的利率支付未偿还金额的利息，并且贷款 L 将在 T 个月内按月等额偿还，那么每月还款额为

$$\frac{L \times r_m}{(1-(1+r_m)^{-T})}$$

如果年利率为 5%，即月利率为 0.417%，则 3 年期 5 000 英镑的贷款要求贷款人每月偿还 150 英镑。

$$\frac{10\,000 \times 0.004\,17}{(1-(1+0.004\,17)^{-36})} = 150 \text{ 英镑}$$

即使是首月，还款中的大部分也用于降低贷款额，即偿还本金，见下方的左图。

10 万英镑 25 年期的抵押贷款要求贷款人每月偿还

$$\frac{100\,000 \times 0.004\,17}{(1-(1+0.004\,17)^{-300})} = 585 \text{ 英镑}$$

首月还款的 70% 以上是利息；贷款人前 5 年只偿还了很少的本金，见下方的右图。

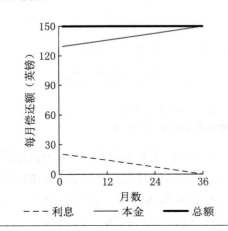

3 年期贷款 5 000 英镑，年利率为 5% 的每月还款额

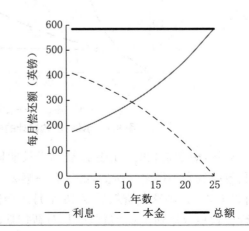

25 年期贷款 10 万英镑，年利率为 5% 的每月还款额

如果图 9.1 中的高乘数看似不可能,那么注意,金融危机以前,英国的银行存款乘数接近 90！但随着银行贷款的枯竭,到了 2010 年,乘数降低到了 14（Begg et al.，2011，p.433）。要模拟完整的动态过程以及部分准备金制度创造货币的潜力,这些计算就是关键。

9.1.2 银行业危机和银行监管

部分准备金制度意味着放大（gearing）——有时候也称杠杆（leveraging）,因此系统天然不稳定:一个微小的、不合意的变化就可以让银行倒闭。早在 18 世纪,亚当·斯密就注意到了银行倒闭的现象,并需要监管其活动（1776/1861，Book II，Chapter II）。银行业的历史显示,监管总是后知后觉:条例总是危机之后更新,因此银行业的监管也和银行业自身共同演化（Ferguson，2008，p.56）。一份有关银行危机和监管的简史见专栏 9.4。

专栏 9.4 银行危机和监管的简史

在 19 世纪,英格兰发生了连续的银行倒闭潮。如在 1825 年"约有 50 家银行倒闭",1836 年和 1839 年出现银行业危机,1847 年、1857 年和 1866 年出现恐慌（Quinn，2004，pp.163，166—167）。当局采用了各种控制手段,如禁止银行老板获得有限责任的保护,若他们的银行破产,他们自己也会倾家荡产。19 世纪 70 年代,英格兰银行采用了一套在恐慌时期以高昂的价格提供流动性的体系。这一点,以及把银行合并成更大的单位,终止了英格兰的银行恐慌（Quinn，2004，p.167）。这就是为什么《金融时报》（2012）声称,2007 年英国银行对北岩银行（Northern Rock）的挤兑是"140 多年以来"（即自 1866 年的恐慌以来）的第一次挤兑。但在此期间也产生过一些危机,如 1890 年的巴林危机,这引发了对银行提高准备金的要求（Cottrell，2004，pp.270—279）。当然,此后英国银行的监管细节也发生了很多变化（参见如 Howson，2004）。

当时的美国还不存在像英格兰银行那样的中央银行,经历了几次金融恐慌之后,直到 1913 年联邦储备系统才建立。在 20 世纪初,英国只有少数几家大银行,而在 1922 年,美国已有大约 30 000 家小银行,其中约有 10 000 家在"大萧条"期间倒闭（Ferguson，2008，pp.57，163）。这导致美国成为第一个引入存款保险以保护小型储户的国家（Alessandri and Haldane，2009）。Friedman 和 Schwartz（1963）的经典著作《美国货币史:1867—1960》中有更详细的论述。

为促进金融稳定,国际合作越来越多。国际清算银行（BIS）于 1930 年成立,其创始人包括英格兰银行和美国联邦储备局,并在 20 世纪 70 年代的危机后率先对具有国际重要性的银行进行监管（BIS，2013a）。自 1988 年以来达成的一系列国际协议,即巴塞尔协议 I、II 和 III,旨在"加强国际银行体系的健全和稳定"（BIS，2013a）。此外,最新发展出的所谓的内部纾困（bail-in）,则是为了"避免对银行进行大规模的公共援助（bail-out）"（EU，2013）。

关于银行监管的发展和最近的银行危机,见 Begg 等人（2011，pp.424，426—433）。关于全球视角下的金融危机,见 Reinhart 和 Rogoff（2009）。

银行业危机基本可被分为两种：流动性危机（liquidity crises）和偿付危机（solvency crises）。监管当局对此有不同的应对办法。现实中这两种危机密切相关，一家银行如果流动性不足，可能会导致"贱卖"其资产，这又会导致偿付能力不足。

当银行贷出很高比例的存款，导致它无法满足即时的支付需求，就产生了流动性危机，这就是部分准备金制度的直接后果。监管当局的应对方案是要求银行所持高流动性资产（可以快速转化为货币）占其所有资产的比例不应低于某个最小比例。传统上来看，准备金率是流动资产对存款的比率（现在的经济学教材依然在使用这个定义，如 Begg et al.，2011，p.424）。但在英国，这种形式的流动性监管已在 1981 年被废除，当时的准备金率是 10%（Howson，2004，p.161）。[美国现在依然遵循 10% 的准备金率要求（Board of Governors of the Federal Reserve System，2013）。]最新的国际体系巴塞尔协议 III 中规定了最低流动性覆盖率（liquidity coverage ratio，LCR）。LCR 衡量的是"可靠的流动资产"（reliably liquid assets）与"在一段时期受压市场条件下的预期流动性流出"的比率。在欧盟的监管条例下，银行必须"在 2015 年 1 月 1 日前达到最低 LCR 的 60%，在 2018 年 1 月 1 日前达到 LCR 的 100%"（Bank of England，2013a，pp.23，69）。

当资产价值下降导致银行的负债大于资产时，偿付危机就产生了。例如，银行贷款被给予以自有房产作担保的人，当房产的价值下跌，贷款的价值也相应下降，这可能会导致银行破产。监管当局的应对策略是规定最低资本充足率，这实际上是要求银行有足够的资本去补偿任何可能发生的损失。Alessandri 和 Haldane（2009）在报告中表示"自 20 世纪初以来，美国和英国的资本比率（capital ratios）降低了大概 5 个点"，从超过 10% 下降到不足 5%。但是这个比率的准确定义会随时间变化。当前资本比率的基本定义是股本（share capital）对风险加权资产的比率：例如，现金被认为是无风险资产，而商业贷款被认为是高风险的。Francis 和 Osborne（2009）发现，在 1998—2006 年间，英国大型银行的风险加权资本充足率为 13%—18% 不等。但是他们也注意到在同一年银行间也存在着巨大差异。英格兰银行在 2013 年 6 月的报告中表示，"英国主要银行"的总体资本充足率是 11%[基于巴塞尔协议 III 定义下的一级资本充足率，例如可以用于"吸收损失而无需银行终止交易"的资本，如普通股本（ordinary share capital）（BIS，2010）]。但与此同时，英格兰银行针对资本充足率的要求测试了英国 8 家银行的账户，发现其中 5 家未能通过测试（Bank of England，2013b）。均值掩盖了银行间巨大的差异。

9.1.3　一个简单的示例

一家银行资产负债表的简单示例见专栏 9.5。银行的资产是贷款加上流动资产，负债是存款、股本和留存利润。实际上，银行的资产和负债远比此处列举的广泛：
- 简单的论述可见，例如 Begg 等人（2011，Chapters 18 and 19）。
- 更技术化的信息，见英格兰银行的网站（http://www.bankofengland.co.uk）或者 BIS 的网站（http://www.bis.org）。
- 更详细的实际例子，见新西兰储备银行（Reserve Bank of New Zealand，2007）。

专栏 9.5 银行准备金和资本充足率的简单示例

资产负债表

资　产		负　债	
流动资产	1 000	存款	9 000
抵押贷款	2 000	普通股本（来自股东）	800
贷款	7 000	留存利润	200
合计	**10 000**	**合计**	**10 000**

准备金率

$$准备金率 = \frac{流动资产}{存款} = \frac{1\,000}{9\,000} = 11.1\%$$

资本充足率

流动资产没有风险，抵押贷款有风险，但比个人贷款或者商业贷款的风险低。

资　产		权重	风险加权资产
流动资产	1 000	0	0
抵押贷款	2 000	50%	1 000
贷款	7 000	100%	7 000
合计	**10 000**		**8 000**

$$资本充足率 = \frac{股本＋留存利润}{风险加权资产} = \frac{800＋200}{8\,000} = 12.5\%$$

如果由于抵押贷款违约，银行资产负债表中抵押贷款的价值下跌 200，会发生什么？

资　产		权重	风险加权资产
流动资产	1 000	0	0
抵押贷款	1 800	50%	900
贷款	7 000	100%	7 000
合计	**9 800**		**7 900**

损失由留存利润来弥补（跌至 0），因此

$$资本充足率 = \frac{股本＋留存利润}{风险加权资产} = \frac{800}{7\,900} = 10.1\%$$

要将资本充足率恢复到 12.5%，银行可以增发股份以增加 185 的资本，则

$$资本充足率 = \frac{股本＋留存利润}{风险加权资产} = \frac{985}{7\,900} = 12.5\%$$

这里我们采用一般教科书的做法,把准备金率定义为:

$$\frac{流动资产}{存款}$$

本例中的准备金率是 11.1%。

资本充足率的定义为:

$$\frac{资本＋留存利润}{风险加权资产}$$

本例中的资本充足率是 12.5%。

偿付危机中会发生什么?我们假设银行发现它们的资产低于预期,如贷款人违约,这意味着银行的资产不再足以覆盖其负债。要让资产负债表回到平衡,银行必须减少部分负债:银行要么动用其资本、留存利润,要么掠夺储户的资金。这部分论述见专栏 9.5 下半部分[对"内部纾困"过程的完整描述,见 EU(2013)在 2016 年引入的安排,或者英格兰银行和联邦存款保险公司(2012)的联合论文]。

9.2　银行业模型

任何简单的银行系统模型都不得不省略大量内容。模型只能关注少数被选定的方面,并对其之外的世界加以假设。例如,Baradi(2007)的 ABM 关注的是银行和家庭的异质性,而 Mallet(2011)关注的是部分准备金系统和银行间借贷。

同样,我们主要关注部分准备金系统的作用,但也会关注资本充足率要求,以研究银行部门、银行监管当局、储户和贷款人之间的关系。我们的目标是梳理出关键的过程。

这个模型只用一家银行来代表银行部门,此外,模型中有 10 000 个家庭。按照第 3 章所采用的方法,模型给每个家庭分配一个月度预算,使平均预算为 1 000 英镑,基尼系数约为三分之一。家庭按月收到这笔钱。大部分家庭只有少量存款,甚至完全无存款,见专栏 9.1。为了表现这一点,我们假设初始状态中的 1 000 个家庭是储蓄者,存款为 10 000 英镑。因此银行最初的总存款是 100 万英镑。其余 9 000 个家庭一开始没有储蓄,也没有贷款。另外,监管当局会为银行中充当准备金的流动资产支付利息。

从 20 世纪 80 年代中期开始,英国的银行就有抵押贷款和其他类型的信贷(Watson,2004)。但本模型假设银行每次只做一种类型的贷款:要么是 25 年期的抵押贷款,要么是 3 年期的消费贷款。通过研究两种极端的情况,我们可以囊括所有可能的数值。银行根据其实际准备金、资本充足率以及监管当局(实际上就是建模者)设定的目标,决定其贷款规模。贷款会被发放给没有贷款的人,若有必要,这些人还必须通过偿付能力测试。这些贷款被用于向其他家庭进行购买,后者又会把钱重新存入银行。贷款人按月向银行归还本金和利息,然后银行可以发放新的贷款以及向存款人支付利息。这个过程见流程图 9.2。

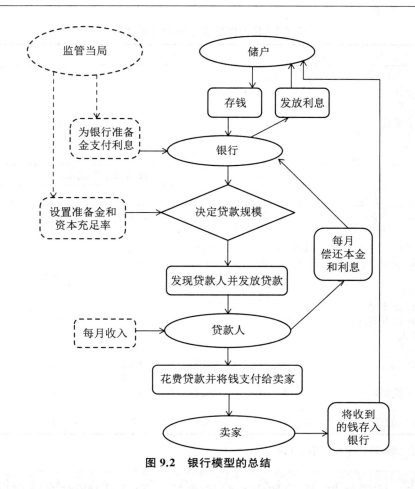

图 9.2　银行模型的总结

9.2.1 一个基础示例

要重现专栏 9.5 中的理论范例,我们首先假设存款准备金率为 10%,但不设置最低资本充足率要求(即充足率为 0),没有偿付能力测试,并且利率为 0。贷款为 10 万英镑,为期 25 年。因此,贷款人需要每月偿还 333 英镑。当贷款人获得贷款,他们就会随机把总额(10 万英镑)转给一个家庭,后者代表房地产交易链条的终点。"卖家"家庭把这笔钱存进银行。模型运行 120 个月,即 10 年。贷款人每次只能借 1 笔款项。这意味着银行的信贷可能会受限于模型中家庭的数量。

结果取运行 10 次的平均值(这个模型非常简单,随机波动微乎其微),见表 9.2 的左侧板块。报告 10 年后银行、家庭和整体经济的三组指标值:

● 银行:存款准备金率、资本充足率、信贷总额、资产负债表的总值和银行存款乘数。存款准备金率是 10.8%(标准差为 0),稍高于目标值 10%,但是资本充足率跌至 1.7%(标准差为 0)。信贷总额为 1.19 亿英镑(标准差为 1.7)。银行的资产负债表(即资产和负债,按定义两者相等)价值 1.34 亿英镑(标准差为 2)。银行存款乘数,即当前存款对原始存款的比率为 132.7(标准差为 1.8)(注意这个值比图 9.1 中的简单示例要稍高一点,因为模型考虑了银行的资本和留存利润)。专栏 9.6 展示了单次仿真实验的示例(因为只进行了单

表9.2　极简模型运行10年后的结果

运行10次

假设

股本(千英镑)	1
贷款类型	抵押贷款
贷款规模(千英镑)	100
期限(年)	25
家庭数量	10 000

		最低资本充足率(%)			
		0		10	
			(标准差)		(标准差)
银行指标					
准备金率(%)	最低10	10.8	(0)	30.4	(0.6)
资本充足率(%)		1.7	(0)	8.5	(0.2)
银行乘数		132.7	(0)	32.2	(0.4)
初始值					
信贷总额(百万英镑)	0	119	(2)	23	(忽略)
资产负债表(百万英镑)	2	134	(2)	33	(忽略)
储户和贷款人					
家庭占比%:					
贷款人		13.5	(0.2)	3.1	(忽略)
储户	10	13.2	(0.2)	4.0	(0.1)
平均储蓄(千英镑)	10	100.2	(0.6)	79.7	(0.7)
宏观指标					
还贷占总支出的百分比(%)	0	4.4	(0.6)	1.0	(忽略)*

注:*可忽略,即大于0但小于0.05。

专栏9.6　实验结果:贷款和资产负债表的示例,应用资本充足率规则,但无利息

运行一次

可供借贷和实际借出的资金

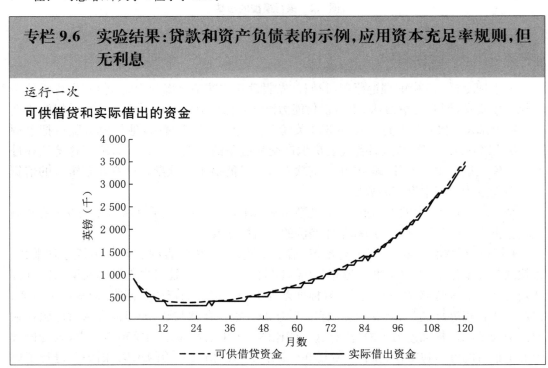

资产负债表和比率

初始值			百万英镑
资产		**负债**	
流动资产	2.0	存款	1.0
贷款	—	股本	1.0
合计	**2.0**	**合计**	**2.0**
10 年以后			百万英镑
资产		**负债**	
流动资产	14.3	存款	131.9
贷款	118.6	股本	1.0
合计	**132.9**	**合计**	**132.9**
准备金率(%)			10.8
资本充足率(%)			1.7
银行存款乘数			131.9

次仿真实验,所以这里的数值和前文的均值有所不同)。

● 家庭:贷款人和储户的比例,以及平均储蓄额。模型中,10 年后约有 13%的家庭是贷款人,储户(定义是至少有 1 万英镑存款的家庭)的比例也近似。这些比率低于英国的实际情况,因为该模型研究的是少数储户向有限的人群提供单批贷款的情况,而英国的情况则是大量这类贷款演化的结果。尽管如此,储户的平均存款从 1 万英镑提高到了 10 万英镑。

● 整体经济:抵押贷款的偿还金额占家庭预算的比例。10 年后,该比例提高到 4%。这个值很大程度取决于模型中家庭的绝对数量,涵盖这个数据是为了说明模型如何生成微观和宏观数据,同时该数据也可被作为信贷规模的一个指标。

9.2.2 引入资本充足率目标

下一步我们引入 10%的资本充足率目标,其他假设保持不变,运行 10 次,每次运行 10 年,其结果见表 9.2 的右侧板块。引入资本充足率目标限制了银行信贷,大幅降低了银行的活动:

● 银行的平均资本充足率略低于目标,因为银行只在每轮贷款的末期监控该比率,如果该比率未达到最低要求,且因为模型中的银行无法融资,所以提高比率以满足要求需要花费一定的时间。

● 银行存款乘数现在仅为 32.2(而非 132.7)。但相应地,银行具有"闲置资金",准备金率为 30%(而最低要求是 10%)。

● 贷款人和储户的数量都有所降低,储户的平均存款约为 8 万英镑(而非 10 万英镑)。

● 抵押贷款的还款只占总支出的 1%,是不考虑资本充足率目标时的 1/4。

9.2.3 负担能力以及不同的贷款类型

我们现在引入"负担能力测试"(affordability test):贷款人如果每月的还款额将超过其预算的一半,则不允许获得贷款。同时我们也引入 3 年期 5 000 英镑的短期贷款。这些消费信贷的每月还款额要低于抵押贷款:抵押贷款每月还款额是 333 英镑,而消费信贷是每月 139 英镑,这表示能承受消费信贷的家庭比能承受抵押贷款的多。最初 100 万英镑存款可以支撑的消费信贷是抵押贷款的 20 倍。为简单起见,银行可以提供抵押贷款或者消费信贷,但是不能同时提供两者。其他变量保持不变。

两类不同的贷款会产生截然不同的结果,见图 9.2 的信贷模式示例。银行想要放贷,则必须有足够资金,有家庭需要贷款以及银行满足资本充足率限制。图 9.3 中信贷的"尖刺",是由于银行违反了资本充足率的要求,在重新达标之前无法发放贷款。对于银行,相比抵押贷款,消费信贷的情形会早 3 年触及资本充足率的约束,因为抵押贷款的风险权重要高于消费信贷(解释见专栏 9.5)。同时注意,抵押贷款的信贷水平低于消费信贷(两张图的纵坐标有很大差异),因为抵押贷款的还款周期更长,因此其周转速度更慢。

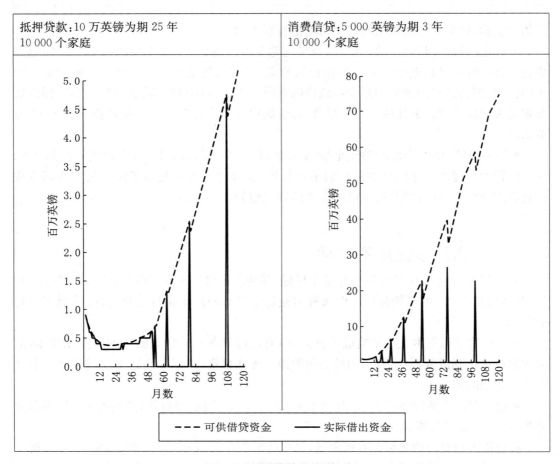

图 9.3　新增贷款供给的示例

图 9.4 和图 9.5 展示了图 9.3 示例的内在过程。图 9.4 的上半部分显示资本充足率下降到了 10% 以下,如前文述,因为银行根据上月末的资本充足率来决定放贷规模,该比率一旦下降可能不容易恢复。但是因为放贷规模受到约束,银行的准备金率会上升。下半板块显示,10 年以后,抵押贷款的乘数是 30,而消费信贷的乘数是 100。这是因为短期消费信贷的还款速度要快得多:需超 3 年而非 25 年。因为还款额较低,消费信贷对总消费支出的冲击更小,约为 1%,而抵押贷款是 4%。

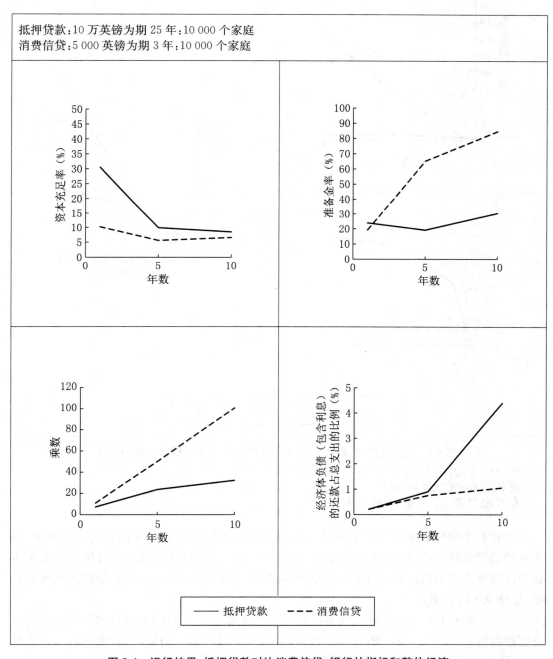

图 9.4　运行结果:抵押贷款对比消费信贷:银行的指标和整体经济

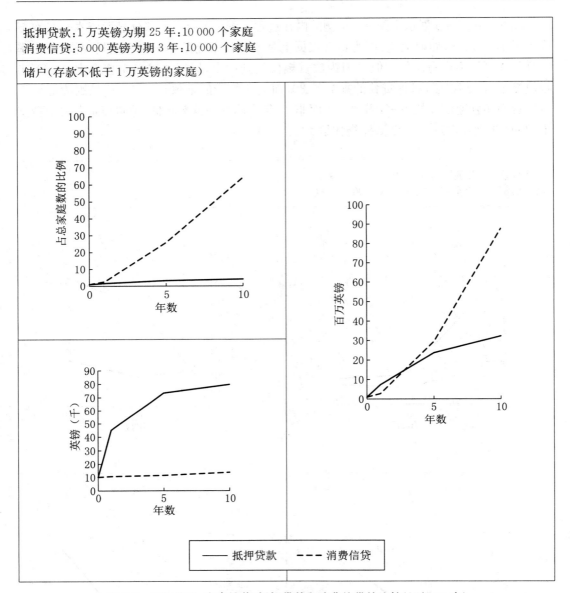

图 9.5 运行结果:家庭储蓄:抵押贷款和消费信贷的比较(运行 10 次)

注:＊左上:拥有至少 1 万英镑的储户占总家庭数的比例。
左下:这些家庭的平均储蓄。
右图:总储蓄——左边两图的乘积。

　　两者对于储户的冲击也非常不同。在抵押贷款的情形中,少数家庭获得大额进账,而在消费信贷的情形中,更多家庭获得更少的进账:因此和消费信贷相比,抵押贷款有更少储户以及更高的平均储蓄(见图 9.5 的左侧两图)。但是总储蓄中,消费信贷的比例依旧较高(见图 9.5 的右图)。

　　图 9.5 展示了一个利用异质性主体来解决分解难题的 ABM 的示例,这种建模方式允许建模者深入剖析 9.5 图右图的总体数据,考察其生成机制。例如,若只使用单一代表性主体,则模型无法分析储蓄者和非储蓄者相对关系。

9.2.4 引入利息

至今我们尚未对利息还款进行建模。收取贷款人 5% 的利息,会让 10 万英镑、为期 15 年的抵押贷款的每月还款额从 333 英镑提高到 585 英镑。这意味着 10 年后,抵押贷款的平均还款额(运行 10 次)占总支出的 8%,是无利息时的 2 倍。储户的存款利率为 2%,可以直接累加到账户中,因此会增加储蓄,进而增加贷款。银行没有贷出去的钱也会收到相同的利息,因此 10 年后的乘数会提高很多:平均值为 156,是无利息的情况下的 5 倍。银行也可以获得利润,其计算方式为贷款人支付的利息之和,加上其流动资产的利息,减去支付给储户的利息。假设这个利润由银行留存,结果见图 9.6 的"无冲击"曲线。对于储户如何使用利息以及银行如何使用利润的不同假设会导致不同的结果。

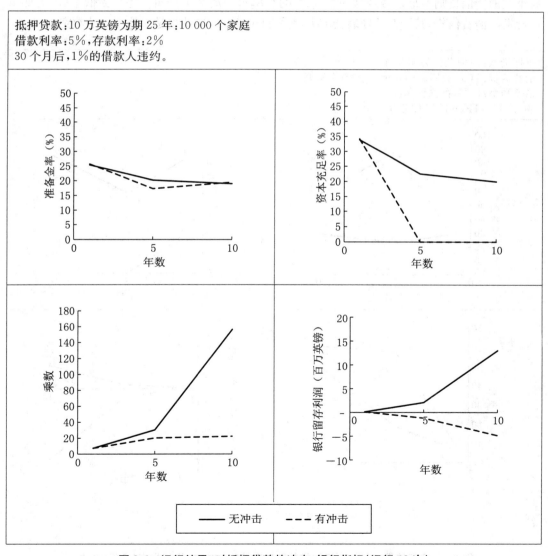

图 9.6　运行结果:对抵押贷款的冲击:银行指标(运行 10 次)

9.2.5 系统遭受冲击

为了测试系统对冲击的抗性,模型测试了 30 个月以后 1% 的贷款人违约的情景。违约的定义是贷款人停止支付还款且银行将这笔贷款进行冲销(writing off)。关于该行为对银行各指标在第 5 年和第 10 年的影响,见图 9.6 的"有冲击"曲线。违约对银行造成损失,又因为银行没有足够的资源,信贷因而停止。因此平均乘数只有 22,而非先前预估的 10 年后的 156。更重要的是,银行陷入了亏损递增的状态,见右下方的图形。因此,一个程度微小的冲击(1% 的违约者)就已产生重大影响。

如果银行向抵押贷款和消费信贷收取 10% 的利率,而只对储户支付 1% 利息,其结果见图 9.7。发放抵押贷款能让银行积累足够多的留存利润以保持自身不亏损,但以该利率发放小型消费信贷则不足以做到这一点,10% 的利率对于消费信贷而言还是太低了(因为如果银行发放消费信贷,其资产负债表会庞大得多;此时 1% 的违约也是一笔巨大的数字)。

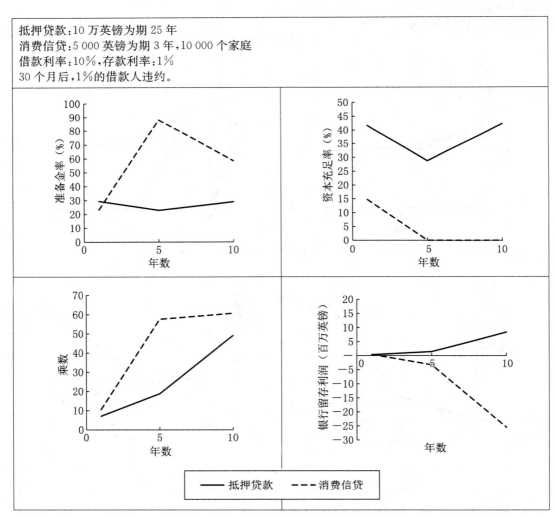

抵押贷款:10 万英镑为期 25 年
消费信贷:5 000 英镑为期 3 年,10 000 个家庭
借款利率:10%,存款利率:1%
30 个月后,1% 的借款人违约。

图 9.7　运行结果:对借款、抵押贷款和消费信贷的冲击:银行指标(运行 10 次)

这两个例子都表明，违约对资本不足的银行所造成的冲击如何使银行停止贷款，并使它陷入越来越大的损失。风调雨顺时，棘轮效应会使信贷增加、利润提升，但此刻情形已经反转。这说明了部分准备金制度的内在不稳定性。

9.3　讨论

本章用一个简单的 ABM 抓住了部分准备金制度的基本特征。对于本书的主题（对异质性、动态和互动的建模），本章主要关注的是动态，但是也涉及异质性和互动。

因为 ABM 可以容纳异质性，因此与代表性主体模型相比，我们能够区分贷款人和储户。诺贝尔奖得主约瑟夫·斯蒂格利茨（Joseph Stiglitz，2010，p.258）指出"……如果主体是同质的，那就不存在借与贷——那只是单纯把钱从左口袋转移至右口袋"。我们还允许贷款人具备一些异质性：贷款人具有不同的预算，因此并不总是能够获得贷款。我们还可以添加更多异质性，例如模型只考虑更高的利率会降低贷款的负担能力，没有考虑到储户对不同利率的反应。

我们只用一个主体来代表银行系统。当然，银行系统包含大量银行，这些银行相互竞争，也相互依赖，他们争相吸引储户和贷款人以让自身利润最大化。银行贷款越多（这会降低他们的流动资产和资本充足率）则利润越高，但是受冲击时也会越脆弱。尽管银行相互竞争，他们也高度相互依赖，而这种依赖性是系统风险的重要决定因素。银行间借贷的冻结是 2008 年危机的一个关键因素，当时银行对与自己交易的其他银行丧失信心。意识到这种依赖性后，英格兰银行现在使用网络图来报告主要银行之间的相互联系（Bank of England，2013a，p.47）。但我们已经在第 6 章研究过竞争，在第 4 章研究过网络，因此本章我们着重讨论部分准备金银行系统的特征。我们提出的核心银行模型可以扩展以涵盖银行业的竞争和相互依赖关系。

这个模型展示了银行系统如何把资源从借款人转移到非借款人。我们测量了债务还款和债务利息占总支出的比例，也测量了有存款家庭的比例，随着银行活动的开展，该比例连同平均储蓄水平一同提高。因此尽管是间接的，但该模型确实包含了主体间的互动。更重要的是，这个 ABM 的结构使我们的研究可以通宏洞微，而非如 Begg 等人（2011）那样把两者分开处理。

这个模型还说明了理解银行系统动态的重要性，以及对某一个经济领域进行建模的复杂程度。钱从哪里来？要到哪里去？美联储主席本·伯南克（Ben Bernanke）曾说：

> 我想，认为人类可以完全预见所有可能的互动和复杂的发展是不现实的。处理这种不确定性的最好办法是确保系统在根本上有足够弹性，以让我们有尽可能多的保险机制和后备安排。

> ——Chan(2010)

仅仅考虑还款的动态，已经表明其对贷款的冲击不会如教材描述的那样消失，反而可能产生爆炸性的后果。还款和再贷出形成的循环可以让货币呈指数式增加，要缓解这一点，只能依靠监管当局施加的流动性和资本充足率规则，或者结合其他约束，如需求不足（在模型里表现为潜在贷款人的耗尽）。因为短期消费信贷回收货币的速度快于抵押贷款,其乘数效应更大。因此,短期消费信贷越多,则系统越不稳定。我们的简单模型显示了资本不足的银行是如何陷入无法恢复的破产状态的。这证实了弗格森(Ferguson)的论断:

> ……我逐渐明白,很少有事情会比精确预测金融危机的时间和规模更困难,因为金融系统如此复杂,其中许多关联是非线性的甚至是混沌的。

——Ferguson(2008,p.14)

无需讳言,为了梳理关键的动态过程并且跟踪一系列贷款的长期影响,我们作了一些重要的简化假设。这个模型考虑了银行信贷政策、银行管制、家庭行为和总体经济变量之间的关系。本章表明,ABM 可以成为检验银行系统稳健性的宝贵工具。

附录 9.A　操作指南

9.A.1　银行业模型

目标:该模型的目标是研究一个 100 万英镑的经济刺激措施在数年内的效应。

实体:一个主体表示银行,最多有 1 万个主体,表示家庭。

随机过程:家庭预算的分布,哪些家庭获得贷款,哪些家庭接受支付,以及如果启用对系统的冲击,哪些家庭会违约。

初始化:

- 设定家庭的数量。
- 设定储户的数量。这决定了银行的初始存款规模:每个储户有 1 万英镑的存款。
- 设定银行的资本。
- 选择是否使用负担能力测试。
- 选择是否生成一个冲击,如果是,选择冲击的规模和时间。
- 设定储户和贷款人的利率:这些利率可以是 0。
- 选择运行的名称,设定月数以及运行次数。

输出:

首次运行会额外绘制一系列图形,见图 9.A.1。对于第 12、第 60 和第 120 个月,模型会记录下列指标在所有运行中的平均值。

- 银行指标:
  - 存款准备金率%
  - 资本充足率%
  - 银行存款乘数%
  - 银行资产负债表:负债和资产
  - 留存利润
  - 贷款总额
  - 每个月的新增贷款
- 宏观指标:家庭的总支出和总还款

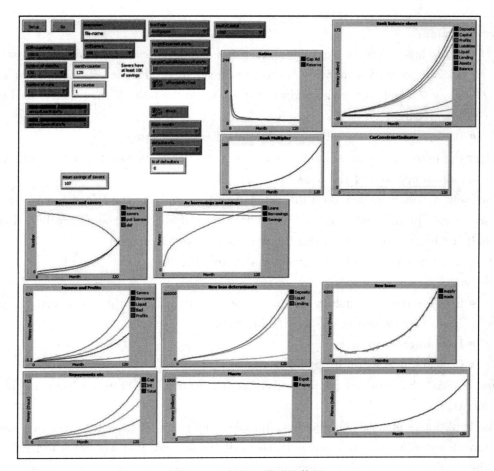

图 9.A.1　银行业模型的截屏

- 家庭：
  - 贷款人、储户和潜在贷款人的数量
  - 储户的平均储蓄额

伪代码见专栏 9.A.1，截屏见图 9.A.1。完整代码见网站：Chapter 9-Banking。

专栏 9.A.1　银行业模型的伪代码

Create a world sized with wrap-around to ensure the density of households is 1% （e.g. for 1 000 households，315×317）.

Define two loan types：

- Mortgage loans are of £100 000 over 25 years，risk weight 50%.
- Consumer loans are of £5 000 over 3 years，risk weight 100%.

Calculate the monthly repayments required for each loan type，taking into account any interest payable.

Create agents：
- Households：create required number of agents，representing households，and allocate to each a monthly budget designed to produce a Gini coefficient of about 0.3 and an average budget of £1 000（on the basis of the method used in Chapter 3）.
- Bank：create one agent to represent the banking sector.

Select the number the households set by the modeller to be savers.（These savings are the initial deposits of the bank.）

The bank makes loans based on the initial deposits，applying the affordability test if selected.（The affordability test means that only if the repayments are less than half the household's budget can the household take a loan.）

At the start of the second and each following month：

The bank
- Collects the repayments.（If the shock is switched on，the set percentage of borrowers default in the specified month.）
- Pays interest to savers.
- Collects interest on its liquid assets.

Households who received payment last month deposit the money.（None in first month.）

The bank looks at its reserve and capital adequacy ratios at the end of the previous month and calculates how much it has available to lend. If it has funds to lend，it then makes loans to those randomly selected households that do not have loans （and pass the affordability test if set）until its funds are all lent out.

If the bank cannot lend all the money it has available without breaching the target ratios，it has to keep the funds liquid and will earn the rate paid to savers.

Households receiving loans transfer the loan to another household selected at random.

The reserve and capital adequacy ratios are calculated and other data collected.

Data are collected for months 12，60 and 120. Graphs are plotted for the first run，and all data are sent to a csv file.

探索银行业模型

利用滑块和选项，研究如下效应：
- 通过增加储户的数量来增加初始存款；
- 给定目标比率，提高银行的股本以提高可贷资金额度；
- 降低目标比率；
- 在信贷需求方面，提高贷款人的利率；
- 在信贷供给方面，提高存款人的利率；

- 把冲击提前或者放大。

进阶探索（需要修改程序）：

- 模型当前假设储户把收到的任何利息都积攒在银行账户中。但如果他们另有打算，比如把钱花掉，会发生什么呢？
- 模型当前假设银行留存利润。如果银行把部分利润分配给股东呢？
- 2015 年实施的 LCR 要求银行有足够的"现金，或者拥有能够在私有市场被转换成现金而不产生或者只产生微小价值损失的资产，以满足一个 30 个日历日的流动性压力场景的流动性需求"（BIS，2013b）。重写模型，以衡量 LCR 的影响。
- 利用第 4 章的材料，修改模型以模拟一次银行挤兑。
- 利用第 6 章的材料，引入银行间的竞争。

参考文献

Alessandri, P. & Haldane, A. (2009) *Banking on the State*. Bank of England[Online]. Available at：http://qed.econ.queensu.ca/faculty/milne/870/Bank%20on%20the%20State.pdf [Accessed 6 August 2013].

Bank for International Settlements (1988) *International Convergence of Capital Measurement and Capital Standards*. Basel：Basle Committee on Banking Supervision [Online]. Available at：http://www.bis.org[Accessed 6 August 2013].

Bank for International Settlements (2010) *Group of Governors and Heads of Supervision Announces Higher Global Minimum Capital Standards*. Basel Committee on Banking Supervision Press release 35/2010[Online]. Available at：http://www.bis.org [Accessed 19 April 2013].

Bank for International Settlements. (2013a) *BIS History—Overview*. [Online]. Available at：http://www.bis.org/about/history.htm[Accessed 13 August 2013].

Bank for International Settlements. (2013b) *Group of Governors and Heads of Supervision Endorses Revised Liquidity Standard for Banks*. Basel Committee on Banking Supervision Press Release 1/2013[Online]. Available at：http://www.bis.org[Accessed 3 May 2013].

Bank of England(2013a) *Financial Stability Report*. Issue No. 33 (June)[Online]. Available at：http://www.bankofengland.co.uk[Accessed 6 August 2013].

Bank of England(2013b) *News Release：Prudential Regulation Authority(PRA) Completes Capital Shortfall Exercise with Major UK Banks and Building Societies* [Online]. Available at：http://www.bankofengland.co.uk/publications/Pages/news/2013/081. aspx(20 June)[Accessed 3 January 2015].

Bank of England/Federal Deposit Insurance Corporation(2012) *Resolving Globally Active, Systemically Important, Financial Institutions*. [Online]. Available at：http://

www. bankofengland. co. uk/publications/Documents/news/2012/nr156. pdf[Accessed 16 July 2013].

Baradi, M.(2007) *Beyond the Static Money Multiplier: In Search of a Dynamic Theory of Money*. Munich Personal RePEc Archive[Online]. Available at: http://mpra. ub. uni-muenchen. de/id/eprint/19287[Accessed 20 June 2013].

Begg, D., Vernasca, G., Fischer, S. & Dornbusch, R.(2011) *Economics*. Tenth Edition. London: McGraw-Hill Higher Education.

Board of Governors of the Federal Reserve System(2013) *Reserve Requirements*. Washington, DC: The Board[Online] Available at: http://www. federalreserve. gov/ monetarypolicy/reservereq. htm[Accessed 9 August 2013].

Chan, S.(2010) Is Ben Bernanke Having Fun yet? *New York Times*. 15 May 2010 [Online]. Available at: http://www. nytimes. com/2010/05/16/business/16ben. html? pagewanted=1&_r=0&dbk[Accessed 2 May 2013].

Cottrell, P.(2004) Domestic Finance, 1860—1914. In Floud, R. & Johnson, P., eds, *The Cambridge Economic History of Modern Britain*, *Vol II*, *Economic Maturity: 1860—1939*. Cambridge, MA: Cambridge University Press, pp.253—279.

EU(2013) *Commissioner Barnier Welcomes Trilogue Agreement on the Framework for Bank Recovery and Resolution*. Press release: MEMO-13-1140(12 December)[Online]. Available at: http://europa. eu/rapid/press-release_MEMO-13-1140_en. htm[Accessed 3 January 2015].

Ferguson, N.(2008) *The Ascent of Money*. London: Allen Lane.

Financial Times(2012) Northern Rock Exposed Regulatory Failings(12 September) [Online]. Available at: http://www. ft. com/cms/s/0/7bb1ab1a-fc00-11e1-af33-00144feabdc0. html♯axzz2bPh90ob8[Accessed 8 August 2013].

Francis, W. & Osborne, M.(2009) *On the Behaviour and Determinants of Risk-based Capital Ratios: Revisiting the Evidence from UK Banking Institutions*, Occasional Paper no.31 Financial Services Authority, London[Online]. Available at: http://www.fsa.gov.uk/pubs/occpapers/op31.pdf[Accessed 3 January 2015].

Friedman, M. & Schwartz, A.(1963) *The Monetary History of the United States: 1867—1960*. Princeton: Princeton University Press.

HM Treasury(2010) *Households Without Access to Bank Accounts 2008—2009*[Online]. Available at: http://webarchive. nationalarchives. gov. uk/20130129110402/http:// www. hm-treasury. gov. uk/d/stats_briefing_101210. pdf[Accessed 3 January 2015].

Howson, S.(2004) Money and Monetary Policy Since 1945. In Floud R. & Johnson P., eds, *The Cambridge Economic History of Modern Britain*, *Vol III*, *Economic Maturity: 1939—2000*. Cambridge, MA: Cambridge University Press, pp.134—166.

Mallett J. (2011) Modeling the Textbook Fractional Reserve Banking System. *Eighth International Conference on Complex Systems*. Boston, MA[Online]. Available at：http：//www.researchgate.net/publication/226989260_Modeling_the_Textbook_Fractional_Reserve_Banking_System/file/32bfe511ec46db59eb.pdf[Accessed 20 June 2013].

ONS(2011) *Wealth in Great Britain：Main Results from the Wealth and Assets Survey：2008/10：Part 1*[Online]. Available at：http：//www.ons.gov.uk[Accessed 12 April 2013].

ONS(2012) *Wealth in Great Britain Wave 2，2008—2010：Chapter 3：Financial Wealth* [Online]. Available at：http：//www.ons.gov.uk/ons/rel/was/wealth-in-great-britain-wave-2/2008-2010--part-2-/report--chapter-3--financial-wealth.html [Accessed 3 January 2015].

Quinn，S.(2004) Money，Finance and Capital Markets. In：Floud，R. & Johnson，P.，eds.，*The Cambridge Economic History of Modern Britain*，*Vol 1*，*Industrialisation：1700—1860*. Cambridge，MA：Cambridge University Press，pp.147—174.

Smith，A.(1776/1861) *Wealth of Nations*. Edinburgh：Adam Charles & Black.

Stiglitz，J.E.(2010) *Freefall：Free Markets and the Sinking of the Global Economy*. London：Penguin Books.

Reinhart，C. & Rogoff，K.(2009) *This Time Is Different：Eight Centuries of Financial Folly*. Princeton：Princeton University Press.

Reserve Bank of New Zealand(2007) *Capital Adequacy Ratios for Banks-Simplified Explanation and Example of Calculation*. [Online]. Available at：http：//www.rbnz.govt.nz/finstab/banking/regulation/0091769.html[Accessed 19 April 2013].

Watson，K. (2004) The Financial Services Sector Since 1945. In：Floud R. & Johnson P.，eds，*The Cambridge Economic History of Modern Britain*，*Vol III*，*Economic Maturity：1939—2000*. Cambridge，MA：Cambridge University Press，pp.167—188.

▶ 10

公地悲剧

10.1　引言

　　"公地悲剧"一词由加州大学圣芭芭拉分校的生物学教授加勒特·哈丁（Garrett Hardin）在 1968 年提出。他的著名论文主要论述了人类的人口过剩问题，并认为人类无法依靠技术进步来容纳持续增加的人口：需要进行社会变革来限制人口（Harding，1968）。他所列诸多例子的其中之一，描述了一片向所有人开放的牧场，并提出若所有牧民都理性地行动，通过增加放牧的数量来追求自身的利益，那么最终"公地悲剧"就会发生，因为牧场无法维持不断增长的动物数量。追求私人利益的牧民并未促进社会整体的利益，因此亚当·斯密的无形之手（见专栏 5.4）失灵了。但这个分析没有意识到，人们已经找出多种合作方式来避免"公地悲剧"。例如，诺奖得主埃莉诺·奥斯特罗姆（Elinor Ostrom，1990，pp.58—88）描述了一些已持续数百年的制度，它们被应用在瑞士的高山牧场、日本的森林和西班牙的灌溉水源的管理上；Straughton（2008）则描述了英格兰北部荒原的管理。

　　在展开讨论之前，我们首先明确"公地"（comoms）的定义。正式地，一个"公共池塘资源"（common pool resource，CPR）是指"一种自然的或者人造的资源系统，其规模足够大，因此要阻止潜在获益者利用资源并从中取利，要付出很大的代价（但并非没有可能）"（Ostrom，1990，p.30）。以经济学术语说，一个 CPR 不是一项公共品，因为它是有限资源，被一人使用就无法再被其他人使用。实际上，CPR 资源的有限性正是管理问题的源头。相对地，一个人对公共品的使用并不会减少其他人的可用性，如天气预报（Ostrom，1990，pp.31—32）。

　　CPR 种类繁多，又各具特点，要物尽其用则需要采取不同的管理安排。例如，与放牧管理相比，林业管理要考虑很长的时间跨度，而渔业管理要适应鱼类的移动。对林业和渔业的详尽分析见 Perman 等人（2003：Chapter 17 and 18），该书也是对这一经济学领域的有益介绍。

　　本章重点研究畜牧业，因为该领域较为简单，也是英格兰典型的 CPR（英格兰公共土地的背景信息，见专栏 10.1）。根据 Natural England（2014），我们把有权使用这些公共资源的人称为"公地牧民"。

专栏 10.1　英格兰的公共土地

在英格兰,从 13 世纪起议会就制定了关于公共土地的法律(Natural England, 2014;Straughton, 2008,p.10)。《2006 年公共土地法案》(The Commons Act 2006)将过去 700 年来所通过的所有同类法律集中在一个法案中(Natural England,2014)。2006 年的法案旨在"以可持续的方式保护公共土地,为农业、公众使用和生物多样性带来好处"(DEFRA,2014)。

一种普遍的误解是,公共土地属于所有人,但事实并非如此(Natural England, 2014)。在英格兰,公共土地为私人所有,但第三方对其拥有某些权利(Straughton, 2008,p.9)。

英格兰目前仅有 7 000 多块公地,共占土地面积的 3%;大部分是劣质牧地(Natural England,2014)。

10.1.1　经济学分析

CPR 问题有时候会使用博弈论来分析,以囚徒困境博弈(见专栏 10.2)来表达。如果据此为"公地悲剧"建模,则模型可假设两个公地牧民分享一个牧场,赢利矩阵包含不同放牧量所对应的收益(取代囚徒困境中监狱的刑期)。此例中的最佳放牧量是 100,产生的总利润是 1 000 英镑。如果放牧总量超过最优值,总利润会降低。现实中,这可能源于牛的健康变差。在本例中,公地牧民的利润(π)会按如下公式下降:

$$\pi = -0.1H^2 + 20H$$

其中 H 等于牛的数量,即放牧总量。因此,若存在 200 头牛,则总利润为 0,见专栏 10.3 的上半部分。如果两个公地牧民平分牧场,且放牧的数量都为最优值的一半,那么双方的利润都是 500 英镑,总利润达到最大化。但如果一个公地牧民采用"背叛"策略,放牧 60 头牛,而另一个放牧的数量仅为 50,那么总放牧量就提高到了 110 头。由上述利润函数可得,总利润下降到 990 英镑,即每头牛 9 英镑。然而,"背叛者"的赢利建立在其他人的损失之上,其总利润为 60×9 英镑=540 英镑,而非最优情形的 500 英镑。另一个公地牧民的利润低于最优情形,只有 50×9 英镑=450 英镑,而非 500 英镑。如果两个公地牧民都认为对方会放牧 60 头,那么双方都有动机放牧 60 头,放牧的总量提高到 120 头,总赢利下降到 960 英镑,即每头牛 8 英镑。因此双方的利润都变成了 480 英镑,都劣于最优情形。如果这个过程重复到极限,即双方都会放牧 100 头牛,那么悲剧就发生了:双方的利润都是 0。赢利矩阵见专栏 10.3 的下半部分。具体的数字并不重要,而只是想说明一个原理:个人的动机会为所有人带来不合意的结果。

专栏 10.2　囚徒困境和"公地悲剧"

情景如下：两个好友有犯罪嫌疑，被警方拘留。他们被关在不同的牢房里，因此无法相互交流。他们都被告知：

- 如果你不坦白，但你的朋友坦白，则你会被判 10 年。
- 如果你坦白，你只会被判 5 年。
- 如果你们都不坦白，警方只能以较轻的罪名起诉你们，你们依然会被判刑，但只有 1 年。

刑期的赢利矩阵如下，例如(10，5)表示 A 获刑 10 年且 B 获刑 5 年。

疑犯 B	疑犯 A	
	坦白	不坦白
坦白	(5，5)	(10，5)
不坦白	(5，10)	(1，1)

不坦白符合双方的利益，两人都会获刑 1 年。但如果 A 不坦白而 B 坦白，则 A 会被重判，对于 B 来说同样如此。两人都不知道对方的选择，结果双方都可能坦白以避免最大刑期，因此每人被判 5 年（更多有关博弈论和囚徒困境的信息，见如 Varian，2010，Chapter 28 and 29，或 Begg et al.，2011，pp.206—212）。

专栏 10.3　示例："公地悲剧"如何以囚徒困境的形式表示

当超过最优放牧数量 100 时，公地牧民的总利润(π)按公式 $\pi = -0.1H^2 + 20H$ 递减，其中 H 表示总的放牧数量，见左图。每个公地牧民的利润的算法是总利润除以牛数，见右图。

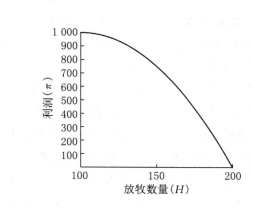
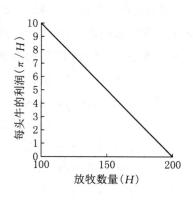

公地牧民 B 的牛数	公地牧民 A 的牛数		
	50	60	100
50			
放牧数量	100	110	150
每头牛的利润(英镑)	10	9	5
A 的利润(英镑)	500	540	500
B 的利润(英镑)	500	450	250
总利润(英镑)	1 000	990	750
60			
放牧数量	110	120	160
每头牛的利润(英镑)	9	8	4
A 的利润(英镑)	450	480	400
B 的利润(英镑)	540	480	240
总利润(英镑)	990	960	640
100			
放牧数量	150	160	200
每头牛的利润(英镑)	5	4	0
A 的利润(英镑)	250	240	0
B 的利润(英镑)	500	400	0
总利润(英镑)	750	640	0

但悲剧诞生的过程同时也说明了为何因徒困境不适用于这项研究。简单的单次因徒困境博弈假设不存在交流,没有合作,且公地牧民们也不在乎未来。但人们并不总按短期利益来行动:他们会关心自己或者后代的未来。在一个稳定的社会里,人们预计自己或者家庭会和其他人一起生活工作很多年,甚至很多代,那么因徒困境所预示的行为就不太可能出现,因为它的关键特征是禁止合作(进一步讨论见 Ostrom,1990,pp.2—20)。类似地,第 6 章所讨论的古诺—纳什均衡问题也不存在合作。实际上,第 6 章的古诺—纳什模型也适用于本情景下的非合作行为。但本章我们关注的是合作。

但合作如何涌现仍是未解之谜。Ostrom(1990)认为这是个缓慢的、旷日持久的过程。无限次重复的博弈理论可能对此有所启发。如果因徒困境博弈重复次数不确定,则"以牙还牙"(tit-for-tat)策略(其中每一个参与人复制对手在上一个回合的行动)可以促使合作的涌现(见,如 Varian,2010,pp.529—530)。这里我们把因徒困境扩展到 10 个人。借用前文的例子,我们假设放牧的数量是 150 而非最优的 100,毫无疑问,如果放牧总量下降,总体利润会提高。但如果某一个公地牧民减少放牧数,虽然整体利润会增加,但自身的利润会降低。从另一个极端角度看,如果所有人都减少放牧量,则所有人的利润都会提高。在本例中,只要 4 个公地牧民减少放牧数量,那么整体利润以及每个人的利润都会提高,见表 10.1。这说明了合作可能的开端。同样,精确的数字并不重要。

表 10.1 合作产生利润的示例 *

减少放牧的公地牧民数	1	4	10
未减少放牧的公地牧民数	9	6	0
放牧数量降低	−1	−4	−10
减少放牧者的利润变化（英镑）	−3.6	0.6	9
其他人的利润变化（英镑）	1.5	6	9
总利润的变化（英镑）	10	38	90

注：* 基于专栏 10.3 的数据。

为了使一个管理 CRP 的合作系统经受住时间考验，Ostrom（1990，p.90）定义了 7 个关键的条件：

- 清晰定义的边界：使用者和 CRP 的边界都必须被良好地定义。
- 规则必须反映当地的情况：不同时间和地点适用的规则也不同。
- 大部分参与的个体必须能够影响规则。
- 规则必须由公地牧民本人或直接对他们负责的人来实施。
- 对违规的惩罚必须渐进，且由公地牧民或直接对他们负责的人来执行。
- 必须存在低成本的本地流程来解决分歧。
- 公地牧民自主安排的权力不得被外部的权威所挑战。

这些条件的本质是由社会约束（特别是在稳定社会中运行的约束）所维持的合作。

最近，在研究了一系列不同环境下的制度之后，Liu 等人（2007）总结道："人类和自然系统之间的耦合会因空间、时间和组织单位的不同而变化，它也会展现出非线性动态，如阈值、互惠反馈循环、时滞、弹性、异质性和各种意外。"这些都表明存在有效利用 ABM 的可能。

10.2 模型

Chapman 等人（2009）对英格兰北部荒原的管理进行了详细的仿真，但是对于我们的目标而言，其细节又太多了。Schindler（2012a and 2012b）利用 2 个 NetLogo 模型来研究牧场的公地悲剧问题，但是这些模型又太复杂，其中一个还是基于非洲牧民。我们模型的灵感来自英国的公地，旨在尽量简洁地展示动态和互动。

我们首先创建一个牧场模型并确定其"承载力"（carrying capacity），其定义为在一定时间内牧场能够维持的牛的数量。然后我们再添加公地牧民，以研究几种分享牧场的方案。

10.2.1 牧场的承载力

当然，"承载力"会因动物的类型、气候条件和土壤情况而有所不同。例如，英格兰北部山地稀疏放牧所能维持的羊的数量，肯定和同等面积的、更温暖的英格兰南部的新森林地区（New Forest）所能维持的小马数量不同。现在学者已经建立了详细的生物学模型，如 Armstrong 等人（1997）的山地放牧管理模型。但我们感兴趣的不是详尽的生物学过程，而是公地牧民所采用的策略；因此，在本阶段，我们尽量简化生物学过程，尽管我们广泛采用了英国的数据，如 EBLEX（2013）。

草的生长速度取决于各种因素，且会在一年中不断变化。在英格兰，草在春季和初秋最快，在夏季次之，在冬季则几乎不生长。我们在这里重点研究夏季放牧，同时为简化起见，我们假设草的生长速度保持不变。我们利用 Perman 等人（2003，p.562）的 logistic 函数来对草的生长进行建模（对 logistic 函数的解释见专栏 10.4）。例如，如果一头牛把一块草地吃到只剩下最大值的 0.25，草的生长速度为每周 0.2，且在草生长到最大值的 0.9 前，公地牧民不再放牧，那么草地需要 16 周才能复原。见专栏 10.4 中的图。选择这些参数值是为了确保承载力相对较低，以减少每次运行的时间。

专栏 10.4 草以 logistic 函数的形式生长

logistic 公式由维赫斯特在 1838 年提出，并被用来描述人口的增长，可用于生成一种简单的非线性模型，其变化取决于上一期的水平和增长率（Strogatz，1994，pp.9—10 and pp.22—23）。

如果 G_t 是 t 期草的总量，g 是草每周的增长率，那么在下一期，草的总量如下：

$$G_{t+1} = G_t + G_t(1-G_t)g$$

其中 $0 < G_t \leq 1$ 且 $g \leq 1$。

例如，如果 G_t 等于 0.25，且 g 为 0.2，则 1 周后 G_{t+1} 为 0.287 5：

$$G_{t+1} = 0.25 + (0.25 \times 0.75 \times 0.2) = 0.287 5$$

但若草已生长到接近最大值，那么生长的绝对水平就会小得多。例如，若 G_t 等于 0.95 且 g 为 0.2，则 1 周后 G_{t+1} 为 0.959 5：

$$G_{t+1} = 0.95 + (0.95 \times 0.05 \times 0.2) = 0.959 5$$

草以每周 0.2 的速度增长的示例如下图。如果放牧至 0.25，则草地在 16 周后恢复到 0.9。

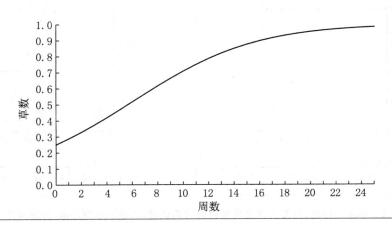

模型中的牧场有 9 999 个嵌块。一开始，每个嵌块包含 1 单位草。建模者设定牛的初始数量，且牛随机分布。每头牛会吃掉 0.75 单位草，到下周，牛则会移动到最近的、未被占领的且有充足草（0.9 个单位）的嵌块上。（禁止牛吃完嵌块上所有的草，否则草不会再长出来！）牛如果找不到合适的嵌块就会死亡。

如果牛吃草的速度超过草的生长速度，则可用的牧场就会减少。因为草的生长速度固定，如果牛太多，形成过度放牧，则牛会饿死。模型运行 25 周以展现一个夏季的放牧情况。要确立这个模型的基本特征，我们首先假设草不会生长。400 头牛，每头牛每周消耗 1 单位草，则牧场中的所有牛能存活 25 周。这就是模型的结论。

若允许草缓慢生长则能改变这种情况。设定增长率为 0.2（见专栏 10.4），则 600 头牛可以度过夏天，尽管最后草已经所剩无几，这表明这种程度的消耗无法长期维持。但如果牛的数量超过 700，则它们都无法撑过夏天：草会在 16 周后耗尽，见图 10.1。

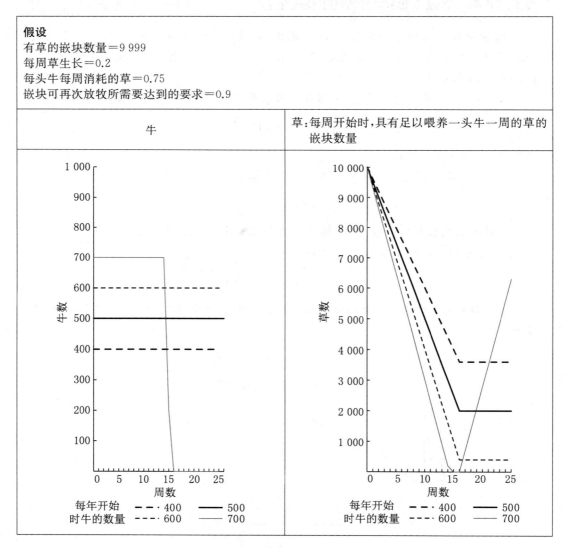

图 10.1　存活的牛数，以及允许草生长时的可用草量（为使图形更清晰，标准差未显示）

更多有关这个承载力模型的信息见附录 10.A。

10.2.2　管理牧场

确立了模型牧场的特征,特别是承载力之后,我们现在引入公地牧民来管理牛群。

牧场管理模型要覆盖的不止一个夏天,而是多个年度。当然,现实世界中草的生长速度和牧场承载力每年都有所不同。但为了得出关键的动态,我们假设草每年以恒定的速度增长。如前文所述,放牧的时间为 25 周,随后牛被移除,草有机会恢复一点:假设生长期只有 5 周,这反映了草在英国的冬天只能生长一点的事实。(见如 EBLEX,2013。)

模型中存在 10 个公地牧民,开始运行时,他们被等额分配一定数量的牛(本例为 300 头)。每年初,公地牧民决定是否增加或者减少今年夏天的放牧数量。在引言的例子中,公地牧民的决策依据是一个损失函数。在本模型中,放牧取代了损失函数,决定了有多少头牛能够存活,即公地牧民能赚多少钱。我们在引言中可以看出,面对损失时,若有小部分公地牧民减少放牧量来应对,则所有人的情况都会得到改善。基于此,我们采用两项启发式决策规则:

- 如果公地牧民所有的牛都活过了这个夏天,则他们会根据某个系数增加放牧的数量,以反映增加利润的动机。
- 如果所有牛都死亡,则公地牧民根据某个系数减少放牧的数量,以反映对损失的厌恶。

每个公地牧民会被随机分配一个上调系数和下调系数,两者均服从正态分布,其均值由建模者设定,标准差等于均值。上调系数和下调系数不能为负,可以为 0 但必须小于 1,以防止任何公地牧民的增量过大或者无牛可牧。(夏季开始时,每个公地牧民最少有 1 头牛)。因此,若一个公地牧民的下调系数为 0,则他对损失没有反应;若上调系数为 0,则他永远不会增加放牧。规则暗示了公地牧民可以通过对牛进行买卖来进行上述调整,因此公地牧民总是能够补充任何损失的牛。

这些调整系数可用风险厌恶以及合作性(cooperativeness)来解释:

- 较高的下调系数可以解释为风险厌恶(尽力抵御未来的损失)或者合作性。
- 较高的上调系数可以解释为贪婪,较低的上调系数也可以表示风险厌恶。

Kahneman 和 Tversky(1979)提出,人们对损失的感受比收益更深。这表示风险厌恶通常大于贪婪。将此转化到我们的模型,就表明上调系数应该小于下调系数。因此我们设定下调系数分布的均值是 0.5,而上调系数分布的均值是 0.1。

先不论草的生长率和消耗率系数(和承载力模型中的设置相同)的决定因素,建模者只能设定以下因素:

- 牛的初始数量。
- 下调系数和上调系数的均值(以及标准差)。
- 公地牧民是否有放牧数量的上限? 如果有,上限是多少(后面会就这一点进一步展开)?
- 模型运行的年数。

每年夏天,模型记录放牧季开始时和结束时的牛的数量,包括总数和每个公地牧民所拥有的牛数。

模型的研究目标是建立持续稳定性的最佳方法。我们使用了 4 个指标:

- 每年末牛数量的均值:越多越好。
- 存活率:活过夏天的牛的数量。数字越大越好,理想的存活率应该是100%。
- 有牛死亡(即存活率小于100%)的年份的比例。数字越小越好;理想的情况应该是0。
- 过去10年每年末牛的数量的变化:变化越小越好,理想的情况应该是没有变化,这表示系统很稳定。

此外,对于前3个指标,把全部25年的结果与最后10年的结果进行比较,可以显示系统是否随时间变得更加可持续和稳定。把4个指标一起考察很重要,例如,即使存活率一直维持在100%且牛的数量保持不变,但如果平均只放牧100头牛,则牧场资源未能被充分利用,因为已知牧场可以维持的牛数远高于此。

为了研究这个简单模型的动态,我们首先将每个公地牧民的放牧上限设置为1 000,但这实际上等同于无限制,因为这远超牧场的承载力。开始时,每个公地牧民放牧30头牛,模型运行15次,每次25年。每年末牛的数量波动很剧烈,见图10.2。例如,5年后的任一年末,不同运行中牛的数量从0到500不等。此外,尽管公地牧民一开始放牧相同数量的牛,但在第25年末,某一两个公地牧民拥有大多数牛。在有牛存活的情况下,一个公地牧民平均拥有58%的牛(标准差为18)。专栏10.5以某一次运行为示例展示了这种集中如何发生。

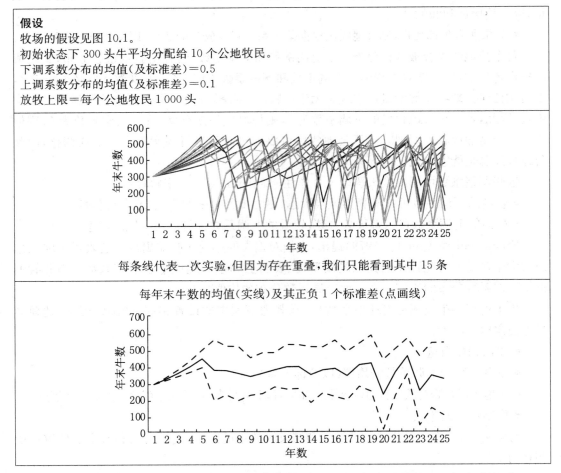

图 10.2　牧场管理模型的结果:每个公地牧民的放牧上限为1 000头,运行15次,每次25年

专栏 10.5 示例：公地牧民的经历

A 的下调系数＝0.5，上调系数＝0.1

B 的下调系数＝0.5，上调系数＝0.2

第 1 年，A 的所有牛存活，因此第 2 年 A 放牧 30×1.1＝33 头牛。B 的所有牛也存活，但 B 在第 2 年把放牧数提高到 30×1.2＝36。

这个过程持续到第 11 年，年初 A 在公地上放牧 72 头牛，B 放牧 117 头。10 个公地牧民的放牧总量为 573 头，这使得公地超载，仅有 330 头牛存活，其中 A 存活 42 头，B 存活 98 头。按调整规则，双方的放牧数量都只有上一年的 50％：A 为 36（72×0.5），B 为 89（177×0.5）。

一切平安，直到第 19 年。在年初，A 放牧数量为 66，B 为 313。10 个公地牧民的放牧总量为 598。牧场无法维持所有牛，因此损失了其中 86 头。A 仅存活 11 头，B 存活 50 头。下一年（第 20 年），A 放牧 33 头，B 为 157 头，为上一年放牧数量的一半。

所有公地牧民每年都会增加放牧数量，直到第 25 年，另一次崩溃发生。在第 25 年的年末，公地上有 182 头牛，其中 A 有 17 头，B 有 118 头。

短线段表示年末牛的数量和年初相等。长线段表示当年牛的数量减少，存活率低于 100％。

公地牧民 A 的牛   **公地牧民 B 的牛**

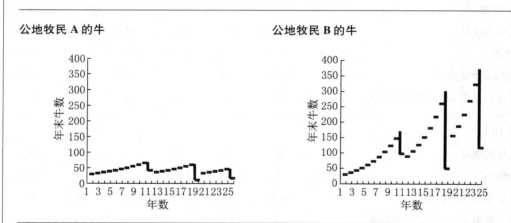

全部 10 个公地牧民的牛

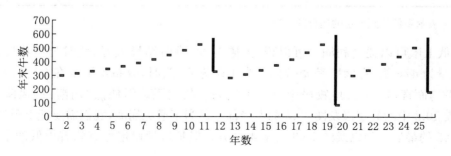

什么因素能让系统更加稳定？英格兰（Straughton，2008，p.119）和瑞士（Ostrom，1990，pp.61—65）同时存在一项规则，即公地牧民允许在公地上放牧的数量，等于他们在冬天能够维持的牛的数量。在现实中，这表示更大的牧场可以在公地上放牧更多的牲畜，因为他们有更多的土地来生产饲料（例如干草）以在冬季没有草的时候喂养动物。这防止了公地牧民在夏天买入牲畜，以在公地上放牧而在冬天之前卖出。为简化起见，我们假设每个公地牧民放牧的上限相同，而把不平等分布作为一个练习，留给有编程经验的读者来研究。这个限制可以由知情的政府官员来实施，或者如奥斯特罗姆的研究所示，也能随时间自行演化而来。

我们知道牧场的承载力低于 700 头。但即使我们限制每个公地牧民最多放牧 100 头（因此潜在总数是 1 000 头），与无数量限制时相比，4 个指标依然有显著改善。表 10.2 的前两列显示，若每个牧民的放牧上限为 100，那么相对于无限制时，牧场可维持的牛的数量更多：平均为 414 头，存活率是 95％；而无限制时是 370 头，存活率为 85％。在这种限制下，最后 10 年的数据优于整体数据，这样的指标表现在无限制情况下并未出现。此外，在有限制的情况下，牛在公地牧民间的极端不平等分布也得到缓解。平均而言，在每个公民最多放牧 100 头牛的限制下，25 年后规模最大的牧民也只占总规模的 22％（标准差为 3）。

表 10.2　对公地牧民可放牧数量施加限制的效应

限　　制	1 000	100	90	80	70	60	50
全部 25 年							
年末牛的数量	370	414	414	410	443	476	425
（标准差）	(25)	(23)	(31)	(20)	(26)	(27)	(29)
夏天存活的牛的比例	85.3	95.4	95.8	96.9	98.8	99.7	100.0
存活比例低于 100％ 的年数比例	22	11	11	8	4	2	0
最后 10 年							
年末牛的数量	361	446	440	439	490	506	443
（标准差）	(45)	(28)	(41)	(30)	(35)	(36)	(33)
夏天存活的牛的比例	37.0	96.8	96.6	97.6	99.8	99.7	100.0
存活比例低于 100％ 的年数比例	32	13	13	7	1	2	0
达到稳定的概率*	0	0	0	40	87	80	100

注：* 表示牛数达到恒定的运行的占比。

降低上限可以提高利润。可以说，上限为 60 头时结果最好，此时公地牧民的平均放牧数量为 476 头，存活率是 99.7％。当上限为 60 头时，分布不平等在 25 年内只略有增加：平均而言，10 个公地牧民中有 7 个达到放牧上限。但偶然"崩溃"的风险依然存在，见表 10.2 中的数字以及图 10.3 的上半部分。为了避免崩溃，我们需要把上限设为 50，见表 10.2 的最后一列以及图 10.3 的上半部分。但是这种稳定性意味着更低的平均放牧数量。

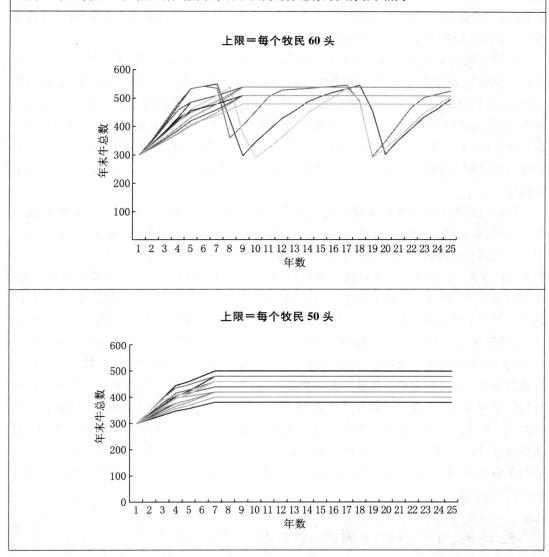

假设
牧场的假设如图 10.1。
300 头牛被平均分配给 10 个公地牧民。
下调系数的均值(及标准差)＝0.5
上调系数的均值(及标准差)＝0.1
运行 15 次,每次 25 年(但只有少数曲线可见,因为部分运行的长期结果相同)

上限＝每个牧民 60 头

上限＝每个牧民 50 头

图 10.3　每个公地牧民的放牧上限是 60 头或者 50 头时,每年末牛的数量

更多关于这个牧场管理模型的信息,见附录 10.A。

10.3　讨论

为了研究公地悲剧,我们创造了一个简单的世界:包括两类主体——公地牧民和牛群——以及环境,然后对此进行实验。通过让模型尽量简单、变量尽量少,我们得以清晰地理解实验的过程:每次只改变一个变量,其他因素保持不变。尽管模型比较简单,但在如此多动态过程的相互作用下,模型可以产生大相径庭的结果,这也许就是模型难以达到稳态的原因。

模型并未假定公地牧民会最优化自己的行为,而只使用了两种启发式的行为规则。他们所需要的信息仅仅是自己的牛群在上一年夏天的状况。因此模型不存在额外的监督成本,也未假定他们具备完整的历史信息,更不必预测未来。

该模型展示了如何利用现实世界中的简单规则来避免公地悲剧,关键是对每个公地牧民的放牧数量设置上限,这是个情理之中的结果。更加有趣的是,即使最优的上限不为人所知,近似值也可以产生良好的效益(见表 10.2)。此外,因为这个机制由独立主体的行动产生,因此可以对底层机制进行研究。模型显示,如果不对公地牧民设定放牧的上限,那么数年后,牛在牧民之间的分布就会非常不平等。即使单纯地把上限设为 100 也会显著地减少这种不平等。实际上,一个简单的规则已能为高度不稳定(甚至混乱)的系统带来秩序。

我们可以用不同的参数来研究这个基本模型,也可以用诸多不同的方式来扩展此模型。例如,我们只要进行少量再次编程,就可以赋予公地牧民其他决策规则。ABM 的其中一个优点是使测试不同决策规则的效果成为可能。例如,我们不再为每个公地牧民设定放牧的上限,而让他们在每年初检查牧场的草。如果草量低于某个值(我们随意选定,这个值是 4 000 块可供放牧的嵌块),那么每个公地牧民就会在接下来的夏天减少放牧的数量。每个公地牧民放牧的数量,取决于他们上一年的放牧量和下调系数。如果牧草充足,公地牧民则会按各自的上调系数来增加放牧。这一次,模型初始设定每个公地牧民有 50 头牛,两个调整系数的均值(以及标准差)都是 0.1。因此,如果一个公地牧民上一年的放牧数量是 60,且今年初可供放牧的嵌块不足 4 000 块,而他的下调系数是 0.1,那么他的放牧数量是 54。但如果可供放牧的嵌块不低于 4 000 块,那么他就会把放牧数量提高 10%,达到 66。尽管该模型不能在宏观层面上达到完全的稳态,但是能维持大量的牛,存活率也很高,见专栏 10.6。但在微观层面上,25 年后,公地牧民之间放牧规模的差异要高于简单施加 50 头或者 60 头上限的情况。在本例中,25 年后,一个公地牧民平均占据 31%(标准差为 8)的总放牧量。

专栏 10.6 可用牧场稀缺时的合作行为

假设

牧场的假设如图 10.1。

500 头牛被平均分配给 10 个公地牧民。

下调系数的均值(及标准差)=0.1,当每年初可供放牧的嵌块少于 4 000 块时触发。

上调系数的均值(及标准差)=0.1

运行 15 次,每次 25 年

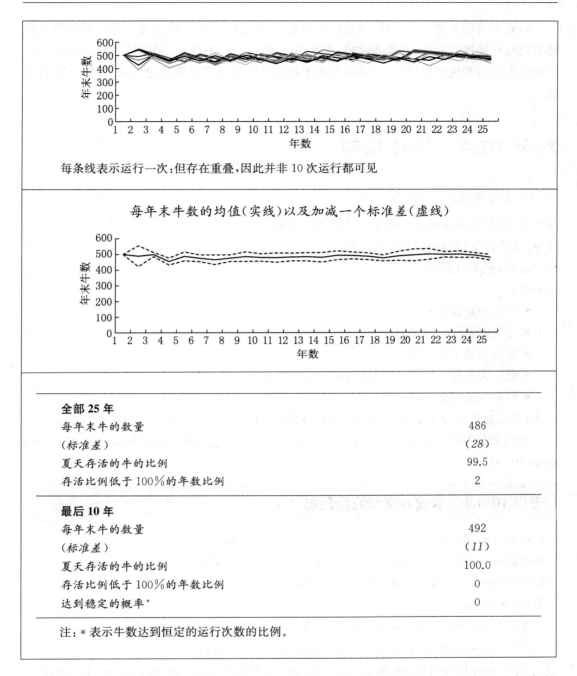

每条线表示运行一次:但存在重叠,因此并非 10 次运行都可见

每年末牛数的均值(实线)以及加减一个标准差(虚线)

全部 25 年	
每年末牛的数量	486
(标准差)	(*28*)
夏天存活的牛的比例	99.5
存活比例低于 100% 的年数比例	2

最后 10 年	
每年末牛的数量	492
(标准差)	(*11*)
夏天存活的牛的比例	100.0
存活比例低于 100% 的年数比例	0
达到稳定的概率*	0

注:* 表示牛数达到恒定的运行次数的比例。

"探索"小节里还将提到其他情景。读者也可能对糖域模型感兴趣,这是一个知名的 ABM,主体在其中的一片土地上移动并消耗上面的资源(Epstein and Axtell,1996)。糖域模型的各部分可以在 NetLogo 模型库中被获取(Li and Wilensky,2009)。

我们的模型并未解释合作如何产生。但案例分析显示,达成长期合作解的要素以及合作解如何涌现至今仍未清楚。利用多人重复囚徒困境博弈的变体来对此进行研究可能是个有趣的思路[多人重复囚徒困境博弈的例子,见 NetLogo 的模型库(Wilensky,2002)]。

回到本书的主题——互动,异质性和动态,本章已经证明了结合这三者的重要性。公地牧民与环境进行互动,并随着时间,彼此间接地进行互动;他们是异质性的,因为他们以不同的方式对变化作出反应。ABM 有助于对这类复杂动态系统的建模,而其他方法则无能为力。

附录 10.A   操作指南

10.A.1   承载力模型

目标:该模型的主要目标是确定一片牧场的承载力。

实体:主体是牛以及生长牧草的嵌块。

随机过程:把牛分配到牧场中。

初始化:

- 牛的初始数量;
- 每头牛每周吃草的量;
- 草每周的生长速度;
- 把一头牛喂养一周,一块嵌块最少需要的草的数量;
- 要运行的次数。

输出:草的总量以及牛的数量,这些数据会被搜集并被保存为一个 csv 文件。

伪代码见专栏 10.A.1,截屏见图 10.A.1。完整的代码见网站:Chapter 10-Carrying Capacity Model。

专栏 10.A.1   承载力模型的伪代码

Create a world $101 \times 99 = 9\,999$ patches with no wrap-around.

Put grass with the maximum value of 1 on all the patches.

Create cows and distribute them over the meadow.

Weekly cycle

　　The cows eat the grass on their patch.

　　The grass then grows, according to a logistic function.

　　Each cow moves to the nearest patch with sufficient grass to support it for a week.

　　If a cow cannot find a patch with enough grass, the cow dies.

　　Repeat this process for 25 weeks.

Data collection

　　Ongoing counters record the number of runs performed, the number of weeks passed, the number of cows and the number of grass patches that can support a cow.

Record at the start and end of each week the number of cows and the number of patches with enough grass to support a cow for a week.

Record at the end of each run the distribution of patches by amount of grass at the start and end of the summer.

Calculate the averages and standard deviations for the number of cows and number of grazing patches over all the runs.

Display resulting data and send to a csv file.

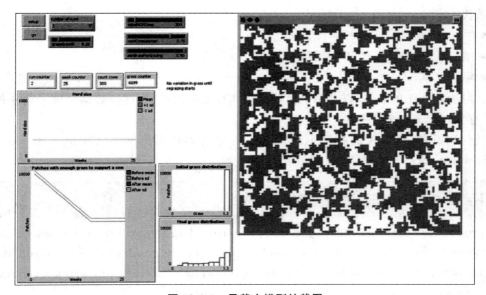

图 10.A.1　承载力模型的截屏

探索承载力模型

使用滑块来研究：

- 如果牛每周吃的草更多会如何？
- 如果草生长得更慢会如何？
- 如果在一块嵌块上喂养一头牛所需的最小草量变得更小会如何？

进阶探索（需要修改程序）：

- 如果草在春季生长得更快会如何？
- 如果牛吃草的习惯不同，例如牛只能在一个有限的范围内寻找牧草，会如何？
- 如果牛生了小牛犊会如何？

10.A.2　牧场管理模型

目标：这个模型旨在描述如何管理一片公共牧场。

实体：承载了牧草的嵌块，以及两种主体：牛和公地牧民。

随机过程：

- 牛在牧场中的分布；
- 每个公地牧民的调整系数；
- 把牛分配给公地牧民。

初始化：

牧场

- 每头牛每周吃多少草；
- 草每周的生长速度；
- 要喂养一头牛，每个嵌块所需的最少草量。

公地牧民

- 牛的初始数量；
- 调整系数的均值（及其标准差）；
- 年数。

输出：草的总量、牛的总量，以及每个公地牧民拥有的牛的数量，这些数据会被采集并被保存到一个 csv 文件中。

伪代码见专栏 10.A.2，截屏见图 10.A.2。完整的代码见网站：Chapter 10-Meadow Management Model。

专栏 10.A.2　牧场管理模型的伪代码

Reproduce the carrying capacity model but with a larger world to accommodate the commoners in an area outside the meadow recording the results for just one run at a time(as because of the volatility it is not appropriate to average the results over several runs).

Create 10 commoners and locate in an area outside the meadow.

Allocate to each commoner：

- One tenth of the initial number of cows.
- A downward adjustment factor based on a random normal distribution with a mean set by the modeler(and a standard deviation to equal the mean).
- An upward adjustment factor based on a random normal distribution with a mean set by the modeler(and a standard deviation to equal the mean).
- Ensure both the adjustment factors lie between 0 and 0.9，inclusive.

Annual cycle

- Cows graze as in the carrying capacity model.
- At the end of each year，all the cows die.
- The grass grows a little over the winter.
- Each commoner decides how many cows to put on the meadow for the summer based on their experience of the previous year and their adjustment factors.
- Repeat the process for the number of years chosen by the modeller.

Data collection

Record the number of cows grazed by each commoner at the start of each summer and how many survive until the end.

Record at the start and end of each year the number of cows and the number of patches with enough grass to support a cow for a week.

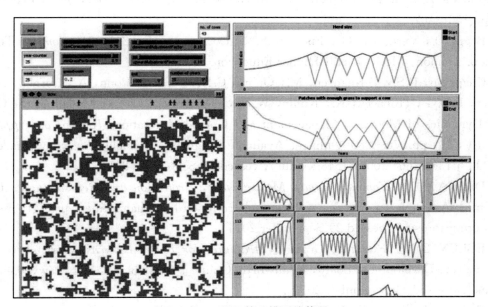

图 10.A.2　牧场管理模型的截屏

探索牧场管理模型

使用滑块来研究变化的效果：

- 改变牛的初始数量会如何？原假设是牛的初始数量低于牧场的承载力，但如果模型设定牛的初始数量超过了可持续的水平，如 700，会怎么样？
- 调整系数使用不同的均值（以及标准差）时会产生什么影响？
- 在什么情况下，比起运行 25 年，模型运行 50 年时会更有可能变得稳定？

进阶探索（需要修改程序）：

- 设计其他决策规则：例如，公地牧民决定放牧的数量时，不仅会考虑自身在上一年的情况，也会考虑其他人（例如他们的近邻）在上一年的情况。
- 模型假设公地牧民具有相同的动物越冬能力，这显然非常不可能。我们怀疑在很多情况下，其分布会大致服从指数约为 -1 的幂律分布。即一个牧民会显著拥有超过其他人的承载力（关于幂律的讨论见专栏 7.5）。不同于把牛平均分配给 10 个公地牧民，模型给其中一人分配 50%的牛，给两人每人分配 12.5%，给三人每人分配 5%，其余四人每人分配 2.5%（提示：参考第 7 章中吉尔福德劳动市场模型，雇员如何在公司之间分布）。
- 利用奥斯特罗姆成功管理 CPR 的 7 个关键条件，来研究模型如何通过公地牧民之间的直接合作来达到承载力的极限。

参考文献

Armstrong，H.M.，Gordon，I.J.，Grant，S.A.. Hutchings，N.J.，Milne，J.A. & Sibbald，A.R.(1997) A Model of the Grazing of Hill Vegetation by the Sheep in the UK. I. The Prediction of—Vegetation Biomass. A Model of the Grazing of Hill Vegetation by Sheep in the UK. II. The Prediction of Offtake by Sheep. *Journal of Applied Ecology*，34，pp.166—207.

Begg，D.，Vernasca，G.，Fischer，S. & Dornbusch，R.(2011) *Economics*. Tenth Edition. London：McGraw-Hill Higher Education.

Chapman，D.S.，Termansen，M.，Quinn，C.H.，Jin，N.，Bonn，A.，Cornell，S.J.，Fraser，E.D.G.，Hubacek，K.，Kunin，W.E. & Reed，M.S.(2009) Modelling the Coupled Dynamics of Moorland Management and Upland Vegetation. *Journal of Applied Ecology*，46，pp.278—288[Online]. Available at：http://onlinelibrary.wiley.com/doi/10.1111/j.1365-2664.2009.01618.x/full[Accessed 29 September 2014].

DEFRA(2014) *Common Land：Management，Protection and Registering to Use*. [Online]. Available at：https://www.gov.uk/common-land-management-protection-and-registering-to-use[Accessed 29 September 2014].

EBLEX(2013) *Planning Grazing Strategies for Better Returns*. Agriculture and Horticulture Development Board，Kenilworth[Online]. Available at：http://www.eblex.org.uk[Accessed 11 September 2014].

Epstein，J. & Axtell，R.(1996) *Growing Artificial Societies：Social Science from the Bottom Up*. Washington，DC：Brookings Institution Press.

Hardin，G.(1968) The Tragedy of the Commons. *Science*，162，pp.243—1248.

Kahneman D. & Tversky，A.(1979) Prospect theory：An Analysis of Decision Under Risk. *Econometrica*，47(2)，pp.263—292.

Li，J. and Wilensky，U.(2009) *NetLogo Sugarscape 1 Immediate Growback model*. http://ccl.northwestern.edu/netlogo/models/Sugarscape1ImmediateGrowback and *NetLogo Sugarscape 2 Constant Growback Model* Center for Connected Learning and Computer-Based Modeling，Northwestern University，Evanston，IL[Online]. Available at：http://ccl.northwestern.edu/netlogo/models/Sugarscape2ConstantGrowback. [Accessed 10 August 2014].

Liu，J.，Dietz，T.，Carpenter，S.，Alberti，M.，Carl Folke，C.，Moran，E.，Pell，A.，Deadman，P.，Kratz，T.，Lubchenco，J.，Ostrom，E.，Ouyang，Z.，Provencher，W.，Redman，C.，Schneider，S. & Taylor，W.(2007) Complexity of Coupled Human and Natural Systems. *Science*，317，pp.1513—1516.

Natural England(2014) *Common Land*[Online]. Available at：http://www.naturalengland.org.uk/ourwork/landscape/protection/historiccultural/commonland/[Accessed 10 August 2014].

Ostrom，E.(1990) *Governing the Commons*. Cambridge，MA：Cambridge University Press.

Perman，R. Ma，Y.，McGilvray，J. & Common，M.(2003) *Natural Resource and Environmental Economics*. Harlow：Pearson.

Schindler，J.(2012a) Rethinking the Tragedy of the Commons：The Integration of Socio-psychological Dispositions. *Journal of Artificial Societies and Social Simulation*，15(1)，4[Online]. Available at：http://jasss.soc.surrey.ac.uk/15/1/4.html[Accessed 5 August 2014].

Schindler，J.(2012b) A Simple Agent-based Model of the Tragedy of the Commons. In：Troitzsch，K.，Möhring，M. & Lotzmann，U.，eds，*Proceedings 26th European Conference on Modelling and Simulation*. Dudweiler：European Council for Modelling and Simulation[Online]. Available at：http://www.openabm.org/files/models/3051/v1/doc/Article-Conf-Proceedings.pdf[Accessed 5 August 2014].

Straughton，E. A.(2008) *Common Grazing in the Northern English Uplands*，*1800—1965*. Lewiston，New York：Edwin Mellon Press.

Strogatz，S.(1994) *Nonlinear Dynamics and Chaos*. Cambridge，MA：Westview.

Varian，H.(2010) *Intermediate Microeconomics*. Princeton：Princeton University Press.

Wilensky，U.(2002) *NetLogo PD N-Person Iterated model*. Center for Connected Learning and Computer-Based Modeling，Northwestern University，Evanston，IL[Online]. Available at：http://ccl.northwestern.edu/netlogo/models/PDN-PersonIterated[Accessed 3 January 2015].

▶ 11

总结和结论

11.1 引言

我们首先总结全书的模型，然后讨论 ABM 的有用性，以及把 ABM 运用于经济学研究的优缺点，最后为读者留下进一步阅读的材料和资源的清单。

11.2 模型

我们在本书中介绍了 19 个模型，其中包括作为其他模型输入的模块、说明理论的模型、政策模型和一个真实世界事件的模型。有些模型只有 2 个主体，但多数模型有 1 000 个主体，最多的有 10 001 个。许多模型的主体表示个体或者家庭，但在部分模型里，主体则表示组织：企业或者国家。在某个模型中，主体还表示非人类：牛。表 11.1 总结了这些模型的基本特征。这些模型的共同特点是精炼，即只为合意的结果做最少的必要假设。按照 Doran 和 Palmer(1995)的建议：

> 建模的一项标准原则是：模型的层级和复杂性应当能够回答我们的问题，体现我们感兴趣的理论元素，但在其他方面则尽可能精简。

在第 3 章，我们对家庭的收入分布进行建模，并且匹配在英国所观察到的分布。这个模型引入了异质性，建立了微宏观之间的联系，我们能从中看到每个家庭对所观察到的整体模式的贡献。接下来，我们利用这个分布以及新古典价值理论来为消费者需求建模。但我们也表明，考虑到现实性，预算约束和价格弹性也可以被用来对消费者需求建模。

在第 4 章，我们引入了动态和互动，允许消费者彼此影响。基于社交圈的概念，我们提出一个对社会网络建模的简单方法。在此基础上，我们利用阈值模型来研究正反馈对消费者需求的潜在影响。我们展示了 ABM 如何特别适用于阈值模型，可以同时处理局部影响和对整个社会的影响。随后我们把两个模型与其他过程结合，研究了 1951—2001 年间英国固定电话的采用情况。模型显示，经济因素（价格和收入）不足以解释所观察到的模式：社会交往才是关键。总的来说，这一章表明 ABM 是对正反馈建模的强力工具，因为它可以处理异质性和互动。

在第 5 章，我们转为研究一个通过换货交易进行互动的市场。我们先从埃奇沃斯盒的新古典框架开始，用 ABM 研究其动态。我们首先假设存在一个瓦尔拉斯拍卖者，但是随后放宽这个假设,允许主体之间直接谈判。然后我们把这个模型扩展为一个简单的交易系统,其中包括 200 个主体和 2 种产品。该模型可以研究多种交易安排,我们表明一个简单的随机点对点交易机制(peer-to-peer trading mechanism)就可以产生巨大的福利改进,尽管总效用没有达到最大化。

在第 6 章,从古诺—纳什均衡模型开始,我们引入了企业。我们引入了一个简单的动态系统,其中每家企业对其他企业在上个周期的产出的信念,是他们决定自己产出的依据。ABM 可以帮助我们很容易地研究动态过程,并引入不完全信息。我们展示了企业知识中一个相当微小的错误会如何引发产出波动。随后我们引入消费者,从新古典的完全竞争情景开始来建立基准,然后放松其假设,令价格成为成本的加成,而商铺调整其供给并以此改变其短期和长期的成本。消费者需求基于 WTP。在竞争中落败的商铺会倒闭。这个简单模型的结果是竞争越激烈则销量越高。随后,我们把模型应用于数码产品和服务,如销售软件、音乐和游戏。在这个领域,新古典的规模报酬递减规律不再适用。为简化起见,我们完全忽略了仓储容量的约束。模型说明了为什么销售这类产品的企业应该一开始设定较高的价格,然后再降低以提高销量。

在第 7 章,我们转向劳动市场。劳动市场是动态的,并且包括雇员和雇主在内的参与人的异质性都很强。我们首先建立了一个工资分布模型,这与第 3 章的家庭收入分布模型类似但不完全等同。然后我们建立了一个简单的工作搜寻模型,并研究了假设的含义。接着这两个模块都被整合进了一个基于作者家乡吉尔福德的劳动市场模型,并展示了英国劳动力市场上被观察到的不同就业状态之间的大量流动,如何与宏观层面的稳定性保持一致,以及工资灵活性越大,失业率越低,长期失业者占失业者的比例越低,并且从失业转为就业的概率越大。

在第 8 章,我们研究了外汇的供给和需求。我们重点研究了不同政策制度下的汇率决定。其中,一个主体代表一个国家,另一个主体代表世界的其他地区。建模者可以为国家主体赋予不同的特征、选择政策环境(即采用浮动汇率还是固定汇率)。我们用模型研究了不同的情景,并强调了浮动汇率国家(如英国和美国)与欧元区国家之间动态系统的异同。

接下来,我们在第 9 章研究了银行系统,重点关注部分存款准备金制度的动态。我们的模型显示这个系统潜在的爆炸性,这在标准教科书中并未被明确地论述,并说明了流动性和资本充足率规则对银行系统稳定性的重要程度。模型区分了贷款人和储户,因而能够考虑到只有少数人是储户这一事实(这和代表性主体模型不同),并且提出银行系统对储蓄和贷款分布的影响。这个模型还结合了微观和宏观,而这在经济学教科书中往往会分开处理。

最后,第 10 章说明了如何用 ABM 来研究人类和环境的互动。以公地悲剧为主题,本章的第一个模型创造了一个环境(一片牧场),允许建模者决定其能够维持的动物(牛)的数量。然后引入人的因素,研究了不同的 CPR 管理制度。因为模型中存在太多相互作用的动态过程,因此该模型能够产生迥异结果,这可能就是模型很难达到持续稳态的原因。模型并未假设公地牧民会最优化自身行为,但仅采用两种启发式的行为规则仍能带来改善。此外,因为这个系统是由独立主体的行动发展而成,因此我们可以穿透顶层的现象,考察个体行动如何创造整个系统。

表 11.1 总结了 19 个模型，这些模型可被分为 4 类：

- 模块：模型可以独立运行，但是随后会被纳入更大的模型。
- 理论：模型旨在实现经济理论。
- 政策：可用于处理政策问题的现实模型。
- 案例研究：旨在重现一个观察到的现象的模型。

表 11.1　模型的总结

模　型	模型类型	主体数量	主体类型	关键特征			
				异质性	动态	互动	宏观与微观结合
第 3 章							
家庭预算分布模型	模块	1 000	家庭	✓			✓
基于效用函数的需求	理论	1 000	家庭	✓			✓
实用性需求模型	政策	1 000	家庭	✓			✓
第 4 章							
社交圈模型	模块	1 000	个体/家庭	✓	✓	✓	✓
阈值模型	模块	1 000	个体/家庭	✓	✓	✓	✓
电话采用	案例研究	1 000	家庭	✓	✓	✓	✓
第 5 章							
埃奇沃斯盒博弈	理论	2	个体	✓	✓	✓	
埃奇沃斯盒随机	理论	2	个体	✓	✓	✓	
红十字包裹	理论	200	个体	✓	✓	✓	
第 6 章							
古诺—纳什	理论	2	企业	✓	✓	✓	
商铺	理论	1 000	企业和消费者	✓	✓	✓	
数字世界	理论	1 000	企业和消费者	✓	✓	✓	
第 7 章							
工资分布	模块	1 000	个体	✓			✓
工作搜寻	模块	1 100	企业和个体	✓	✓	✓	
吉尔福德劳动市场	政策	1 100	企业和个体	✓	✓	✓	✓
第 8 章							
国际贸易	政策	2	国家		✓		
第 9 章							
银行业	政策	10 001	企业和个体	✓	✓	✓	✓
第 10 章							
承载力	模块	100—2 000	牛	✓	✓		
牧场管理	政策	110—1 010	个体和牛	✓	✓	✓	✓

11.3　优秀模型之源

在第 2 章以及其他地方,我们都提到验证的重要性,即要确保模型正确地表达建模者的意图,这至关重要。但一个更大、更困难的问题是:什么模型才是好的模型? 这种评估被称为确认。如 Windrum 等人(2007)所言,对经济学 ABM 进行确认绝非易事。

抛开所有建模方式都存在的确认问题(例如用于确认模型的数据质量)不谈,因为 ABM 涉及随机过程以及非线性复杂系统,因而会引发一些独特的问题。例如,只是简单地计算模型重现观察到的现象的数量,可能并非是衡量模型质量的好指标,我们可能只是在模型所描述的环境下观察到了一个极为罕见的现象。但问题是,尽管可以算出概率,但我们不知道也不可能知道,究竟是模型错了还是现实情况本身就很罕见,这就是为什么敏感性分析在所有建模方法中都很重要,但是在 ABM 中尤为重要。

对于现实世界中的模型,如我们在第 4 章中介绍的电话采用模型,我们遵循了一个仿真建模的标准方法:检查模型是否能重现观察到的宏观数据。标准的统计方法可以被用来衡量拟合优度,但是拟合得好不代表模型好,正如 Morgan(2012,pp.330—334)所指出的,仿真数据仅仅“形似”真实世界并不意味着模型中这些数据的产生过程和真实世界中的产生过程相同,尽管摩根(Morgan)讨论的不是 ABM。爱泼斯坦(Epstein)在评论一个关于 ABM 的问题时表示,“生成的充分性(generative sufficiency)是解释的必要非充分条件”,即一个模型要能被称为好,就必须在微观层面上也符合逻辑(Epstein,2006,p.53)。换言之,模型作为一个整体,必须讲述一个令人信服的“故事”。因此,在电话采用模型里,我们同时考虑了拟合优度标准和底层假设的合理性,如家庭之间的相互影响。第 7 章的吉尔福德劳动市场模型就很好地体现了爱泼斯坦的观点,即虽然一个相当简单的模型就可以轻易重现整体的宏观现象,但是模型的价值在于再现基础的微观活动,并说明这些活动确实产生了可被观察到的宏观现象。

然而,对于抽象模型,不存在可供对比的真实世界数据,本书的许多模型都是如此。但这些模型可以让我们进行理论研究,因此我们可以:

- 从教材所关注的比较静态分析转向动态过程:例如第 6 章中古诺—纳什模型的动态过程以及第 9 章中银行系统的潜在爆炸性动态,都提出了经济波动的一种来源。
- 研究非均衡的状态,如第 7 章的劳动市场。
- 抛弃行为人最优化的假设,利用启发式的思路来实现多种类型的有限理性主体,如第 10 章。

一个抽象的 ABM 是否有价值,取决于它能否增进我们对于经济系统的理解。

总而言之,确认的目的是评估模型的质量。衡量被观察到的宏观数据可以在多大程度上被微观层面的互动所解释是一种方法,但仅此还不够。一个好的 ABM 必须在微观层面上也合乎逻辑,包括主体的特征及其互动的方式。以一致和连贯的方式来进行这种评价对我们来说依然是个挑战[更多有关 ABM 的确认的一般问题,见 Gilbert (2007,pp.64—76),关于主体基经济学模型,则见 Windrum 等人(2007)]。

11.4　ABM 的长处与短处

我们已经证明 ABM 可以轻松处理异质性、动态和互动，也可以成为连接微观和宏观的桥梁，也展示了 ABM 在对诸多系统进行建模的同时无须假设主体（不论人或者组织）是最优化者或者系统达到某种均衡，这就和基于最优化和均衡的数理经济模型形成了鲜明的对比（Morgan，2012，pp.394—396）。为了使数学易于处理，数理模型必须依赖一系列高度不现实的假设，这些假设受到了第 1 章中所提到的复杂性和"后瓦尔拉斯"（post-Walrasian）经济学家以及其他许多人的广泛批评。利用 ABM，我们可以摆脱传统方法的桎梏。我们已经多次阐明，抛开这些假设，我们也可以建立有用的模型。主体并非在完全信息条件下进行最优化，而是在有限信息下利用经验法则来决策。例如在第 3 章的实用性需求模型中，家庭进行预算管理，而非最大化其效用。在第 5 章，商铺并非进行利润最大化，而是遵循简单的定价规则。

ABM 当然有潜力增进我们对经济学的理解，但许多问题仍待解决，ABM 本身也不可能免于批评。一些批评来自对仿真的不理解（Waldherr and Wijermans，2013）。这表示 ABM 的践行者必须更好地、更透明地解释其模型，如公开模型的代码。

传统经济学家可能提出一种批评，即他们会问"公式在哪里？"正如本书所述，某些关键的过程可以用公式表示。ABM 也运用数学，但通常不是用后者来解方程组以进行最优化或者寻找均衡。一个可能更相关的批评是，ABM 中有太多的变量（Waldherr and Wijermans，2013）。但构建任何类型的模型都必然会进行假设，把这些假设全部都暴露出来无疑是 ABM 的优点，难道对假设置之不理才更合理吗？

但如 Windrum 等人（2007）所指出的，在经济学领域应用 ABM 确实存在一个重要的现实问题，就是缺乏标准化。一旦建模者不考虑最优化，则会面临可选行为规则的汪洋大海。不存在标准，因而每个建模者都使用自己的标准，但他们往往没有充分研究其假设的含义。例如 Balke 和 Gilbert（2014）曾发现，14 种决策程序曾被应用于 ABM。我们仍需要进行大量的这类工作。ABM 社区也认识到标准化缺失的问题：如 Heath 等人（2009）呼吁"标准的技术、实践、哲学和方法论"以及 Squazzoni（2010）呼吁应当抛弃现有的"手工作坊"式的方法，而采用"标准的实践、方法以及科学的交流"。考虑到 ABM 仍然年轻，这些情况可能难以避免。时至今日，投入到 ACE 的时间和努力仍然微不足道（见 Farmer，2014，for an estimate）。相比之下，经济学家对新古典经济学的关注已经超过 100 年，而 DSGE 模型的发展也几乎超过 40 年。ACE 社区需要在公认的假设和被广为接受的行为规则基础上开发模块套件，使其能相互组合以进行建模。

模型不仅需要标准化，还需要更好的数据。例如，对于一些政策类的研究，我们需要能反映现实的人口模块。第 4 章的电话采用模型表明对真实世界的建模是多么困难，以及它要如何倚仗大量人口动态的细节。例如法国国家研究局（Agence Nationale de la Recherché，2014）已经认识到这一需求并着手加以解决。他们的 Gen* 项目正在开发一套工具和方法，来为主体基社会仿真生成符合现实的合成种群（synthetic populations）。这类工作仍远未足够。一个相关的问题是数据的缺乏。正如凯恩斯的理论和宏观经济模型在 20 世纪 30 年代的发展引发了对新型数据的需求,ABM 也需要新的数据。建模者往往不知道经济主体的行为方式,因而不得不诉诸于随机过程。行为经济学将有助于填补这一空白。

ABM 的实践者渴望把他们的技术运用在政策领域。我们在第 7 章的劳动市场建模对此有所涉及。但只有在 ABM 比现有方法更优时,政策分析师才会采纳 ABM 方法。例如,在 20 世纪 80 年代早期,微观仿真技术之所以被采用,是因为它把变化引入假想家庭,使得该技术在研究税收和福利变化的影响方面比当时已有的方法更优。ABM 需要证明它能够比现有模型提供更多的洞见。我们已经展示了 ABM 确实具有这方面的潜力,但是要兑现其潜力仍需我们进行更多的工作。我们希望这本书能够为 ABM 在经济学中的应用提供进一步发展的动力。

参考文献

Agence Nationale de la Recherché(2014) *Gen* * [Online] Available at:http://www.irit.fr/genstar/[Accessed 30 December 2014].

Balke, T. & Gilbert, N.(2014) How do Agents Make Decisions? A Survey. *Journal of Artificial Societies and Social Simulation*, 17(4), p. 13 [Online] Available at:http://jasss.soc.surrey.ac.uk/17/4/13.html[Accessed 30 December 2014].

Doran, J. & Palmer, M.(1995) The EOS Project. In: Gilbert, N. & Conte, R., eds, *Artificial Societies*. London: UCL Press, pp.103—125.

Epstein, J. M. (2006) *Generative Social Science*. Princeton: Princeton University Press.

Farmer, D.(2014) *Slides presented to ESRC Conference on Diversity in Macroeconomics*, University of Essex, Wivenhoe Park. [Online] Available at: http://www.acefinmod.com/docs/ESRC/Session%202/essexMacro2.pdf[Accessed 30 December 2014].

Gilbert, N.(2007) *Agent-Based Models*. London: Sage.

Heath, B. Hill, R. & Ciarallo, F.(2009) A Survey of Agent-based Modeling Practices(January 1998 to July 2008). *Journal of Artificial Societies and Social Simulation*, 12(4), p.9[Online] Available at:http://jasss.soc.surrey.ac.uk/12/4/9.html[Accessed 30 December 2014].

Squazzoni, F.(2010) The Impact of Agent-based Models in the Social Sciences After 15 years of Incursions. *History of Economic Ideas*, xviii, pp.197—233.

Waldherr, A. & Wijermans, N.(2013) Communicating Social Simulation Models to Sceptical Minds. *Journal of Artificial Societies and Social Simulation*, 16(4), p.13 [Online] Available at: http://jasss.soc.surrey.ac.uk/16/4/13.html [Accessed 30 December 2014].

Windrum, P., Fagiolo, G. & Moneta, A.(2007) Empirical Validation of Agent-based Models：Alternatives and Prospects. *Journal of Artificial Societies and Social Simulation*，10(2) ［Online］ Available at：http://jasss. soc. surrey. ac. uk/10/2/8. html. ［Accessed 5 January 2015］.

深入阅读和资源

经济学

Arthur，W.B.(2014) *Complexity and the Economy*. New York：Oxford University Press.

Boero，R.，Morini，M.，Sonnessa，M. & Terna，P.(2015) *Agent-based Models of the Economy*. London：Palgrave Macmillan.

Colander，D.(2006) *Post Walrasian Macroeconomics*. Cambridge，MA：Cambridge University Press.

Gilbert，N.(2007) *Agent-Based Models*. London：Sage.

Helbing，D. & Kirman，A.（2013）Rethinking Economics Using Complexity Theory. *Real-World Economics Review*，64，2 July 2013，pp.23—52［Online］ Available at：http://www.paecon.net/PAEReview/issue64/HelbingKirman64.pdf［Accessed 3 January 2015］.

Morgan，M.S.(2012) *The World in the Model*. Cambridge：Cambridge University Press.

Tesfatsion，L. & Judd，K.L.(2006) *Handbook of Computational Economics*. *Volume 2*. Amsterdam：North-Holland.

ABM

Epstein，J.M.(2014) *Agent_Zero：Toward Neurocognitive Foundations for Generative Social Science*. Princeton：Princeton University Press.

Epstein，J.M. & Axtell，R.(1996) *Growing Artificial Societies. Social Science from the Bottom Up*. Cambridge，MA：MIT Press.

Gilbert，N. & Troitzsch，K.(2005) *Simulation for the Social Scientist*. Oxford：Oxford University Press.

Grimm，V.，Berger，U.，DeAngelis，D.L.，Polhill，J.G.，Giske，J. & Railsback，S.F.(2010) The ODD Protocol：A Review and First Update. *Ecological Modelling*，221，pp.2760—2768.

Railsback，S. F. & Grimm，V.（2011）*Agent-Based and Individual-Based Modeling：A Practical Introduction*. Princeton：Princeton University Press.

Wilensky，U. & Rand，W.（2015）*An Introduction to Agent-Based Modeling：Modeling Natural，Social and Engineered Complex Systems with NetLogo*. Cambridge，MA：MIT Press.

在线资源

Agent-Based Computational Economics http：//www2.econ.iastate.edu/tesfatsi/ace.htm[Accessed 3 February 2015].

Journal of Artificial Societies and Social Simulation http：//jasss.soc.surrey.ac.uk/JASSS.html[Accessed 3 February 2015].

NetLogo. https：//ccl.northwestern.edu/netlogo[Accessed 3 February 2015].

Open ABM：Tutorials，Model Library and Forums Run by Network for Computational Modeling for Socio Ecological Science(CoMSES Net) http：//www.openabm.org/[Accessed 3 February 2015].

邮件列表和论坛

NetLogo Users Group email list. https：//groups.yahoo.com/neo/groups/netlogo-users/info[Accessed 3 February 2015].

SIMSOC Mailing List. https：//www.jiscmail.ac.uk/cgi-bin/webadmin?A0＝simsoc[Accessed 3 February 2015].

StackOverflow Community. http：//stackoverflow.com/questions/tagged/netlogo[Accessed 3 February 2015].

组织

Artificial Economics Conferences http：//www.irit.fr/AE2014/[Accessed 31 January 2015].

Computational Social Science Society of the Americas(CSSSA) https：//computationalsocialscience.org/[Accessed 8 January 2015].

European Social Simulation Association(ESSA) http：//www.essa.eu.org/[Accessed 8 January 2015].

Pan-Asian Association for Agent-based Approach in Social Systems Sciences (PAAA) [Accessed 8 January 2015].

术语对照表

译后记

　　在过去半个世纪，经济思想的进展比较有限，当代经济学家仍然徘徊在斯密、马克思、马歇尔、凯恩斯这些巨人的身影之下。但经济学的分析技术却取得了极大进步，宏观经济学更加动态化，微观经济学则已经以博弈论为基础。经济分析工具和研究方法也更加多元化，数理建模和计量经济分析仍然是主流，其地位无可替代，但基于人类被试的行为实验和基于计算机的仿真实验方法也已经被承认，正在融入主流之中。

　　本书介绍的内容，就是计算机仿真实验在经济学中的应用。具体而言，它专注介绍一种特殊的、对经济学研究特别有用的计算机仿真实验方法，这种方法被称为"主体基建模"，它通常以英文缩写 ABM 出现在文献中，即 agent-based modelling，学界多将其翻译为"基于代理人的建模""多主体建模"或"基于主体的建模"，它们要么不够达意，要么不够简洁，不如"主体基建模"译法妥帖，故本书采用"主体基建模"这一译法。

　　ABM 是一种计算模型，其建模思想是自下而上的（bottom-to-up），其特点是模拟自主个体的行为互动，以此了解宏观的表现和后果。所谓自主个体，可以是个人、企业、国家，也可以是病毒、细胞、观念等。最简单的 ABM 中，包括行动主体、主体所在的环境，以及每个主体的行动规则（通常假定主体是有限理性的）。尽管这些设定往往非常简单，但复杂多变的宏观后果可由此演化和涌现而来。此类模型的独特优势在于，实验者拥有"上帝视角"（God's view），可以观察到每一个个体的全部行为，从而特别有助于理解微观行为和宏观后果之间的关系，特别是那些具有主体异质性而难以用数理模型确定分析和求解的"微观—宏观"关系。

　　2005 年诺贝尔奖经济学奖得主谢林（Thomas Schelling）的"隔离"模型，是一个很好的理解 ABM 的入门例子。事实上，谢林也被尊为 ABM 的早期思想先驱，他的著作《微观动机与宏观行为》[①]深刻分析了微观动机与宏观行为之间的复杂互动，堪称 ABM 思想的奠基之作。"隔离"模型出自谢林 1971 年的论文，[②]在前书第 4 章也有介绍，他的模型很容易被实现。比如，取若干枚 1 分硬币和 5 分硬币，随机置放于 8×8＝64 格棋盘中；假定每一枚硬币都希望邻居（即紧靠自己的其他 8 个格子中的硬币）都与自己等值，其对异类的容忍限度是 1/3，即如果自己的邻居中与自己同值的占比不足 1/3，自己就搬离到某个可以改善自己处境的空格中；每枚硬币都如此往复决策；最后，起初随机分布于棋盘上的硬币将出现泾渭分明的隔离。这个模型可以解释好些社会现象，比如种族隔离：

---

　　① 　托马斯·谢林：《微观动机与宏观行为》，中国人民大学出版社 2005 年版。
　　② 　Schelling，Thomas C.(1971) "Dynamic Models of Segregation". *Journal of Mathematical Sociology*. 1 (2)，pp.143—186.

不需要有人设计或指引，只因人们更偏好与同肤色的人做邻居，居住隔离便可自然而然地形成。

在谢林之后，阿克塞罗德（Robert Axerold）于 20 世纪 80 年代主办了一场囚徒困境锦标赛，这也是基于主体互动方式来进行的，其研究发现在重复囚徒困境博弈中最有效的策略就是"针锋相对"（tit for tat）。此后，阿克塞罗德继续在政治学领域提出了许多其他 ABM。①但最早将"主体"作为建模术语来提及的，可能是霍兰（John Holland）和米勒（H. Miller）②，前者是遗传算法的先驱。20 世纪 90 年代，多亏了桑塔费研究所（Santa Fe Institute）的努力，ABM 应用被扩展到许多领域，包括股市等经济金融问题，以及人类社会和动物的社会动态与空间动态。桑塔费研究所的科学家还开发了 SWARM，这是最早的 ABM 建模平台。本书所用的 NetLogo 也是 ABM 建模平台，乃后来由美国西北大学开发。1998 年，本书作者之一吉尔伯特创办了关注 ABM 社会科学应用的杂志《人工社会和社会仿真学报》（*Journal of Artificial Societies and Social Simulation*），次年他与合作者出版了第一本 ABM 教科书《社会科学家的仿真》（*Simulation for the Social Scientist*）。本书则是他和另外一位合作者撰写的本科层次的 ABM 经济学应用教材；对一般的社会科学工作者，以及希望对 ABM 作入门了解的研究者，本书也是不错的读物。

ABM 方法可以对经济学中的其他方法形成强有力的补充。比如，运用数理建模对许多复杂情形求解非常困难，并且可能难以得到解析解，而 ABM 不需要复杂的计算，只需设定多种参数反复实验，这可以对复杂情形的数理建模形成有力补充。过去三十多年，ABM 对于具有异质性互动的主体和充满各种随机性的宏观经济问题的建模分析体现出越来越重要的价值。又比如计量分析，基于计量经济的经验研究必须依赖历史数据，而进行前瞻性政策评估时历史尚未发生，因此也就谈不上运用历史数据，倘若要评估一项新政策的潜在影响，计量经济分析方法只能依靠寻找类似情形的历史事件和数据来研究，当然这是非常有价值的工作；不过，此时利用计算机仿真建模来评估新政策的潜在后果是一种可行的同样非常有价值的互补性手段。实际上，ABM 仿真在政策效果预测方面大有用武之地。再比如行为实验，研究者往往受经费约束难以进行大规模行为实验，或者受道德伦理约束而不能进行某些实验，而且反复修改条件的实验也代价不菲；ABM 等计算机仿真实验成本相对低很多，也不存在实验的伦理道德问题，并且大规模、各种参数的虚拟主体的实验可轻易实现。此外，对于个体非独立的、具有反馈循环和涌现现象的复杂适应性系统，比如演化派学者眼中的经济，ABM 几乎具有无可替代的工具重要性。当然，ABM 的局限也很明显：它毕竟只是简化的模型，仿真世界毕竟不是真实世界，实验数据往往并不代表现实；研究者可以随意改动参数进行模拟的灵活性，也导致 ABM 模拟出的结果可能过于丰富而让人无所适从；它可以探索由丰富多变的微观行为所导致的复杂的宏观后果，但理论上的多种可能性并不代表现实中发生的事。这些局限导致模型有效性难以评估，识别 ABM 模型如何与现实对应是此类模型的重要挑战，而应对此类挑战目前主要依靠研究者

① Axelrod，Robert.（1997）The Complexity of Cooperation：Agent-Based Models of Competition and Collaboration. Princeton：Princeton University Press.

② Holland，J.H.；Miller，J.H.（1991）"Artificial Adaptive Agents in Economic Theory". *American Economic Review*. 81(2)，pp.365—371.

的经验和建模艺术。但无论如何，ABM 可以成为经济研究的颇富潜力、威力巨大的补充方法和工具。它不是对已有各种方法的替代，而是互补，这是读者朋友们应该持有的认识和态度。也正因为每种方法都有其局限，我们才需要运用多种方法对同一问题（包括同一个经济学问题）开展互补的研究。

今天，计算技术、数字技术取得巨大进步，使得 ABM 早已超越了谢林那样的硬币实验时代。ABM 已经结合博弈论、复杂系统、涌现、计算社会科学、多主体系统、演化算法和编程等元素，广泛地运用于包括经济学在内的社会科学领域，当然也包括自然科学领域。在经济学领域，自 2008 年金融危机之后，人们对 ABM 作为经济分析的可能工具的兴趣与日俱增。ABM 并不假设经济能够自动实现均衡，并且以异质的、互动影响的、有限理性的主体取代了主流宏观经济学中的代表性主体。ABM 方法既可以满足凯恩斯希望呈现复杂经济的愿望，也可以满足卢卡斯在微观基础上构建宏观经济模型的愿望。《经济学人》将 ABM 视为 DSGE 的替代方案，①而《自然》杂志也认为 ABM 比标准的经济模型更好地代表了金融市场和其他经济的复杂性。②在宏观经济、金融市场、劳动力市场、国际贸易、社会网络、社会流动、财富和收入不平等、土地和水资源管理、城市交通、环境和生态保护、消费者行为、营销策略、供应链优化等许多经济和管理领域，已经涌现大量运用 ABM 方法的研究文献。而且，随着算力、算法、算据以及基于这三者的人工智能技术快速发展，在 ABM 中，涵盖更多主体和更多交互的大型和超大型模型，整合人工智能技术并增强主体智能和决策能力的模型，更多依赖实际观测数据进行建模和校准的数据驱动的模型是有趣的和令人期待的发展趋势。

过去十余年，以 ABM 方法开展研究的经济学论文也出现在《经济研究》等权威刊物上，③日益被国内学界认可。略微遗憾的是，国内迄今没有介绍 ABM 在经济学领域应用的教材。格致出版社引进这本《经济学中的主体基建模》并翻译出版，无异于"好雨知时节，当春乃发生"。需要说明的是，本书原版面世于 2016 年，当时最新的 NetLogo 版本为 5.x。现在，NetLogo 已经升级到 6.x 版（但读者仍可下载以前的各版本），其中部分语法与之前版本有所不同。为了确保示例代码能够正常运行，建议初学者直接从 NetLogo 官方网站下载 5.x 版本。若读者有编程背景，可以查阅官方转换指南（Transition Guide），④手动将 5.x 版本的代码转换为当前的最新版本。尽管 NetLogo 已经更新版本，但其核心语言特性相对稳定，相信读者能够轻松应对。最重要的是，NetLogo 仍然是最活跃的 ABM 建模平台，全书的内容以及 ABM 思想和技术依然适用。

本书由我和李伟成博士共同翻译完成，我翻译了前六章，伟成翻译了后五章和索引。

① "Agents of Change". *The Economist*. July 22，2010. https://www.economist.com/finance-and-economics/2010/07/22/agents-of-change.

② "A Model Approach". *Nature 460*，667(2009). https://doi.org/10.1038/460667a.

③ 比如：董志强：《我们为何偏好公平：一个演化视角的解释》，《经济研究》2011 年第 8 期；叶航：《公共合作中的社会困境与社会正义——基于计算机仿真的经济学跨学科研究》，《经济研究》2012 年第 8 期；牛贺：《有限理性、规范内化与利他行为：一个演化视角》，《经济研究》2017 年第 10 期；董志强、李伟成：《禀赋效应和自然产权的演化：一个主体基模型》，《经济研究》2019 年第 1 期；韦倩、孙瑞琪、姜树广、叶航：《协调性惩罚与人类合作的演化》，《经济研究》2019 年第 7 期。

④ 网址为：https://ccl.northwestern.edu/netlogo/docs/transition.html.

接到翻译任务久矣，诸事繁忙只是借口。开始翻译工作时，伟成还是我的博士生，现在他已经在广东技术师范大学任教两年有余。好在译稿终于付梓，算是对出版社和读者有了一个交代。在此，也衷心感谢出版社在时间上的宽容，感谢钱敏、程倩、刘佳琪等编辑给予大力支持！

董志强

2023 年 8 月 10 日

图书在版编目(CIP)数据

经济学中的主体基建模 / (英)琳恩·哈米尔，(英)
奈杰尔·吉尔伯特著 ；董志强，李伟成译. — 上海 ：
格致出版社 ：上海人民出版社，2023.11
（当代经济学系列丛书 / 陈昕主编. 当代经济学教
学参考书系）
ISBN 978 - 7 - 5432 - 3505 - 2

Ⅰ. ①经⋯　Ⅱ. ①琳⋯ ②奈⋯ ③董⋯ ④李⋯　Ⅲ.
①经济模型-研究　Ⅳ. ①F224.0

中国国家版本馆 CIP 数据核字(2023)第 177035 号

责任编辑　刘佳琪　　程　倩
装帧设计　敬人设计工作室
　　　　　　吕敬人

经济学中的主体基建模
[英]琳恩·哈米尔　奈杰尔·吉尔伯特　著
董志强　李伟成　译

出　　版　格致出版社
　　　　　上海三联书店
　　　　　上海人民出版社
　　　　　(201101　上海市闵行区号景路 159 弄 C 座)
发　　行　上海人民出版社发行中心
印　　刷　浙江临安曙光印务有限公司
开　　本　787×1092　1/16
印　　张　16.25
插　　页　3
字　　数　365,000
版　　次　2023 年 11 月第 1 版
印　　次　2023 年 11 月第 1 次印刷
ISBN 978 - 7 - 5432 - 3505 - 2/F · 1537
定　　价　72.00 元

当代经济学教学参考书系

衍生证券、金融市场和风险管理/罗伯特·A.加罗等著

劳动和人力资源经济学——经济体制与公共政策(第二版)/陆铭等著

国际贸易理论与政策讲义/理查德·庞弗雷特著

高级微观经济学教程/戴维·克雷普斯著

金融基础:投资组合决策和证券价格/尤金·法玛著

环境与自然资源经济学(第三版)/张帆等著

集聚经济学:城市、产业区位与全球化(第二版)/藤田昌久等著

经济数学引论/迪安·科尔贝等著

博弈论:经济管理互动策略/阿维亚德·海菲兹著

新制度经济学——一个交易费用分析范式/埃里克·弗鲁博顿等著

产业组织:市场和策略/保罗·贝拉弗雷姆等著

数量金融导论:数学工具箱/罗伯特·R.雷伊塔诺著

现代宏观经济学高级教程:分析与应用/马克斯·吉尔曼著

政府采购与规制中的激励理论/让·梯若尔等著

集体选择经济学/乔·B.史蒂文斯著

市场、博弈和策略行为/查尔斯·A.霍尔特著

公共政策导论/查尔斯·韦兰著

宏观经济学:现代原理/泰勒·考恩等著

微观经济学:现代原理/泰勒·考恩等著

微观经济理论与应用:数理分析(第二版)/杰弗里·M.佩洛夫著

国际经济学(第七版)/西奥·S.艾彻等著

新动态财政学/纳拉亚纳·R.科彻拉科塔著

全球视角的宏观经济学/杰弗里·萨克斯著

《微观经济学》学习指南(第三版)/周惠中著

《宏观经济学》学习指南/大卫·吉立特著

宏观经济理论/让-帕斯卡·贝纳西著

国际经济学(第五版)/詹姆斯·吉尔伯著

计量经济学(第三版)/詹姆斯·H.斯托克等著

微观经济学(第三版)/周惠中著

应用微观经济学读本/克莱格·M.纽马克编

理性的边界/赫伯特·金迪斯著

经济社会的起源(第十三版)/罗伯特·L.海尔布罗纳著

政治博弈论/诺兰·麦卡蒂等著

发展经济学/斯图亚特·R.林恩著

宏观经济学:现代观点/罗伯特·J.巴罗著

高级微观经济学/黄有光等著

货币、银行与经济(第六版)/托马斯·梅耶等著

全球市场中的企业与政府(第六版)/默里·L.韦登鲍姆著